朱熹 著　朱杰人 编注

朱子家训

华东师范大学出版社
·上海·

图书在版编目（CIP）数据

朱子家训／（宋）朱熹著；朱杰人编注. —上海：
华东师范大学出版社，2014.9
ISBN 978-7-5675-2606-8

Ⅰ.①朱… Ⅱ.①朱… ②朱… Ⅲ.①古汉语—启蒙读物 Ⅳ.①H194.1

中国版本图书馆CIP数据核字（2014）第231253号

朱子家训

原　　著	朱　熹
编　　注	朱杰人
插　　图	石以品
责任编辑	吕振宇
装帧设计	高　山

出版发行　华东师范大学出版社
社　　址　上海市中山北路3663号　邮编 200062
网　　址　www.ecnupress.com.cn
电　　话　021-60821666　　行政传真 021-62572105
客服电话　021-62865537　　门市（邮购）电话 021-62869887
地　　址　上海市中山北路3663号华东师范大学校内先锋路口
网　　店　http://hdsdcbs.tmall.com/

印 刷 者　浙江临安曙光印务有限公司
开　　本　850毫米×1168毫米　1/32
印　　张　8.75
字　　数　203千字
版　　次　2014年12月第1版
印　　次　2023年7月第12次
书　　号　ISBN 978-7-5675-2606-8/G·7656
定　　价　26.00元

出版人　王　焰

（如发现本版图书有印订质量问题，请寄回本社客服中心调换或电话021-62865537联系）

目录

朱　熹　朱子家训·001

朱杰人　《朱子家训》今注今译·003

《朱子家训》导读文章·015
 一　朱杰人　《朱子家训》的普世意义·015
 二　田　浩　《朱子家训》之历史研究·033

《朱子家训》十语译文·049
 一　英文版·049
 二　法文版·053
 三　德文版·057
 四　俄文版·061
 五　日文版·065
 六　韩文版·073
 七　西班牙文版·077
 八　葡萄牙文版·081
 九　阿拉伯文版·085
 十　马来文版·089

骆季超　《朱子家训》歌谱一·093

杰　夫　《朱子家训》歌谱二·109

附录·115
 一　朱用纯　治家格言·115
 二　司马光　温公家范·117
 三　吕祖谦　吕氏家范（节选）·179
 四　袁　采　袁氏世范·209
 五　李世民　帝范·266

朱子家训

朱熹

君之所贵者,仁也。臣之所贵者,忠也。
父之所贵者,慈也。子之所贵者,孝也。
兄之所贵者,友也。弟之所贵者,恭也。
夫之所贵者,和也。妇之所贵者,柔也。
事师长贵乎礼也,交朋友贵乎信也。
见老者,敬之;见幼者,爱之。
有德者,年虽下于我,我必尊之;不肖者,年虽高于我,我必远之。
慎勿谈人之短,切莫矜己之长。
仇者以义解之,怨者以直报之,随所遇而安之。
人有小过,含容而忍之;人有大过,以理而喻之。
勿以善小而不为,勿以恶小而为之。
人有恶,则掩之;人有善,则扬之。
处世无私仇,治家无私法。
勿损人而利己,勿妒贤而嫉能。
勿称忿而报横逆,勿非礼而害物命。
见不义之财勿取,遇合理之事则从。
诗书不可不读,礼义不可不知。
子孙不可不教,僮仆不可不恤。
斯文不可不敬,患难不可不扶。
守我之分者,礼也;听我之命者,天也。
人能如是,天必相之。
此乃日用常行之道,若衣服之于身体,饮食之于口腹,不可一日无也,可不慎哉!

《朱子家训》今注今译

Jūn zhī suǒ guì zhě　rén yě　Chén zhī suǒ guì zhě　zhōng yě
君之所贵者,仁也。臣之所贵者,忠也。

译文 作为领导者,最可贵的品格,是仁。作为被领导者,最可贵的品格,是忠。

注　释

君:古代指君主,现可理解为领导者,如国家的领导者,团体、企业的领导者等。
仁:儒家伦理与价值观中最核心的概念,指仁爱之心及与天下(自然)、民众(社会)同呼吸、共命运的一体之心。
臣:古代指大臣、臣子,现可理解为被领导者、下级。
忠:忠诚、尽心竭力。古人认为忠是出自内心的真诚,而内心的真诚则出于无私。

Fù zhī suǒ guì zhě　cí yě　Zǐ zhī suǒ guì zhě　xiào yě
父之所贵者,慈也。子之所贵者,孝也。

译文 作为父母,最可贵的品格,是慈爱。作为子女,最可贵的品格,是孝顺。

父:不单指父亲,兼指父母。这是一种参互的修辞方法。
慈:长辈爱小辈。
孝:孝顺父母。孝,就是要尊敬父母,爱护和奉养好父母;顺,就是要顺从父母,不要违逆而让他们不高兴。孔子论孝说"色难",就是指子女能始终对父母和颜悦色是最难的,因为只有和颜悦色才是从内心发出的对父母的爱。

Xiōng zhī suǒ guì zhě　yǒu yě　　Dì zhī suǒ
兄 之 所 贵 者，友 也。弟 之 所
guì zhě　gōng yě
贵 者，恭 也。

兄：不单指哥哥，兼指哥哥姐姐，与"父"指父母一样。
友：兄弟姐妹之间的相亲相爱。
弟：不单指弟弟，兼指弟弟妹妹，与前面"父"、"兄"用法相同。
恭：尊重、尊敬、谦顺。

译文 作为哥哥姐姐，最可贵的品格，是友爱弟弟妹妹。作为弟弟妹妹，最可贵的品格，是恭敬哥哥姐姐。

Fū zhī suǒ guì zhě　hé yě　　Fù zhī suǒ
夫 之 所 贵 者，和 也。妇 之 所
guì zhě　róu yě
贵 者，柔 也。

和：和睦、和谐、和顺。
柔：温和、温顺、柔软。

译文 作为丈夫，最可贵的品格，是态度和睦。作为妻子，最可贵的品格，是性情温柔。

Shì shī zhǎng guì hū lǐ yě, jiāo péng you
事师长贵乎礼也,交朋友
guì hū xìn yě
贵乎信也。

事:侍奉,为人服务、与人相处。
师长:老师和长辈。
礼:指礼仪、礼节和行为规范。
信:指信誉、信用。

译文 与师长相处,最重要的是以礼相待。与朋友相交,最重要的是恪守信用。

Jiàn lǎo zhě jìng zhī jiàn yòu zhě
见老者,敬之;见幼者,
ài zhī
爱之。

译文 见到老年人,要尊敬他们。见到年幼的孩子,要爱护他们。

有德者，年虽下于我，我必尊之；不肖者，年虽高于我，我必远之。

有德者：品格优秀、德行高尚的人。
不肖者：不正派、不成材的小人。
远：作动词用，远远地离开。

译文 品德高尚的人，即使年龄比我小，我也一定尊敬他。行为不端的人，即使年龄比我大，我也一定远离他。

慎勿谈人之短，切莫矜己之长。

矜：自大、自夸。

译文 千万不要谈论别人的短处，切记不要炫耀自己的优长。

仇者以义解之，怨者以直报之，随所遇而安之。

义：道义、道理。
直：真诚、正直和公正。
随遇而安：顺应和安于所处的各种境遇。

译文 对于那些仇恨自己的人，要用道义去化解。对于那些抱怨自己的人，要用真诚去回报。无论身处何种境遇，都要用平常心去对待。

人有小过，含容而忍之；人有大过，以理而喻之。

过：过失、错误。
含容：包容、容忍、宽恕。
喻：告诉、教导，使人明白。

译文 看到别人犯小的错误,应该包容和原谅他。看到别人犯大的过失,应该用正确的道理去规劝他。

Wù yǐ shàn xiǎo ér bù wéi　wù yǐ è xiǎo ér wéi zhī
勿以善小而不为,勿以恶小而为之。

译文 千万不能因为善行很小,就不做。千万不能因为恶行很小,而去做。

Rén yǒu è　zé yǎn zhī　rén yǒu shàn　zé yáng zhī
人有恶,则掩之;人有善,则扬之。

译文 见到别人的缺点和缺陷,不要到处扩散议论。见到别人的优点和成绩,就应该宣扬和表彰。

恶:这里的恶,指人的缺点、过失和各种缺陷,而不是指罪恶。

Chǔ shì wú sī chóu, zhì jiā wú sī fǎ
处世无私仇，治家无私法。

处世：指参与和处理公事、各种社会事务及接人待物、与人交往。
私仇：指个人的恩怨。
治家：管理家庭，处理家事。这里的家，小则指一家一户，大则指一个家族，一个族群。
私法：古代士大夫家庭、家族都有家规、家法。如果不按照家规、家法办事，就是行"私法"。

译文 处理公共事务，不应掺和私仇。处理家事，不能掺杂私心。

Wù sǔn rén ér lì jǐ, wù dù xián ér jí néng
勿损人而利己，勿妒贤而嫉能。

译文 不做损人利己的事，不妒忌贤惠和有才能的人。

Wù chèn fèn ér bào héng nì, wù fēi lǐ ér hài wù mìng

勿称忿而报横逆，勿非礼而害物命。

称忿：称，满足、符合。称忿，就是发泄自己的愤怒，就是不约束自己愤怒的情绪。
横逆：横暴和逆行。横，指暴力（包括行为的暴力和语言的暴力）。逆，指违背法律和道义的行为举止。
非礼：违背礼义。礼，指社会规范和行为规范。
物命：有生命的万物。

译文 不能由着自己的愤怒而用暴力去伤害他人，切勿违背礼义而伤害一切生命。

Jiàn bù yì zhī cái wù qǔ, yù hé lǐ zhī shì zé cóng

见不义之财勿取，遇合理之事则从。

不义之财：古人说："君子爱财，取之有道。"就是说追求财富是人的正当权利，但获取财富的方式一定要正当、合法、合乎道义，否则所取就是不义之财。
从：从有顺应、听从的意思，还有从事、参与的意思。

译文 对于不正当合法的财物，分毫不取。对于合乎义理的事情，要顺应、听从和积极参与。

Shī shū bù kě bù dú，lǐ yì bù kě bù zhī
诗书不可不读，礼义不可不知。

诗书：原指《诗经》和《尚书》，这里泛指儒家的经典。
礼义：指规范社会的各种礼仪法度和道德义理。

译文 不可以不阅读古代圣贤的经典，不可以不了解各种礼仪规范和道德规则。

Zǐ sūn bù kě bù jiào, tóng pú bù kě
子孙不可不教，僮仆不可
bù xù
不恤。

僮仆：仆，指仆人；僮，指未成年的仆人。这里指家里帮佣的工人，如保姆、钟点工等普通劳动者。
恤：爱护、同情、帮助。

译文 不可以不教育子孙后代，不可以不关爱普通劳动者。

Sī wén bù kě bù jìng, huàn nàn bù kě
斯文不可不敬，患难不可
bù fú
不扶。

斯文：指文化和有文化的人。
敬：敬重、敬畏。

译文 一定要敬畏传统文化，尊重有文化的人，一定要帮助遇到灾祸和有困难的人。

Shǒu wǒ zhī fèn zhě, lǐ yě; tīng wǒ zhī
守我之分者，礼也；听我之
mìng zhě tiān yě
命者，天也。

分：职责、分寸、本分。
听：听从、接受。
天：老天、上天，指自然的规律。

译文 守住做人的本分，这就是礼。顺应自己的命运，遵循自然的规律，这就是天。

人能如是，天必相之。

如是：是，指示代词，这样、如此。如是，像这样做，如此而行。
相：辅助、帮助、扶持。

译文 一个人如果能够遵照以上各条而待人处世，上天一定会扶助他。

此乃日用常行之道，若衣服之于身体，饮食之于口腹，不可一日无也，可不慎哉！

译文 这些都是应该时时用到、处处遵行的道理，就像我们的身体要穿衣服，嘴巴、肚子要喝水吃饭一样，一天也不能缺失，难道可以不慎重对待吗？

《朱子家训》的普世意义

朱杰人（华东师范大学古籍研究所教授）

2010年，马来西亚吉隆坡孝恩园建成了刻有中英文《朱子家训》的大理石石碑。7月3日举行了隆重的揭幕典礼，马来西亚的首席部长许子根先生出席典礼并为刻石揭幕。在这一盛典上，我应邀作了一个演讲，全文如下：

今天我有幸参加这样一个隆重的典礼。我看到了一个设计精美、大气、典雅、庄重的《朱子家训》大型石刻。这是全世界第一座《朱子家训》的石刻，就是在朱子的故国，目前也还没有这样的碑刻。

作为朱子的裔孙，作为一个朱子学的学者，我为朱文公的话语能够在异国他乡被勒石传世而感到无比的感动和自豪。但是，现在的我，心中更多的则是对马来西亚朱子后裔们、马来西亚文化学术界的朋友们、马来西亚的企业家们、马来西亚的政府官员们的钦佩和尊重。因为，是你们真正认识到了《朱子家训》不朽的价值和伟大的意义。

《朱子家训》原本是我们朱氏家族内部的家族文献，它被收录在我们的族谱和家谱之中，作为朱氏族人为人处世的圣经。按照传统，它一般是不对外族和外人展示的，更不能作为对外人的道德伦理要求。但是，时代在进步，人们的观念也应该进步，我们发现了这部家训伟大的现实价值，我们觉得，这么好的东西决不能朱门一家独享，它应该让全中国乃至全世界的人们共享。所以我们把它公之于世，并通过各种途径，利用各种方法予以介绍、讲解、弘扬。今天的典礼就是我们长期以来不懈努力的一个美好的结果。

稍稍了解一点中华传统文化的人都知道，中国还有一个很著名的"朱子家训"："黎明即起，洒扫庭除"。但，这并不是《朱子家训》，它正确的名称是：《朱伯庐治家格言》，这是一个明代人的作品,据说他也是朱子的后人,但它的"格言"讲的是人的行为规范,决不能和《朱子家训》同日而语。如果打一个比方,《朱子家训》是宪法,而《治家格言》仅仅只是一个具体的条法,如刑法,如民事法。它们的高度和内涵完全是在两个无法比拟的层次上。

《朱子家训》短短317个字,但是它却给出了人之所以为人的基本底线。这是一条非常清晰而可以执行的红线,越过了这条线,你就不配被称作"人"了。

不仅如此,《朱子家训》还告诫我们如何才能成为一个有道德的人、一个高尚的人、一个有修养的人、一个文明的人。它教导我们的宽容、包容、内敛、内秀及严于律己、宽以待人的美德,彰显了中华文化无比宽广的胸襟和卓尔特立的价值观。

长期以来,西方文化不停地宣扬和推行其所谓的"普世价值",那就是"民主"、"自由"、"人权"。诚然,这是一种"普世价值"。但是,我们中华民族有没有可以贡献给人类的"普世价值"呢？我以为,《朱子家训》就是具有普世价值的人伦观、修养观、道德观、社会观和人之为人的基本价值观。《朱子家训》被公之于世,短短的二十余年,迅速地被社会大众所认同、接受,并传播到世界各地,被称作中国人的人生法典,足以证明它的价值是具有普世意义的。今天我们见证的发生在马来西亚的这一幕已经为此做了最有力的佐证。

所以,马来西亚朋友们的这一盛举,其意义非同一般,必将被载入人类文明史的史册。

我的话完了。谢谢大家!

美国的田浩先生认为,我的这一演讲"具有里程碑的意义"①。我理解,他所谓的"里程碑"是指:这是有人第一次明确

---

① 田浩（Hoyt Cleveland Tillman）:《〈朱子家训〉之历史研究》,见本书。

提出了《朱子家训》的普世价值;这是第一次由一个东方的知识分子提出了对西方普世价值的挑战——东方的、同样具有普世意义的价值。

一 关于"家训"的一般性研究

"家训"是中国特有的文化现象①,关于它的起源,研究者有不同的认识。

一般认为,产生于南北朝时期的《颜氏家训》是中国家训之祖。但是这一观点近年来受到激烈的批评。有学者把家训的起源前推到《尚书》、《周易》、《诗经》等先秦儒家经典,甚至旁及《国语》、《战国策》②。林庆认为:"中国传统家训的起源时间当在上古尧舜之时,且归根到底是源于上古之时人们父子相传、口耳相授的生产生活实践。如果从时间上来断定,则当是伴随着以血缘关系的家庭关系的形成而产生的。"他认为尧舜是中国家训的创始人③。曾凡贞不同意产生了家庭就出现了家训的观点,他认为只有家庭从"血缘家庭"过渡到宗族组织的出现和宗法制度的确立,"家训的起源,实出始于此。"他认为,《尚书》中的《无逸》、《君奭》、《康诰》保留了周公训示子侄的许多珍贵资料,开了帝王家训的先河,所以"周公则成为我国家训的创始人"④。

纵观诸多讨论中国家训起源的文章,一个显著的特点是都想把家训的起源往前推,越前越好,越古越好。这些观点虽

---

① 关于外国有没有家训的问题,学术界有不同认识,笔者检索了诸多关于外国家训的研究著述和有关外国家训的文选、文集,发现这些所谓的"家训"其实都是书信,与中国所公认的"家训"并不相干。
② 刘剑康:《论中国家训的起源——兼论儒学与传统家训的关系》,《求索》2000年第2期。
③ 林庆:《家训的起源和功能——兼论家训对中国传统政治文化的影响》,《云南民族大学学报》2004年第3期。
④ 曾凡贞:《论中国传统家训的起源、特征及其现代意义》,《怀化学院学报》2006年第4期。

然不失为一种研究的路径,但从文献与文体学的角度思考,却缺少了一些实事求是的精神。诚然,从爬梳训诫子孙的史料来看,这一类的文字记载确实很多,甚至远多于以上研究所揭示的内容。但是,那只是一些训诫子孙的言论,远不足以构成一种文献学上、文体学上的"家训"之体。也许,这些训诫之词可以成为形成"家训"的一个重要来源和启迪家训形成的开蒙之作,但那毕竟不是"家训"。

"家训"又称为"家诫"、"庭训"、"庭诰"等①,所谓诫、训、诰,都揭示出它最早的形态是一种口头训诫或劝诫(有时表现为书信)。经过长时期的演变和完善,形成了一种成熟的文体——家训。从功能上看,它是中国古代实施家庭教育的一个主要的方法和途径。据考证,至迟在汉代就已经出现了比较完善的家庭教育方面的著作,如汉高祖《手敕太子》、王莽《戒子孙书》、马援《诫兄子严、敦书》、樊宏《诫子》、郑玄《诫子书》、孔臧《与子琳书》等②。而第一部体例完备、以"家训"命名的家庭教育专著,还是颜之推的《颜氏家训》。清人王三聘说:"北齐颜之推撰《家训》七卷,其书颇尚释氏。然古今家训以此为祖。"③王氏之论并非妄言。从《颜氏家训》起,"家训"之体趋于成熟,"家训"之名得以成立,并一直影响到近现代。

魏晋南北朝至隋唐,是家训著作最繁盛的时期。《中国教育史研究》考证,仅魏晋南北朝"据文献可考的至少有八十余篇(部)"④。宋代,很多著名的政治家和学者都热衷于著"家训",影响较大的有范仲淹《义庄规矩》、包拯《家训》、司马光《温公家范》、苏颂《魏公谭训》、叶梦得《石林家训》、吕本中《童蒙训》、陆游《放翁家训》、吕祖谦《吕氏家范》、袁采《袁氏

---

① 家训的称谓还有很多,如"家范"、"家规"、"家法"等。
② 陈学恂、金忠明:《中国教育史研究·秦汉魏晋南北朝分卷》,上海:华东师范大学出版社,2009年,第208页。
③ 王三聘:《古今事物考》卷二,丛书集成初编本。
④ 陈学恂、金忠明:《中国教育史研究·秦汉魏晋南北朝分卷》,第289页。

世范》、真德秀《教子斋规》等。宋代的家训已呈现出非常规范和成熟的面貌，表现为内容的面面俱到、思想的深刻厚重与形式的相对稳定。

元明清时代的家训，继续保持着繁荣的局面，尤其是那些世家大族，为维系宗族可持续发展的忧患意识所驱使，对家训的制定、增删、沿袭及传承，形成了一种风气，促进了家训的发展和对家训的研究。其间出现了一部影响极为广泛的家训著作《朱柏庐治家格言》。

二 关于《朱子家训》与若干著名家训的比较研究

中国的家训著作，从几百字的短文，到洋洋洒洒数十万字的巨著，可谓汗牛充栋。但真正在历史上被公认的、具有较大社会与历史影响的，大约也就在十几到几十种之间。其中尤以《颜氏家训》、《温公家范》、《吕氏家范》、《袁氏世范》、《朱柏庐治家格言》最负盛名。

颜之推《颜氏家训》成书于隋朝初年[①]，是一部极具影响力的家训之作。明人袁衷曰："六朝颜之推家法最正，相传最远。作《颜氏家训》，谆谆欲子孙崇正教，尊学问。"[②]历代评论，以颜氏之书为"家训"之祖。今人对此多有不同意见，但如果客观地分析，"家训之祖"之说，其实是名副其实的，因为《颜氏家训》开创了一种家训的著述之体，这种文体影响了其他各种家训之著，一直延续到近现代。

《颜氏家训》共七卷，卷一：序致、教子、兄弟、后娶、治家；卷二：风操、慕贤；卷三：勉学；卷四：文章、名实、涉务；卷五：

---

① 王利器《颜氏家训集解》在《叙录》中考证"此书盖成于隋文帝平陈以后，隋炀帝即位之前，其当六世纪之末期"，王氏并考证颜氏为何成书于隋却题名"北齐黄门侍郎"之缘由。可参氏著《颜氏家训集解》（上海：上海古籍出版社，1980年）。
② 袁衷：《庭帏杂录》下，丛书集成初编本。

省事、止足、诫兵、养身、归心；卷六：书证；卷七：音辞、杂艺、终制。从这个目录我们可以看到，这几乎就是一本家庭教育的百科全书。由此，我们也可以认识到，在古人眼中，"家训"是一个庞大的体系，它不仅包含着人文之理、治家之要、为人处世之道、养心修身之神、品节风度之韵、治学问道之径，还包括为官出仕之箴、为文制艺之技等等，可谓包罗万象，应有尽有。可见，在古人眼中，家训就应该是一种对子孙的全方位教育，它应该包括处世立身的所有要素。所以，它不仅有道，也应有技，所谓本末巨细，无所不包。颜氏的这种家训体例，在唐太宗的《帝范》中得到清晰的体现。《帝范》是唐太宗御制以赐太子的训诫之著，凡四卷、十二篇，其目如下，卷一：君体、建亲、求贤；卷二：审官、纳谏、去谗；卷三：诫盈、崇俭、赏罚；卷四：务农、阅武、崇文。可见，这也是一个包罗万象的家训，只不过它是出于帝王之家，所以其高度与关注的问题较庶民之家更宏观博大。宋代的家训，从司马光开始出现了重伦理与维护家庭秩序的迹象。《温公家范》凡十卷，除第一卷讲治家，其馀各卷详细地论述了从祖、父、子、女到兄弟、妻、甥、舅、姑等家庭成员的定位及相互关系的规范。司马氏此书的一大特点是，他用具体的历史故事来阐释自己的理论，而不仅仅是条列纲目。故四库馆臣评论说："自颜之推作《家训》以教子弟，其议论甚正而词旨泛滥，不能尽本诸经训。至狄仁杰著有《家范》一卷，史志虽载其目而书已不传。光因取仁杰旧名别加甄辑以示后学准绳。首载《周易·家人》卦辞、《大学》、《孝经》、《尧典》、《诗·思齐》篇语则即其全书之序也，其后自治家至乳母凡十九篇皆杂采史传事可为法则者。"[1]南宋袁采《袁氏世范》，被《四库提要》评为"不失为《颜氏家训》之亚"[2]。全书三卷，卷一曰"睦亲"，卷

---

[1] 司马光：《家范》卷首，文渊阁四库全书电子版，香港：迪志文化出版有限公司，1999年。
[2] 《四库全书总目》，北京：中华书局，1965年，第780页。

二曰"处己",卷三曰"治家"。每卷下分列数十条论而述之,如"睦亲"下有"性不可以强和"、"人必贵于反思"、"父子贵慈孝"、"处家贵宽容"等;"处己"下有"处富贵不可骄傲"、"礼不可因人轻重"、"穷达自两途"、"人贵忠信笃敬"等;"治家"下有"宅舍关防贵周密"、"山居须置庄佃"、"夜间防盗宜警急"等。面面俱到,琐细而周详,明显可以看到《颜氏家训》的影响。南宋另一部家训,吕祖谦的《吕氏家范》①则可以看到因袭《颜氏家训》的另一路发展。《吕氏家范》六卷:卷一宗法,卷二昏礼,卷三葬仪,卷四祭礼,卷五学规,卷六官箴。显然也是面面俱到,但其关注的重点则是"礼"。明末清初出现的《朱柏庐治家格言》的作者是朱用纯,号柏庐。这是一篇影响力十分巨大的家训,因作者姓朱,所以又被称为"朱子家训"。朱柏庐的《治家格言》506字,用骈文写成。此文篇幅虽小,但也是面面俱到之作,从修身养性、治家之道到处世为官之要都有论及。由于它文字优美,音韵和谐,节奏明快,所以读起来朗朗上口,很容易被接受。《治家格言》是非常值得研究的一篇成功之作。它虽然面面俱到,但是却言简意赅,篇幅很精干,不作长篇大论。从内容看,它与朱子的《朱子家训》似有互为羽翼的关系,即:它是《朱子家训》的阐发和延伸,他把《朱子家训》的哲理形象化了。如果把《朱子家训》比作纲,那么《治家格言》就是目。

朱子的《朱子家训》则与传统的"家训"呈现出完全不同的面貌。传统的家训,洋洋洒洒,少则万言,多则几十万言。《朱子家训》只有317字。这是一种颠覆性的改变。这一改变使家训大大地便于记诵,从而使其传播更加便捷。也是这一改变,使其"普世"有了形式上的可能。

朱子在改革"家训"体的过程中,显然对以往的各种家训

---

① 《吕祖谦全集》,杭州:浙江古籍出版社,2008年,第1册。

进行了深入的研究,比较利弊得失,而选择了一种相对比较科学而利于受众接受的方法。首先,他把传统家训中的"论理"与"说事"相分离,以避免烦琐。如他把司马光《家范》中的古今事例部分抽出,另编了一本书,名为《小学》。《小学》凡十一卷,分内外两篇。内篇卷一立教,辑录古代圣贤关于率性、修道的言论。外篇卷六嘉言("广立教")与之对应,以前贤(主要是理学创始者)的嘉言及古代有关立教的故事羽翼之。类此,内篇之"明伦"则有外篇之"广明伦"对应,内篇之"敬身"则有外篇之"广敬身"对应,如此等等。

其次,朱子把传统家训中具体的行为规范部分抽出,另编了一本《童蒙须知》(又名《训学斋规》)。此书凡五卷,分别为:衣服冠履、语言步趋、洒扫涓洁、读书写文字和杂细事宜。

第三,朱子又把传统家训中有关"礼"的部分抽出,编成《朱子家礼》一书。《朱子家礼》凡五卷,分别为:通礼、冠礼、昏礼、丧礼和祭礼。

第四,朱子对传统家训最重要也是最成功的一个改造则是,把传统家训中最根本、最精髓的思想予以形而上的哲理化,把它们提升到哲学与"道"的高度,并以精练的语言表而出之。这就使"家训"摆脱了芜杂而言不及义的弊端,使"训"之义获得了前所未有的高度。

显然,在朱子的心目中,所谓"家训",应该解决的问题是人之所以为人及处世立身之大法,它具有优先性和纲领性,而一般的道德教条、具体的行为规范及礼仪制度则是对"大法"的辅翼与完善。如果不首先确立大法,则做人的根本与底线就会淹没在烦琐的文字、故事与制度之中,不免本末倒置了。

朱子对传统家训的改造是非常成功的。它沿袭了自己对传统儒学体系改造的一贯思想和方法:一是以简御繁,如对儒家经典的改造而成"四书";二是"述而不作"。所谓"述而不作"并不是没有创造和出新,而是善于运用已有的材料来构建新的思想体系。我们看《朱子家训》,大量引用了前人的话语甚至民间的俗语,但呈现在我们面前的却是做人的根本道理。三是理学思想一以贯之。《朱子家训》三百馀字,但却很好地体现了朱子自己的理学思想,语言通俗却"理"性十足。

三 关于"普世价值"的一般性研究①

"普世价值"作为一个哲学、社会学、政治学、伦理学的概念,其关键是"普世"。而"普世"一词最早来源于基督教,在公元五世纪时的东罗马帝国即已有了这一概念。其核心的内涵实际上是要把基督教视为或变为统治于"整个居住世界"的教会。这就是所谓的"普世教会主义"。所以,"普世"的起源,并非是先有了"普世"的事实,而后抽象为概念,恰恰相反,它是先有了概念,而欲使之成为事实。

现代意义的"普世价值",起源于启蒙运动。启蒙运动接受了教会的"普世"概念,但它却是反宗教的。启蒙运动者普世价值观的产生,受益于当时突飞猛进的现代科技的发展,尤其是牛顿三大定律的发现。启蒙运动的思想家们从自然科学所揭示的自然界的"普世",引发出社会科学的"普世"。他们认为,既然自然界有千古不变的,在任何条件、地点都不以人的意志为转移的客观定律,那么,人类社会的发展也应该有这样的定律,这就是世俗社会普世的价值。由此,他们形成了人生而平等、生而自由这些最基本的所谓具有普世意义的价值。诚然,启蒙运动的思想家们,他们的伟大与历史功绩早已被镌刻在人类思想与发展历史的丰碑上。但是再伟大的思想家也不可能逃脱时代的局限。让他们始料不及的是,20世纪出现了一

---

① 本节内容参考了刘仰2008年6月3日新浪博文《"普世价值"不靠谱》: http://blog.sina.com.cn/s/blog_4134ba900100aca9.html。

个更伟大的科学家爱因斯坦,他的相对论对牛顿的三大定律提出了挑战。他的理论告诉我们,牛顿的定律并不"普世",它们只有在一定的条件下才能成立。既然自然界的普世价值如此,那么,被启蒙运动思想家们所揭示的"自由"、"平等"等价值概念是不是也如此呢?也就是说,这些价值的出现与实现是不是也是有条件的,受时、空的约束和限制的呢?

启蒙运动所揭示的"普世价值"真正走入人群、社会,是美国的建立。美国的建国者以"自由"、"平等"、"民主"的核心理念立国,使北美这个荒漠的大陆迅速崛起,成为首屈一指的世界强国。二次大战的胜利以及其后冷战造成的"共产主义的崩溃使西方人更加相信其民主自由主义思想取得了全球性胜利,因而它是普遍适用的","西方,特别是一贯富有使命感的美国,认为非西方国家的人民应当认同西方的民主、自由市场、权力有限的政府、人权、个人主义和法治的价值观念,并将这些观念纳入他们的体制。"① 这使美国人对自己的价值观形成了"独尊"的意识形态。在他们看来,只要不承认"自由"、"平等"、"民主"就是反人类,就是非我族类。这就是所谓"普世"。然而,美国人恰恰忘记了牛顿与爱因斯坦的教训,他们不认识或不愿认识"自由"、"平等"、"民主"是受时空条件所约束和限制的。由于美国人不认识这一点,所以他们把自己的价值观无限地放大,绝对化,意识形态化,甚至不惜动用国家力量和武力去推动普世②。但是,911事件沉重地冲击了他们的自信,他们不能不思考,在用强力推动"普世"的同时,可能会带来他们意想不到的后果。遗憾的是,美国的思想家、政治家们至今未能从911的梦魇中清醒过来,从而深刻地反思和研究它的深层成因。历史已经证明,任何一种伟大的价值观,如果把它绝对化、意识

---

① 塞缪尔·亨廷顿:《文明的冲突与世界秩序的重建》,北京:新华出版社,2013年,第161页。
② 塞缪尔·亨廷顿:《文明的冲突与世界秩序的重建》,第171页。

形态化,反而会使它走向反面。20世纪的共产主义运动,从勃兴到社会主义阵营的轰然倒塌就是一个例子。可悲的是,现在的西方正在步这一运动的后尘。

另外,世界的全球化也对西方的"普世价值"提出了挑战。一个最明显的例子就是"价值观"的双重标准。西方国家一方面高唱"普世价值",一方面又以不普世的标准对待他国。亨廷顿说:"坚持普世主义的代价,就是被指责为伪善、实行双重标准和'例外'原则。民主要提倡,但如果这将使伊斯兰原教旨主义者上台执政,就该另当别论;防止核扩散的说教是针对伊朗和伊拉克的,而不是针对以色列的;自由贸易是促进经济增长的灵丹妙药,但不适用于农业;人权对中国是个问题,对沙特阿拉伯则不然;对石油拥有国科威特的入侵被大规模地粉碎,但对没有石油的波斯尼亚的入侵则不予理睬。"[1] 可见,美国人自己是非常清楚地知道他们政策的两面性和虚伪性的。遗憾的是,他们认为"实践中的双重标准是推行原则的普遍标准所无法避免的代价"[2],如此而已。他们坚持"例外论"和"双重标准"合理论。科学技术的飞速发展,也使"普世"不能不露出一脸的疲态:一方面科技的高速发展极大地破坏了生态和环境,如地球变暖,一方面"普世"赋予人的权利又使人类无节制地向自然索取成为合理,于是,作为全球最大的碳排放国可以拒不签署京都议定书,不承担任何防止全球变暖的责任和义务。更令人担忧的是,现代社会人类物质生活的极大提升所带来的人的欲望的无限膨胀。这种欲望对社会带来极大的破坏。林毅夫曾经说,所谓金融危机,就是金融手段运用过度的危机。什么是金融手段运用过度?不就是人的欲望不加节制的问题吗?而人的欲望不受限制,正是西方"普世价值"赋予

---

[1] 塞缪尔·亨廷顿:《文明的冲突与世界秩序的重建》,第162页。
[2] 塞缪尔·亨廷顿:《文明的冲突与世界秩序的重建》,第162页。

人的权利。

很显然,西方的所谓"普世价值"已经走到了尽头,人们恐怕不能不想一想这条路应该如何走下去的问题了。

行文至此,笔者不能不作出一个申明:我不希望人们在读了以上的文字以后得出这样的结论:作者是一个从根本上反对自由、平等、民主的人。不。恰恰相反,笔者也认为自由、平等、民主等理念是人类社会应该共同认可的价值观,但是,我更认为这些东西的存在与实现,是受时空的约束和限制的。我反对把它们绝对化。另外,我也反对把它们意识形态化,更反对把它们当做强权政治的工具与借口。

最重要的是,笔者想追问:西方人所谓的"普世价值"是不是就是"普世价值"的终极答案?世上还有没有别的价值可以同样具有普世的意义?

我的答案是肯定的。我以为,体现在《朱子家训》中的儒家价值观,也具有普世的意义。

所谓的普世价值问题,说到底是一个人文主义的问题,就是从人出发并以人为中心来观察、思考社会,并构建社会的问题。在人文主义的问题上,由于文化传统的不同,中西走出了各自不同的路径。"如果说,中国人文主义从人的道德本性出发最终成就的是道德主体,那么,西方人文主义从人的生理本性出发最终成就的则是权利主体。"[1] 由此,西方的"普世"必然会衍生出追求个人权利的自由、平等、民主;而中国的普世则不能不推导出诸如"己所不欲勿施于人"之类的道德理性。《朱子家训》正是这样一种以通俗的语言完整表述中国人基本道德理性的文本。它所解决的不是人的权利问题,而是人在谋求获取自身权利之前,必须自我觉醒与自我塑型的问题。也就

---

[1] 胡水君:《内圣外王——法治的人文道路》,上海:华东师范大学出版社,2013年,第27页。

是说,它要解决的是人之所以为人的问题。毫无疑问,在价值体系的链条中,中国人提出的问题具有优先性。

四 《朱子家训》的普世意义

细心的读者一定会发现,我在这里提出的不是"普世价值",而是"普世意义"。之所以如此表述,是想说明,我并不想把中国人的价值观强加给任何人,我只是想说明,这种价值观具有普世意义,它也许可以成为西方普世价值的补充,给西方的普世价值论者一点有益的启示。

《朱子家训》共317个字。全文如下:

> 君之所贵者,仁也。臣之所贵者,忠也。
> 父之所贵者,慈也。子之所贵者,孝也。
> 兄之所贵者,友也。弟之所贵者,恭也。
> 夫之所贵者,和也。妇之所贵者,柔也。
> 事师长贵乎礼也,交朋友贵乎信也。
> 见老者,敬之;见幼者,爱之。
> 有德者,年虽下于我,我必尊之;不肖者,年虽高于我,我必远之。
> 慎勿谈人之短,切莫矜己之长。
> 仇者以义解之,怨者以直报之,随所遇而安之。
> 人有小过,含容而忍之;人有大过,以理而喻之。
> 勿以善小而不为,勿以恶小而为之。
> 人有恶,则掩之;人有善,则扬之。
> 处世无私仇,治家无私法。
> 勿损人而利己,勿妒贤而嫉能。
> 勿称忿而报横逆,勿非礼而害物命。
> 见不义之财勿取,遇合理之事则从。

诗书不可不读,礼义不可不知。
子孙不可不教,僮仆不可不恤。
斯文不可不敬,患难不可不扶。
守我之分者,礼也;听我之命者,天也。
人能如是,天必相之。
此乃日用常行之道,若衣服之于身体,饮食之于口腹,不可一日无也,可不慎哉!

《朱子家训》所要阐扬的理念是非常明确的,它用通俗、精练的语言规范了人之为人的基本哲学信条,划出了一条做人的底线,深刻而隽永。

首先,它强调的是人的自律:

君之所贵者,仁也。臣之所贵者,忠也。
父之所贵者,慈也。子之所贵者,孝也。
兄之所贵者,友也。弟之所贵者,恭也。
夫之所贵者,和也。妇之所贵者,柔也。
事师长贵乎礼也,交朋友贵乎信也。

勿以善小而不为,勿以恶小而为之。

勿损人而利己,勿妒贤而嫉能。
勿称忿而报横逆,勿非礼而害物命。

这不是宗教的戒律,却是人必须遵循的基本约束。人是社会的动物,他来到这个世界一定附着着某种社会的定位。《朱子家训》用精练的语言涵盖了人类社会最基本的社会角色,并告诉你,当你处在某一个坐标时,你应该遵循的基本品格和责任。

其次,它教导人追求人格的自我完善。这是人成为人以后必须要坚持的基本修炼:

有德者,年虽下于我,我必尊之;不肖者,年虽高于我,我必远之。

慎勿谈人之短,切莫矜己之长。

勿以善小而不为,勿以恶小而为之。

勿损人而利己,勿妒贤而嫉能。
勿称忿而报横逆,勿非礼而害物命。
见不义之财勿取,遇合理之事则从。
诗书不可不读,礼义不可不知。

在《朱子家训》中,人格的完善是通过"禁"、"慎"和"实行"、"作为"来实现的。人如果能知道哪些事不能做,哪些事应该努力去做,那么,他就可以摆脱粗鄙、庸俗而走向文明和高雅。

第三,它提倡对他者的尊重与宽容:

见老者,敬之;见幼者,爱之。
有德者,年虽下于我,我必尊之;不肖者,年虽高于我,我必远之。

仇者以义解之,怨者以直报之,随所遇而安之。
人有小过,含容而忍之;人有大过,以理而喻之。

人有恶,则掩之;人有善,则扬之。

勿损人而利己,勿妒贤而嫉能。

勿称忿而报横逆,勿非礼而害物命。

尊重与宽容是《朱子家训》中非常突出的教条。这里有如何对待"有德者",也有如何对待"不肖者";有如何面对"仇者"、"怨者";也有如何对待"恶者"与"横逆"。它所表现出的理念最核心的内涵是尊重与宽容。这是道德的理性反映,它表达了中国人与人为善,己所不欲勿施于人的美德与大度。

第四,它强调个人与社群、社会的和谐相处:

事师长贵乎礼也,交朋友贵乎信也。
见老者,敬之;见幼者,爱之。
有德者,年虽下于我,我必尊之;不肖者,年虽高于我,我必远之。

仇者以义解之,怨者以直报之,随所遇而安之。
人有小过,含容而忍之;人有大过,以理而喻之。

子孙不可不教,僮仆不可不恤。
斯文不可不敬,患难不可不扶。
守我之分者,礼也;听我之命者,天也。

社群和社会的和谐,是任何社会存在和发展的基础,作为个人必须处理好自己与社群、社会的关系。《朱子家训》给我们规范了个人所应遵循的"和"之道,平实而深刻。

《朱子家训》用通俗的语言阐发深刻的哲理,它的内涵可以有多层次、多角度的解读和引申。所以,同一句话其实涵盖或包孕着很多的思想和意蕴。它给人们的解读和理解提供了极大的想象和申发的空间。这是朱子运用语言表达思想的高妙之处,也正是《朱子家训》可以在汗牛充栋的"家训"著述中卓尔超群的原因所在。

当然,《朱子家训》毕竟撰写于八百年之前,它的语言不可避免地受到当时语境的局限。今天我们在解读它的时候应抱着一种究其实而虚其词的态度,即应该抓住它的精神实质,而不必拘泥于古今词义的某些变化。这里,我想推荐田浩先生的英语译本,它真正抓住了朱子的思想内核,故而他的英译更切合现代人的阅读和理解的习惯。比如,"君之所贵者"一句,他把"君"翻译成rulers,而不是君主、皇帝。我非常赞赏这样的翻译,在我的理解中,"君"实际就是领导者,他可以是国家的领导者,也可以是一个团体、一个企业、一个组织的领导者,而不能仅仅把它理解为国君。

《朱子家训》由于最初只是朱子对自己家庭成员的训诫之词,长期以来它只是在朱氏家族内部流传,并不为外人所知晓,所以它的影响力远不如其他家训,尤其是也以"朱子家训"命名的朱柏庐的《治家格言》。随着时代的进步,它的价值越来越受到有识之士的重视。朱氏家族也打破了自我封闭的传统,认为既然是好的东西,就应该与世人共享。我们认为,它不仅有益于一个家族,也有益于一个国家,在全球化的大潮中,它也有益于整个人类——它具有普世的意义。

《朱子家训》之历史研究[①]

田 浩（美国亚利桑那州立大学国际语言文化学院教授）

20世纪90年代中期，世界朱氏联合会的成员公布了从一份明代后期的朱氏家谱中摘出并印行的《朱子家训》。世界朱氏联合会将此《朱子家训》放在一个醒目的位置，并计划将《朱子家训》作为一个自我修身和公共伦理的指导原则来不断推广。上海华东师范大学古籍研究所教授、华东师范大学出版社社长（现已荣退）朱杰人尤其致力于将《朱子家训》作为朱子文化的核心理念来进行推广。2010年他首先提出《朱子家训》是中国对普世价值的贡献，并开始组织国外学者翻译《朱子家训》。我的论文将显示世界朱氏联合会关于《朱子家训》的表述是如何演进的：从20世纪90年代被认为是家庭道德准则，到2002年被认为是来自封建社会，却依然对社会主义道德准则颇有补益的典型中国价值观，再到2010年被认为是中国对普世价值的重要贡献。如何提升儒家价值，使其作为现代社会的普世价值？《朱子家训》这一案例或者可以为之提供一些借鉴。

我将以一个民间组织在近年如何推广一个宋代儒学文本为例，来探讨普世价值之范式。这个组织就是世界朱氏联合会。它成立于1993年，所有会员都自称是朱熹（1130—1200）的后裔。大部分会员居住在中国，个别会员在西方国家，韩国和东南亚国家的分会也比较活跃。无论是从狭义上的程朱学说来说，还是就广义上的理学而言，朱熹无疑都是所谓"新儒学"的中心。在融合儒家和其他中国传统思想的基础上，朱熹的道学体系在1241年已被确立为宋代官方正统

[①] 此文承美国亚利桑那州立大学图书馆馆员刘倩译为中文，谨致谢忱。收入本书时，删去了附录的《朱子家训》、《朱柏庐治家格言》的中英翻译。

思想,并且在随后的元、明、清朝一直备受推崇。另外,在明、清二朝,因朱熹哲学在朝鲜半岛、日本及越南有广泛的影响,至少在近代以前,通过在东亚的传播,朱熹的理念和价值观已经达到了一定程度的普及。在当今全球化时代,我们可能对儒学的全球化与在地化的价值和文本更感兴趣,因为它们是已被世界人民广泛接受的"普世价值"。我将回顾一下世界朱氏联合会如何确立一个明确目标并推广这一普世价值。同时,我将这个组织作为儒学复兴的一个案例进行研究。

这个中心文本就是世界朱氏联合会作为本家族教规进行推广的《朱子家训》。在1996年《朱熹集·外集》出版之前,这个只有短短317个字的文本甚至都没有收录进已被广泛收集的朱子文集中①。《朱子家训》一直保存在福建的朱氏家谱中。时至晚明,朱培将其单独刊出,随后又收入《文公大全集补遗》。在此之后,朱玉在1724年至1730年间又将之重印(略有不同),并收录在《朱子文集大全类编》②。在17世纪早期和18世纪早期,尽管有这两个文集的出版,然而除了1692年在日本出版了双语版的《朱子家训》之外(这个在我后面的论文还会提到),《朱子家训》在朱氏家族之外并没有引起广泛的注意。这两位学者都是朱熹的后代,因此他们都接触了朱氏家族的材料。《朱熹集》出版的同一年,世界朱氏联合会编辑出版了《朱子家训》。《世界朱氏联合会讯》第四期(1996年)除了出版了《朱子家训》外,还有一个包含5篇文章的专栏强调了《朱子家训》的重要性及其当代价值。例如,宾阳县中学教师朱炳甘通过比较父亲和丈夫在中国传统家庭模式中的等级地位和继承关系,认为朱熹的意见更适应现代社会对父亲的要求,更具有

---

① 《朱熹集·外集》,成都:四川教育出版社,1996年,第九册,第二卷,第5751—5752页。
② 参考南平市对外文化交流协会、武夷山朱熹研究中心、福建省环球文化中心编:《朱子文化大典》,福州:海风出版社,2011年,第712页。微异之处可参考方征:《和刻本〈朱子家训私抄〉》,《朱子文化》2012年第2期,第32页。

同情心,更关注在家庭事务中的和谐,因而比中国"封建"社会更加强调平等①。作为本家族的通讯,这5篇文章结合个人的理解简要阐述了《家训》产生的背景和主要观点,但没有进一步深入探索有关学术、哲学和政治的问题。

20世纪90年代中期积极推广《朱子家训》之前,公众甚至朱氏家族成员更多关注的是《朱柏庐治家格言》。《朱柏庐治家格言》有时也叫《朱子治家格言》,甚至叫《朱子家训》。因此人们常常误以为这个朱柏庐(朱用纯,1617—1688,这位江苏学者主要注有《易经》和《四书》,并有个人选集传世②。)的家训就是朱熹的③。值得注意的是这个《治家格言》是与朱培同时代的年轻人所作,而朱培是第一个出版《朱子家训》的人。众所周知,政治、经济的衰败加上内部的混乱,以及随后的满族入侵,明代日渐衰弱。明代的中国家庭也处在危机当中。朱熹的《朱子家训》集中讨论的是家庭伦理,明末两位朱氏后裔同时想到援引朱子,这表明了他们决心重振心学泛滥后摇欲坠的家庭伦理。相较朱熹的《家训》而言,朱柏庐的《治家格言》更加注重实际。它较少关注道德上的自我修养(当然这在《朱子家训》中已充分展示,难以超越),而更加侧重经济问题。例如,《治家格言》中提到的"国课早完,即囊橐无馀,自得至乐"和"娶媳求淑女,勿计厚奁"。尽管如此,1996年在新加坡出版的中文和马来文双语版的《朱柏庐治家格言》还是更加流行④。另外,2013年7月,我自己通过网络搜索"朱子家训",发现更多的是朱柏庐的而不是朱熹的。

---

① 朱炳甘:《〈朱子家训〉与现代家庭价值观》,《世界朱氏联合会讯》第四期(1996年5月),第38—44页,特别是第39页。
② 《朱熹与朱柏庐的〈朱子家训〉》,收入《世界朱氏联合会成立十五周年纪念特刊》(2009年3月),第11页。
③ 例如李绍茂《朱子家训》英语译文。来源:英文巴士;时间:2013年01月06日;360doc.com/content/09/0425/07/0_3259543.shtml; accessed July 13, 2013。
④ 朱炳甘:《〈朱子家训〉与现代家庭价值观》,第39页。

在2002年初,另外一组关于《朱子家训》的论文发表在学术杂志《朱子论坛》上。这一杂志的标题,由北京著名哲学家张岱年先生(1909—2004)题写。这一组论文来自2002年的"朱熹思想与以德治国"学术会议。这五篇文章专门探讨了《朱子家训》,均涉及或者部分讨论了在中国"封建"社会背景下的朱熹思想体系。尽管"封建"一词在中华帝国时代的用法不同于欧洲历史上的"feudalism"(封建)一词。卡尔·马克思历史阶段划分是基于欧洲历史的划分,但是中国马克思主义者已经糅合了这两种含义并使之适应中国的需要,形成了关于中国传统社会"封建"性质和特点的论断。在2002年学术会议上提交论文的作者们虽然面临着挑战这一共同论断的压力,但他们依然对《朱子家训》持肯定意见。

现在简要回顾一下2002年发表的这5篇论文。在这个专栏里第一篇是原广西广播电视厅副厅长莫珍英的论文。这位前省政府官员首先指出,朱熹在道德标准划分上"不完全符合实际,并且有封建等级观念"。虽然这个家训不完全符合今天所提倡的待人处世哲学,但它"体现了中华传统美德"和哲学价值观念。而且,因为提倡中国传统道德标准,它提供了自我修养的具体途径。这篇家训虽然打上了封建社会的烙印,但只要坚持马克思主义立场,批判地吸取其中的合理内涵,"对今天加强社会主义道德建设还是具有借鉴作用的"。毕竟,相对于传统儒家天赋道德的信念,现代中国人理解的道德是历史的,在特定国家文化下形成。最后,这位退休的官员引用江泽民主席2001年提出的"以法治国、以德治国"结束①。

第二篇文章的作者是广西省图书馆研究馆员麦群忠。他在篇首近70%的篇幅赞扬了《朱子家训》是中国古代传统文化中的瑰宝。在这些溢美之词中透露出《朱子家训》的重点在于

---

① 莫珍英:《〈朱文公家训〉解读》,《朱子论坛》(2002年),第55—57页。

教育和指导人们做一个更好的人。他承认《朱子家训》的封建色彩和消极陈腐因素，但也认为对《朱子家训》内容进行诠释不仅具有积极意义，也有利于现代社会主义国家和家庭的道德建设。这是因为朱熹不仅代表，也进一步发展了孔孟之道。在评估《朱子家训》的现代价值时，他同样引用江泽民2001年讲话中提出的"以德治国"和"依法治国"相结合的治国方略，以及中共中央颁布的《公民道德建设实施纲要》。因为《朱子家训》是中国家庭文化教育的典范，而"儒家传统道德无疑是当今社会主义道德的重要源头"①。

第三篇文章，来自甘肃的朱熹思想研究会副会长朱延有。他在简要点明朱熹在世界历史上的重要性和对东亚文化的深远影响后，着重强调朱熹对"我们国家改革"的重要性。在突出强调家训的重要性后，这位朱氏联合会的成员转而讨论《朱子家训》的封建根源，并呼吁根据中国共产党中央委员会的权威指示，宣扬中国传统英雄人物的典范言行，从而来实现党的目标②。

第四篇文章最长，是海南省委党校副教授朱修松撰写的。尽管认识到封建社会和社会主义社会在道德伦理、经济基础和主导思想上有不同，他还是认为《朱子家训》具有积极意义，并认为朱熹的道德原则将有助于防止共产党干部腐化。总的来说，这位省委党校的教授主要强调朱熹的观点将对干部有益，例如《家训》中就有警语"见不义之财勿取"③。

第五篇文章继续引用党的指示和上面已经提到的江泽民讲话，朱贵平强调从《朱子家训》到江泽民提出的"以德治国"，其间具有连续性的原因在于中国人民长期以来持久关心礼仪和礼义。虽然家训不可避免地带有封建糟粕，但由于其在家庭

---

① 麦群忠：《〈朱子家训〉宣传核心试析》，《朱子论坛》（2002年），第57—58页。
② 朱延有：《〈朱子家训〉宣传核心之我见》，《朱子论坛》（2002年），第59—60页。
③ 朱修松：《〈朱子家训〉的宣传核心何在》，《朱子论坛》（2002年），第61—63页。

伦理教育中扮演着重要的角色不可不读①。

简言之,这些文章非常重要,因为这是第一次在公众视野中解读《朱子家训》,而且作者来自占话语优势的(至少五分之四)省级政府不同机构的官员(在职的和退休的)。他们也提及长久以来被视作封建的、与新中国发展不相适应的对朱熹和儒家思想的批评。他们大都援引中央委员会委员和政策的权威指示,用以推进《朱子家训》作为传统中国美德的典型个案。除了赞同《家训》中成为一个好人的格言外,作者们也强调这些格言代表了中国传统中优秀的道德品质。值得注意的是,这些文章发表于一个杂志的会议特刊,杂志上还有张岱年先生题词和照片。这是因为张先生是北京大学的资深哲学教授,因中国哲学和马克思主义研究而享有盛名。事后看来,《朱子家训》作为中国对普世价值的贡献,是这五篇论文没有讨论的。因此,这份2002年的出版物具有里程碑意义。世界朱氏联合会明确了差距,决心朝着普世价值的方向迅速跟进。

早在2006年,《朱子文化》就发表了两篇文章。在第一篇中,朱汪洋证实《朱子家训》具有恒久的价值,十馀年来,他一直将其作为处理家庭事务的指南②。因此,这篇文章与十年前发表在家族简报中的首篇有类似之处。第二篇是朱修松2002年会议论文的删节版③。

尽管2006年出版的这两篇文章延续了先前的主题,可是2005年10月16日在洛阳召开的世界朱氏联合会第六次代表大会却表达了不同的立场。作为创立的会长,已荣退为永远名誉会长的朱昌均(1921—2012)发表了主题演讲,强调将年轻人的教育作为朱氏联合会成员极其重要的历史任务。他宣

---

① 朱贵平:《〈朱子家训〉与道德教育》,《朱子论坛》(2002年),第64—65页,也收入《世界朱氏联合会讯》第十四期(2003年11月)第39—41页。
② 朱汪洋:《我对〈朱子家训〉的认识与实践》,《朱子文化》2006年第1期,第9页。
③ 《朱子文化》2006年第2期,第12—14页。

布:"《朱子家训》并不是只为朱家准备的,同时也是为全世界的人准备的。"①2006年8月,朱氏联合会的领导代表团访问苏门答腊巨港市的朱家。在为期一周的访问中,负责日常事务的副会长朱茂男在一次会议中特别介绍了《朱子家训》。他将印有《朱子家训》的便携卡送给了参会者,并希望印度尼西亚的朱氏后裔能以《朱子家训》教育其子女。10月,在朱氏联合会出资兴建的武夷山朱子讲学堂,朱氏联合会的主要人员聆听了五百名学生吟诵《朱子家训》。可以说,这一事件标志着朱氏联合会在2005年10月朱昌均发表演讲后已越来越关注《朱子家训》。

另一证据表明,至少在2008年或者2009年初,朱氏联合会在向社会大面积地推广《朱子家训》上又上了一个新的台阶。为促进《朱子家训》的普及,他们将其印在咖啡杯和其他家庭饰品上。时任世界朱氏联合会会长的朱茂男告诉我,他有一个新的习惯,就是在交换名片时,他给对方一张印有《朱子家训》的名片或者纪念品,这样一方面可以介绍、推广《朱子家训》,另一方面也可鼓励人们按照《朱子家训》生活。据我2009年的多次观察,在台湾朱氏联合会会议上,有时会员们在会议开始之前会集体朗读《朱子家训》。在诵读之后,他们会集体默礼片刻,向朱熹致敬。集体诵读《朱子家训》,这与宗教活动中朗诵信条有类似之处。而这一环节,是我在中国大陆参加的任何朱子会议中所没有的。

永远名誉会长朱昌均的演讲内涵可引申为:《朱子家训》不仅仅属于朱家,也属于全世界人民。这一观点在2009年《世界朱氏联合会成立十五周年纪念特刊》中得到公开阐释。当表彰朱柏庐的《治家格言》时,《特刊》也承认其格言有迷信和落后

---

① 世界朱氏联合会秘书处(朱杰人等):《世界朱氏联合会史略》(2008年10月),2009年8月朱茂南会长补充、修改。

的观念,以及对待女性的封建偏见,这些都不能与当今世界人们提倡的观念相提并论①。然而,该文指出朱熹当代意义的三个主要方面:第一,朱熹有着超乎寻常的理性精神,他并没有受限于一家之说或某个学派,而是展示了伟大的创造力。第二,作为孔子之后最伟大的教育家,朱熹探讨了深入地格物穷理直至豁然贯通的方法。第三,朱熹的道德修养注重严格的探究方法与实践。虽然许多人批评朱熹通过严格区分天理和人欲来抑制情感和欲望,但实际上他也承认人欲来源于天理,仍需养善去恶。因此,该文认为,现代人应该在现代世界继承朱熹的精神和方法,复兴传统智慧,使传统焕发活力②。

2010年世界朱氏联合会在马来西亚集会时,一个更清晰的特征开始出现。6月3日在吉隆坡郊外群山环绕的一个大型的中国墓地——孝恩园,马来西亚朱氏联合会为刻有中英文《朱子家训》的大型大理石石碑揭幕。孝恩文化基金会执行长王琛发在致辞中解释,树立大型石碑的教育意义在于吸引公众对《朱子家训》的注意。孝恩集团特地到惠安邀请石匠师傅到马来西亚负责雕刻,而书法则由来自台湾的书法家田丰盛书写③。中文与英译《家训》并排雕刻。一两天后,马来西亚朱氏联合会还举办了近五百名学生参与的《朱子家训》限时默写比赛。我有幸目睹了学生们严肃认真的比赛,同时评阅了安排在不同年级组的答卷,并根据正确性、速度和书法等进行了排列。然后,给优秀的参与者颁奖。

在孝恩园仪式上,世界朱氏联合会前任秘书长、华东师范大学的朱杰人教授赞扬了马来西亚朱氏后裔通过树立公共石碑来宣传《朱子家训》的创举。他认为,如果西方世界流传给

---

① 《朱熹与朱柏庐的〈朱子家训〉》,收入《世界朱氏联合会成立十五周年纪念特刊》(2009年3月),第11页。
② 《朱熹与朱柏庐的〈朱子家训〉》,第9—10页。
③ 《马来西亚〈朱子家训〉碑揭幕》,《朱子文化》2010年第5期。

世界的普世价值观念是民主和自由,那么中华民族奉献给人类的普世价值观念则可以是来自《朱子家训》的教导。考虑到朱杰人教授的演讲具有里程碑的意义,我全文引用如下(除了开头的问候语及简短的结束语外):

今天我有幸参加这样一个隆重的典礼。我看到了一个设计精美、大气、典雅、庄重的《朱子家训》大型石刻。这是全世界第一座《朱子家训》的石刻,就是在朱子的故国,目前也还没有这样的碑刻。

作为朱子的裔孙,作为一个朱子学的学者,我为朱文公的话语能够在异国他乡被勒石传世而感到无比的感动和自豪。但是,现在的我,心中更多的则是对马来西亚朱子后裔们、马来西亚文化学术界的朋友们、马来西亚的企业家们、马来西亚的政府官员们的钦佩和尊重。因为,是你们真正认识到了《朱子家训》不朽的价值和伟大的意义。

《朱子家训》原本是我们朱氏家族内部的家族文献,它被收录在我们的族谱和家谱之中,作为朱氏族人为人处世的圣经。按照传统,它一般是不对外族和外人展示的,更不能作为对外人的道德伦理要求。但是,时代在进步,人们的观念也应该进步,我们发现了这部家训伟大的现实价值,我们觉得,这么好的东西决不能朱门一家独享,它应该让全中国乃至全世界的人们共享。所以我们把它公之于世,并通过各种途径,利用各种方法予以介绍、讲解、弘扬。今天的典礼就是我们长期以来不懈努力的一个美好的结果。

稍稍了解一点中华传统文化的人都知道,中国还有一个很著名的"朱子家训":"黎明即起,洒扫庭除"。但,这并不是《朱子家训》,它正确的名称是:《朱伯庐治家格言》,这是一个明代人的作品,据说他也是朱子的后人,但它的"格言"讲的是人的行为规范,决不能和《朱子家训》同日而语。如果打一个比方,《朱子家训》是宪法,而《治家格言》仅仅只是一个具体的条法,如刑法,如民事法。它们的高度和内涵完全是在两个无法比拟的层次上。

《朱子家训》短短317个字,但是它却给出了人之所以为人的基本底线。这是一条非常清晰而可以执行的红线,越过了这条线,你就不配被称作"人"了。

不仅如此,《朱子家训》还告诫我们如何才能成为一个有道德的人、一个高尚的人、一个有修养的人、一个文明的人。它教导我们的宽容、包容、内敛、内秀及严于律己、宽以待人的美德,彰显了中华文化无比宽广的胸襟和卓尔特立的价值观。

长期以来,西方文化不停地宣扬和推行其所谓的"普世价值",那就是"民主"、"自由"、"人权"。诚然,这是一种"普世价值"。但是,我们中华民族有没有可以贡献给人类的"普世价值"呢?我以为,《朱子家训》就是具有普世价值的人伦观、修养观、道德观、社会观和人之为人的基本价值观。《朱子家训》被公之于世,短短的二十余年,迅速地被社会大众所认同、接受,并传播到世界各地,被称作中国人的人生法典,足以证明它的价值是具有普世意义的。今天我们见证的发生在马来西亚的这一幕已经为此做了最有力的佐证。

所以,马来西亚朋友们的这一盛举,其意义非同一般,必将被载入人类文明史的史册。[1]

朱杰人认为它们的普适性很重要,而且他公开宣扬《朱子家训》同样能成为中国对普世价值的贡献。毫无疑问,他为朱昌均2005年的讲话推导出了一个合乎逻辑的结论。

尽管朱杰人盛赞了石碑,但在马来西亚会上他也对我和其

---

[1] 朱杰人:《〈朱子家训〉的普世价值——在马来西亚〈朱子家训〉碑刻揭幕礼上的讲话》,《朱子文化》2010年第5期。

他人谈及，他认为英译不够准确，不够有文采，担心这很难被普遍认同。因此，朱杰人建议我重新翻译《朱子家训》，并与一些学者和朱氏联合会的成员讨论译稿。我的译稿主要采用通用的英文。例如，我将"父"译成"父母"，而不仅仅指"父亲"。将"子"译成"孩子"，而不仅仅是"儿子"。当然原义主要是指父亲和儿子的关系。同时，将"君"看作一般意义上的统治者，而不是历史情境中的君王。在2010年10月温州举办的朱氏联合会大型集会中，他们正式采用了我的翻译，并发布在网页上，同时发表在《朱子文化》杂志上。后来，朱杰人又组织将《朱子家训》译成了法、德、俄、日、韩、西班牙、葡萄牙、阿拉伯、马来九种语言。日文译稿尤其值得注意，因为其中有一页《朱子家训私抄》的照片，此抄本是1692年在日本出现的，中文《朱子家训》旁有日文注释和插图①。尽管1692年的版本在排序和文字上与现行通用本有一些不同，但这是《朱子家训》在海外传播的最早证明②。努力将《朱子家训》译成外文，这为《家训》成为普遍认同的价值观奠定了坚实的基础。

关于朱熹撰写《家训》的目的和世界朱氏联合会推广《家训》的原因，存在两种相当不同的解释。一方面，一位有德国博士学位的台湾政治家朱高正告诉听众，《朱子家训》赞美了朱家以及中国人优秀的美德，这种美德使得他们与众不同③。另一方面，朱杰人却赞同我对《朱子家训》的解读，认为《朱子家训》是朱熹为了克服他所察知的自身和家庭存在的局限，努力提高道德修养而撰写的一个文本。我留意到朱熹自知有容易发脾气的倾向，并推己及人，认为君子理应遵行这些高尚的道德原

---

① 藤井伦明译、吾妻重二审定：《朱子家训》日语译文，《朱子文化》2012年第1期，第37—39页。也参苏费翔等：《朱子家训》德语译文，《朱子文化》2011年第5期，第40—41页；徐大源：《朱子家训》韩语译文，《朱子文化》2012年第2期，第29—30页。
② 方征：《和刻本〈朱子家训私抄〉》，《朱子文化》2012年第2期，第31—32页。
③ 至少有两次我作为听众，听见他这样说。

则。我在关于朱熹的著作中曾引用朱子和他一些亲密朋友的记录来说明这一点①。令我震惊且留下深刻印象的是,这些文字都提到朱熹一些偏激的个性。例如,指导如何制怒,如何恕人,如何为人掩恶,等等。在他与别人的交往中,朱熹有时也会义愤填膺地指责别人的错误和性格缺陷。我也曾听到世界朱氏联合会中的成员和后裔提到他们或多或少继承了朱熹的这些性格。通过朱熹给长子的信,我们可以知道朱熹热衷于警告后代应该避免性格和道德实践中的"过"与"不及"。既然朱熹经常批评与他交往的朋友,我也可以想象,他一定赞同他的后代向家庭以外的人们宣扬《家训》,从而提高他们的道德教育和修养水平。似可指出,朱杰人对他的先祖撰写《家训》的目的的认识,与其努力宣扬《朱子家训》具有普世价值的行为,无疑是互为因果的。

最近,华东师范大学出版社的新书《何谓普世?谁之价值?》出版,朱杰人发表的书评一定程度上表明了他对普世价值的思考②。这本新书是2011年复旦大学会议上自称"当代儒家"的青年哲学家们的论文合集③。这些哲学家主要来自上海和北京的大学,他们曾留学海外,但严格批判"普世价值",将其作为西方支配和征服世界的一种意识形态工具。这本书的作者们认为,所有的价值都是历史的,而且根源于特定的文化,因此,西方的普世价值有着内在的紧张与矛盾,这就导致输入中国时带来了种种问题。

这些当代儒家也猛烈地批评香港和台湾的新儒家,认为他们首先接受西方的普世价值并将其作为与西方讨论的基础,因

---

① Hoyt Tillman, *Confucian Discourse and Chu Hsi's Ascendancy* (Honolulu: University of Hawai'i Press, 1992), e.g., pp. 130–132, 136–137;田浩:《朱熹的思维世界》,南京:江苏人民出版社,2009年,第133—135页,第141—143页。
② 朱杰人:《理直气壮的文化自觉——读〈何谓普世?谁之价值?〉》,《中华读书报》2013年3月6日。
③ 曾亦、郭晓东编:《何谓普世?谁之价值?》,上海:华东师范大学出版社,2013年。

而表现出被动和无望的防守状态,既不能批判性地思考西方的价值观,也不能阐述儒家价值观的完整性。因此,这些当代儒家认为,作为一个博大精深的文明,中国已经有自己的价值体系。中国在与西方对话之前,必须首先牢固树立儒家文本与观念,建立自己的话语体系。在对普世价值的历史和文化基础有了更深入的理解,对什么是中国的价值有了更清楚的把握后,中国才有可能与西方进行更富有意义的对话,才有可能实现文化与价值的融合。(我们可以看到,除了这本书中过于简单化的西方观以外,这些当代儒家抛弃了儒家价值和社会主义早先关于普遍有效性和特征的假设,而赞成儒家和社会主义为中国人所特有的价值。)并未提及我们可以看到的当代儒家主张中的种种混乱,朱杰人强烈支持他们的观点并在卷首明确表达出来,认为文化自信、勇气和清晰的推理均在其中。例如,他大力赞扬:"理直气壮地把儒家的价值观拿出来与西方的价值观等量齐观,并毫不讳言儒家价值观的优质性与历史合理性,好像,这是第一次。仅就此而言,它已经宣示了中国文化的觉醒与自信。"①

朱杰人读过我的文稿之后,回答并略微解释了他的立场:

《何谓普世,谁之价值?》出版以后,引起关注。我又召开了一次座谈会,出席的有陈来、郭齐勇、朱汉民、朱高正等。这次座谈,大家的发言都比较平和,形成了和第一次座谈的强烈对比。我最后一个发言,我的发言依然比较激烈,因为我认为,现在的中国,不呐喊,不足以唤醒国民;不当头棒喝,不足以警示官员。这次座谈会的内容已经整理完成,我决定把它加在原

---

① 朱杰人:《理直气壮的文化自觉——读〈何谓普世?谁之价值?〉》,载于:《文汇报》2013年3月11日、《中华读书报》2013年3月6日、《编辑学刊》2013年第3期。各地编辑部稍有删改。朱杰人曾发给我其原文,其后原文发表在《朱子文化》2013年第2期,第4—7页。

书的后面重新出版。①

虽然有时必须呐喊,但我依然担心,需要呐喊的种种环境与他的文化使命发生矛盾。

虽然在2010年马来西亚的演讲中,朱杰人简要提及西方普世价值观中的民主和自由时表现出积极的态度,但他的书评却强调他同意新书中的观点,中国需要更多的民主,而不是更多的自由。因为过度的自由将导致无序,并给外国干预以可乘之机。特别从他内容充实、观点鲜明的书评来看,我们可以清楚地发现,他倡导将《朱子家训》作为中国对普世价值的贡献,应该被看作是至少将儒家文化与西方文化等量齐观的尝试,而不是简单地继续像新儒家那样寻求与西方价值观等值。然而,朱杰人的书评应该不会被误读为他彻底放弃了将《朱子家训》视为普世价值的主张。他愤怒地指责那些傲慢的西方人,因为他们不愿承认别人的价值也是普世的。西方缺乏对《朱子家训》的认同,这让朱杰人颇为失望,这也大概是书评热情洋溢地拥护意识形态主题、批评西方普世价值观念虚伪性的一个原因。无论如何,他的民族主义和文化自信已经鲜明地反映了近年来中国崛起带来的文化诉求。

总之,以上关于《朱子家训》从1996年到2012年的变化反映了这一时期中国政治文化大变迁。从2002年会议论文开始,江泽民讲话和中共中央委员会决议得到广泛讨论,党和国家变得比以前更开放,对过去旧中国的封建伦理和观念进行了改造,帮助强化社会主义社会、家庭和国家的道德建设。在北京奥运会开幕式上,孔子被赋予独特的声望,体现了进一步提升了儒家价值的共同愿望。也许有人会说,在奥林匹克运动会上展示孔子对文明的贡献,也许激发了像朱杰人这样的人拥抱

---

① 朱杰人2013年9月7日电子邮件。

来自西方的普世价值观、宣扬《朱子家训》是中国对普世价值的贡献。除了顺应2002年的主题,强调用儒家伦理的重要性巩固中国家庭和中华民族外,朱杰人抓住中国国际地位的崛起带来的更大的开放性,在固有的文化自信中突出强调,朱熹也提供了世界文明和普世价值的文化资本。当然,他不是当代唯一被全球化或普适性驱动的中国儒家学者。然而,这一案例研究表明,随着中国的日益富强,中国的自信也将提升。我们不仅将看到这种全球化的儒家思想在扩展,还将在如新书《何谓普世?谁之价值?》中明确地感受到这种"反戈一击"的文化批评的声音。

君之所贵者,仁也。臣之所贵者,忠也。
What rulers should cherish is being humane, and what officials should cherish is being loyal.

父之所贵者,慈也。子之所贵者,孝也。
What parents should cherish is being kind, and what children should cherish is being filial.

兄之所贵者,友也。弟之所贵者,恭也。
What elder siblings should cherish is being amicable, and what younger siblings should cherish is being respectful.

夫之所贵者,和也。妇之所贵者,柔也。
What husbands should cherish is being harmonious, and what wives should cherish is being tender and gentle.

事师长贵乎礼也,交朋友贵乎信也。
Service to teachers and elders should accord with ritual propriety, and interactions with friends should value trust.

见老者,敬之;见幼者,爱之。
View the elderly with respect; view children with love.

有德者,年虽下于我,我必尊之;不肖者,年虽高于我,我必远之。
Honor virtuous people even if they are younger than we are; keep our distance from worthless characters even if they are older than we are.

慎勿谈人之短，切莫矜己之长。

Be careful not to gossip about others' weaknesses, and don't be eager to display your own strengths.

仇者以义解之，怨者以直报之，随所遇而安之。

Use what is fair to reconcile with a foe, use what is upright to respond to those with resentments, and according to what you encounter, pacify them.

人有小过，含容而忍之；人有大过，以理而喻之。

With tolerance, endure those who make small mistakes; use reason to instruct those who make big mistakes.

勿以善小而不为，勿以恶小而为之。

Do not avoid doing a good deed even if it seems trivial, and do not commit an evil act even if it seems small.

人有恶，则掩之；人有善，则扬之。

Gloss over people's vices, and propagate their virtues.

处世无私仇，治家无私法。

Regulate social affairs without personal enmity; manage household affairs without personal favoritism.

勿损人而利己，勿妒贤而嫉能。

Do not benefit oneself at the expense of others, and do not envy the worthy or become jealous of the capable.

勿称忿而报横逆，勿非礼而害物命。

Do not let anger be an excuse for responding unreasonably and rebelliously; do not irreverently harm living things.

见不义之财勿取，遇合理之事则从。

Do not acquire wealth that is not accord with what is fair; when you encounter equitable opportunities, follow principle.

诗书不可不读，礼义不可不知。

The Classics must be studied; propriety and uprightness must be known personally.

子孙不可不教，僮仆不可不恤。

Children and grandchildren must be instructed; workers must be compassionately compensated.

斯文不可不敬，患难不可不扶。

This culture must be respected, and adversity must be alleviated.

守我之分者，礼也；听我之命者，天也。

It is through propriety that we preserve our share; it is through the Heavens that we heed our destiny.

人能如是，天必相之。

If people are able to comply with all of these precepts, the Heavens will surely assist them.

此乃日用常行之道，若衣服之于身体，饮食之于口腹，不可一日无也，可不慎哉！

These daily ethical practices, just like clothes on our bodies and food in our stomachs, must not be neglected even for a day; so we must be diligent!

（英文版由田浩（Hoyt Cleveland Tillman）翻译）

君之所贵者，仁也。臣之所贵者，忠也。
Ce qu'un souverain doit chérir, c'est le sens de l'humain ; ce qu'un ministre doit chérir, c'est la loyauté ;

父之所贵者，慈也。子之所贵者，孝也。
Ce qu'un père doit chérir, c'est la charité ; ce qu'un fils doit chérir, c'est le respect filial ;

兄之所贵者，友也。弟之所贵者，恭也。
Ce qu'un aîné doit chérir, c'est l'amitié ; ce qu'un cadet doit chérir, c'est la déférence ;

夫之所贵者，和也。妇之所贵者，柔也。
Ce qu'un époux doit chérir, c'est l'harmonie ; ce qu'une épouse doit chérir, c'est la douceur.

事师长贵乎礼也，交朋友贵乎信也。
Au service de ses éducateurs et de ses aînés, on privilégiera les bienséances ; dans les rapports avec ses amis, on privilégiera la confiance.

见老者，敬之；见幼者，爱之。
Face à ceux qui sont vieux, on leur témoignera du respect ; face à ceux qui sont jeunes, on leur témoignera de l'amour.

有德者，年虽下于我，我必尊之；不肖者，年虽高于我，我必远之。
Si quelqu'un est vertueux, fût-il plus jeune que moi, je dois le vénérer ; si quelqu'un est mauvais, fût-il plus vieux que moi, je dois m'en éloigner.

慎勿谈人之短，切莫矜己之长。

Ayez la prudence de ne jamais parler des défauts d'autrui ; ne vous complaisez pas dans l'éloge de vos qualités.

仇者以义解之，怨者以直报之，随所遇而安之。

Sachez résoudre les inimitiés avec justice et répondre au ressentiment par la droiture.

人有小过，含容而忍之；人有大过，以理而喻之。

Les petits défauts d'autrui, supportez les avec tolérance ; les grands défauts des autres, corrigez les au nom des grands principes.

勿以善小而不为，勿以恶小而为之。

Ce n'est pas parce qu'un geste de bonté est petit qu'il ne faut pas s'y livrer ; ce n'est pas parce qu'un acte méchant est mineur qu'il faut l'accomplir.

人有恶，则掩之；人有善，则扬之。

Le mal chez autrui, sachez le cacher ; le bien chez autrui, sachez le mettre en valeur.

处世无私仇，治家无私法。

Quand on est dans le monde, il ne saurait y avoir d'inimitié personnelle ; dans le gouvernement de la famille, il ne saurait y avoir de lois privées.

勿损人而利己，勿妒贤而嫉能。

Ne lésez pas autrui pour votre profit ; n'enviez pas les sages ni ne jalousez les gens capables.

勿称忿而报横逆，勿非礼而害物命。

Ne répondez pas par la colère à la violence et l'arbitraire ;

n'attentez pas aux personnes et aux biens en renonçant aux rites.

见不义之财勿取，遇合理之事则从。

Ne vous emparez pas de biens de manière injuste, suivez ce qui est conforme à la justice.

诗书不可不读，礼义不可不知。

L'étude des *Odes* et des *Documents* est indispensable ; les Rites et la Justice ne sauraient être ignorés.

子孙不可不教，僮仆不可不恤。

Les enfants doivent recevoir une éducation ; les domestiques ont droit à la commisération.

斯文不可不敬，患难不可不扶。

Cette culture doit être respectée, et l'adversité doit être allégée

守我之分者，礼也；听我之命者，天也。

Ce qui me permet de m'en tenir à mon lot, ce sont les Rites ; ce qui me permet de me conformer à mon destin, c'est le Ciel.

人能如是，天必相之。

Si les hommes sont capables de se comporter ainsi, le Ciel les épaulera.

此乃日用常行之道，若衣服之于身体，饮食之于口腹，不可一日无也，可不慎哉！

Telle est la voie à suivre constamment dans un usage quotidien, comme les vêtements que l'on revêt pour le corps, et la nourriture et la boisson pour la bouche et le ventre dont on ne saurait, fût-ce un jour, se passer. Comment ne pas se montrer circonspect.

（法文版由戴鹤白（Roger Darrobers）翻译）

君之所贵者，仁也。臣之所贵者，忠也。
Als Fürst schätze die Menschlichkeit, als Untertan hingegen die Loyalität.

父之所贵者，慈也。子之所贵者，孝也。
Als Vater schätze die Güte, als Sohn hingegen die Kindespflicht.

兄之所贵者，友也。弟之所贵者，恭也。
Als großer Bruder schätze die Freundlichkeit, als kleiner Bruder hingegen den Respekt.

夫之所贵者，和也。妇之所贵者，柔也。
Als Ehemann schätze die Harmonie, als Ehefrau hingegen die Nachgiebigkeit.

事师长贵乎礼也，交朋友贵乎信也。
Wenn du einem Lehrer oder einem Höherstehenden deine Aufwartung machst, dann schätze die Umgangsformen; wenn du mit Freunden verkehrst, dann schätze die Vertrauenswürdigkeit.

见老者，敬之；见幼者，爱之。
Siehst du ältere Menschen, ehre sie; siehst du jüngere Menschen, trage Sorge für sie.

有德者，年虽下于我，我必尊之；不肖者，年虽高于我，我必远之。
Einen Tugendhaften muss ich respektieren, auch wenn er jünger ist als ich; einen Taugenichts muss ich von mir fernhalten, auch wenn er älter ist als ich.

慎勿谈人之短，切莫矜己之长。

Achte darauf, dass du nicht über die Schwächen anderer redest, und brüste dich auf keinen Fall mit deinen eigenen Stärken.

仇者以义解之，怨者以直报之，随所遇而安之。

Lege Feindschaften mit Gerechtigkeit bei; vergelte Feindseligkeit mit Aufrichtigkeit. Auf was auch immer du triffst, begegne der Situation mit Friedfertigkeit.

人有小过，含容而忍之；人有大过，以理而喻之。

Begehen Menschen kleine Fehler, dann sieh darüber hinweg und toleriere sie; liegen große Verfehlungen vor, dann bringe ihnen die Prinzipien der Vernunft nahe.

勿以善小而不为，勿以恶小而为之。

Versäume nicht, etwas Gutes zu tun, nur weil es sich um eine Kleinigkeit handelt; hüte dich, etwas Böses zu tun, auch wenn es nur eine Kleinigkeit ist.

人有恶，则掩之；人有善，则扬之。

Hat jemand etwas Böses an sich, so erzähle es nicht weiter; hat jemand etwas Gutes an sich, so lobe ihn vor anderen.

处世无私仇，治家无私法。

Im gesellschaftlichen Umgang hege keine persönliche Feindschaft; beim Führen eines Haushalts bediene dich keiner eigenen Regeln.

勿损人而利己，勿妒贤而嫉能。

Schade nicht anderen Menschen, um dir selbst zu nutzen; sei nicht missgünstig gegenüber Tugendhaften und Fähigen.

勿称忿而报横逆，勿非礼而害物命。

Vergelte widerspenstiges Verhalten nicht, indem du dich vom Zorn leiten lässt; schädige nicht andere Lebewesen, ohne der Sittlichkeit zu entsprechen.

见不义之财勿取，遇合理之事则从。

Besteht die Möglichkeit, unrechtmäßig Reichtum zu erwerben, dann ergreife sie nicht; triffst du auf Gelegenheiten, die im Einklang mit den Prinzipien der Vernunft sind, dann nimm sie wahr.

诗书不可不读，礼义不可不知。

Das *Buch der Lieder* und die *Urkunden* sind unbedingt zu lesen; die Riten und die Gerechtigkeit sind unbedingt zu erlernen.

子孙不可不教，僮仆不可不恤。

Die folgenden Generationen sind unbedingt zu unterweisen; den Dienern ist unbedingt mit Empathie zu begegnen.

斯文不可不敬，患难不可不扶。

Die konfuzianische Kulturtradition ist unbedingt zu achten; Opfern von Unglück und Katastrophen ist unbedingt beizustehen.

守我之分者，礼也；听我之命者，天也。

Ich bewahre das, was mir zuteil wird – so wollen es die Riten; ich füge mich meiner Bestimmung – so will es der Himmel.

人能如是，天必相之。

Gelingt es einem, sich so zu verhalten, dann wird ihm der Himmel sicher beistehen.

此乃日用常行之道，若衣服之于身体，饮食之于口腹，不可一日无也，可不慎哉！

Dies sind die Richtlinien für das tägliche Verhalten; sie sind wie die Kleider an unserem Leib und die Nahrung in unserem Bauch – wir können nicht einen Tag darauf verzichten. Kann man darauf etwa nicht achtgeben?

（德文版由Christian Soffel（苏费翔）指导，Rainer Eckardt, Sebastian Eicher（艾柏田），Alexandra Fekete, Florian Ludwig（鲁狄），Elmar Oberfrank（欢上华），Beate Ströhlein（施北蒂），Miriam Vogel（米粒），Katrin Weiß（晓蓉），Philipp Zaschka（菲利普）翻译）

君之所贵者，仁也。臣之所贵者，忠也。

Гуманность – то, что следует проявлять правителю. Верность – то, что следует соблюдать подданному.

父之所贵者，慈也。子之所贵者，孝也。

Милосердие – то, что должен проявлять отец. Почтительность – то, что должен соблюдать сын.

兄之所贵者，友也。弟之所贵者，恭也。

Дружелюбие – то, что следует проявлять старшему брату. Уважение – то, что должен оказывать младший брат.

夫之所贵者，和也。妇之所贵者，柔也。

Добродушие – то, что должен проявлять муж. Нежность и кротость – то, что должна проявлять женщина.

事师长贵乎礼也，交朋友贵乎信也。

Общаясь с учителями и старшими следует быть учтивым. В общении с другом ценно доверие.

见老者，敬之；见幼者，爱之。

Общайся со старшими уважительно, а с младшими – с любовью.

有德者，年虽下于我，我必尊之；不肖者，年虽高于我，我必远之。

Уважай достойного человека, даже если он младше тебя; держись в стороне от недостойного, даже если он старше тебя.

慎勿谈人之短，切莫矜己之长。
Будь сдержанным, рассуждая о чужих недостатках; не расхваливай свои собственные достоинства.

仇者以义解之，怨者以直报之，随所遇而安之。
Любовью упраздняй недоброжелательность недруга; справедливостью отвечай неприятелю; иди на компромисс в случае необходимости.

人有小过，含容而忍之；人有大过，以理而喻之。
Терпеливо относись к тем, кто совершил легкие проступки. Научи того, кто допустил серьезные ошибки.

勿以善小而不为，勿以恶小而为之。
Не делай зла, считая, что оно незначительно; не упускай случая сделать добро, считая, что оно незначительно.

人有恶，则掩之；人有善，则扬之。
О недостатках человека молчи; достоинства человека хвали.

处世无私仇，治家无私法。
Служебными делами управляй без корысти; домашными делами управляй без своей склонности.

勿损人而利己，勿妒贤而嫉能。
Не извлекай своей выгоды в ущерб другим; не завидуй талантливым и способным.

勿称忿而报横逆，勿非礼而害物命。
Не позволяй гневу быть причиной необдуманных и неразумных поступков; это наносит вред существующему порядку.

见不义之财勿取，遇合理之事则从。

Не приобретай богатство незаконным способом; когда представится благоприятная возможность – следуй закону.

诗书不可不读，礼义不可不知。

Классика должна быть изучена; нормы морали и поведения должны быть известны каждому.

子孙不可不教，僮仆不可不恤。

Сыновей и внуков следует воспитывать и просвещать; слуг следует поощрять.

斯文不可不敬，患难不可不扶。

Интеллект нужно уважать; в беде надо помогать.

守我之分者，礼也；听我之命者，天也。

Следует жить, соблюдая принципы морали и повинуясь воле небес.

人能如是，天必相之。

Если человек соблюдает все эти заповеди, то Господь, безусловно, поможет ему.

此乃日用常行之道，若衣服之于身体，饮食之于口腹，不可一日无也，可不慎哉！

Эти неизменные этические правила важны, как одежда для наших тел и еда для наших желудков. Ими не следует пренебрегать ни единого дня, их нужно соблюдать неукоснительно!

（俄文版由郭小丽翻译）

日文版 朱文公家訓

君之所貴者，仁也。
訓　読：君の貴ぶ所の者は、仁なり。
口語訳：君主にとって大切なのは、人民を大切に思う仁の心です。

臣之所貴者，忠也。
訓　読：臣の貴ぶ所の者は、忠なり。
口語訳：家臣にとって大切なのは、主君を守ろうとする忠の心です。

父之所貴者，慈也。
訓　読：父の貴ぶ所の者は、慈なり。
口語訳：父親にとって大切なのは、子供に対する慈しみの心です。

子之所貴者，孝也。
訓　読：子の貴ぶ所の者は、孝なり。
口語訳：子供にとって大切なのは、親に対する孝の心です。

兄之所貴者，友也。
訓　読：兄の貴ぶ所の者は、友なり。
口語訳：年上の兄や姉にとって大切なのは、年下の弟や妹に対する友愛の心です。

弟之所貴者，恭也。
訓　読：弟の貴ぶ所の者は、恭なり。
口語訳：年下の弟や妹にとって大切なのは、年上の兄や姉に対する敬う心です。

夫之所貴者，和也。
訓　読：夫の貴ぶ所の者は、和なり。
口語訳：夫にとって大切なのは、妻に対する和やかな心です。

妇之所貴者，柔也。
訓　読：婦の貴ぶ所の者は、柔なり。
口語訳：妻にとって大切なのは、夫に対する優しい心です。

事師長貴乎礼也，
訓　読：師長に事えては、礼を貴び、
口語訳：先生や年上の方には、礼儀正しく接することが大切で、

交朋友貴乎信也。
訓　読：朋友に交わりては、信を貴ぶ。
口語訳：友達との交際には、信頼関係が大切です。

見老者，敬之；
訓　読：老いたる者を見ては、之れを敬い、
口語訳：お年寄りがいたら、敬意を払い、

見幼者，愛之。
訓　読：幼き者を見ては、之れを愛す。
口語訳：幼い子供がいたら、かわいがってあげなくてはいけません。

有徳者，年雖下于我，我必尊之；
訓　読：徳ある者は、年我より下ると雖も、我必ず之れを

尊ぶ。
口語訳：人格的に優れている人であれば、自分よりも年下であっても、必ず尊敬しましょう。

不肖者，年虽高于我，我必远之。
訓　読：不肖なる者は、年我より高しと雖も、我必ず之れを遠ざく。
口語訳：道徳的にだらしないような人であれば、自分よりも年上であっても、決して付き合ってはなりません。

慎勿谈人之短，
訓　読：慎みて、人の短を談ずること勿かれ。
口語訳：いつも慎み深く、他人の欠点をあれこれ言ってはなりません。

切莫矜己之长。
訓　読：切に、己の長を矜ること莫かれ。
口語訳：いつも謙虚に、自分の長所を得意げに自慢したりしてはいけません。

仇者以义解之，
訓　読：仇ある者は、義を以って之れを解き、
口語訳：仇敵に対しては、道義にかなった方法で問題を解決し、

怨者以直报之，
訓　読：怨みある者は、直を以って之れを報い、
口語訳：怨んでいる相手に対しては、正しい行動によって対応し、

随所遇而安之。
訓　読：遇う所に随ひて之れに安んず。
口語訳：自分が今置かれている境遇に満足しましょう。

人有小过，含容而忍之；
訓　読：人に小過有れば、含容して之れを忍び、
口語訳：相手の過失が、たいしたことの無い軽いものであれば、そっと許してあげ、

人有大过，以理而喻之。
訓　読：人に大過有れば、理を以って之れを諭す。
口語訳：もし重大な過失であれば、道理を尽くして注意してあげましょう。

勿以善小而不为，
訓　読：善の小なるを以って為さざること勿かれ。
口語訳：ささやかな善でも、積極的に実践しましょう。

勿以恶小而为之。
訓　読：悪の小なるを以って之れを為すこと勿かれ。
口語訳：ささいな悪でも、絶対にやってはいけません。

人有恶，则掩之；
訓　読：人に悪有れば、則ち之れを掩い、
口語訳：人の悪いところは、そっと庇ってあげ、

人有善，则扬之。
訓　読：人に善有れば、則ち之れを揚ぐ。
口語訳：人の良いところは、大いに褒めてあげましょう。

処事无私仇，
訓　読：事を処するには私仇無く、
口語訳：仕事をする時には、私的関係や私的感情を差し挟んだりしてはいけません。

治家无私法。
訓　読：家を治むには私法無し。
口語訳：家の決まりごとは、誰もが納得のできるような公平なものでなければなりません。

勿損人而利己，
訓　読：人を損ないて、己を利すること勿かれ。
口語訳：自分の利益のために他人を犠牲にしたりしてはいけません。

勿妒賢而嫉能。
訓　読：賢を妒みて、能を嫉むこと勿かれ。
口語訳：聡明な人や有能な人を妒んだりしてはいけません。

勿称忿而報横逆，
訓　読：忿りを称えて、横逆に報いること勿かれ。
口語訳：憤激のあまり、横暴非道な相手に仕返しをしたりしてはいけません。

勿非礼而害物命。
訓　読：非礼にして、物命を害すること勿かれ。
口語訳：礼儀を踏み外して、生き物の生命を傷つけたりしてはいけません。

见不义之财勿取，
訓　読：義ならざるの財を見ては、取ること勿く、
口語訳：道に外れた不当な方法で稼いだ財産に手を出してはいけません。

遇合理之事则从。
訓　読：理に合うの事に遇いては、則ち従え。
口語訳：道理にかなった事であれば、従わなければなりません。

诗书不可不读，
訓　読：詩書は、読まざるべからず。
口語訳：しっかり古典を読まなければなりません。

礼义不可不知。
訓　読：礼義は、知らざるべからず。
口語訳：きちんと礼義をわきまえていなければなりません。

子孙不可不教，
訓　読：子孫は、教えざるべからず。
口語訳：子孫に対する教育を怠ってはなりません。

僮仆不可不恤。
訓　読：僮僕は、恤れまざるべからず。
口語訳：使用人は労わってあげなければなりません。

斯文不可不敬，
訓　読：斯文は、敬わざるべからず。
口語訳：伝統文化を尊重しなければなりません。

患难不可不扶。
- **訓　読**：艱難は、扶けざるべからず。
- **口語訳**：困っている人がいたら、助けてあげなければなりません。

守我之分者，礼也；
- **訓　読**：我の分を守る者は、礼なり。
- **口語訳**：自分の身の程をわきまえること、それが礼というものです。

听我之命者，天也。
- **訓　読**：我の命を聴く者は、天なり。
- **口語訳**：自分が謹んで耳を傾け、実践する教え、それは天が授けてくれた教えに他なりません。

人能如是，天必相之。
- **訓　読**：人能く是くの如くんば、天必ず之れを相けん。
- **口語訳**：もし上に述べた教えをきちんと実行するならば、天はきっと私たちを守り励ましてくれるでしょう。

此乃日用常行之道，若衣服之于身体，饮食之于口腹，不可一日无也，
- **訓　読**：此れ乃ち日用常行の道にして、衣服の身体における、飲食の口腹におけるが若く、一日も無かるべからざるなり。
- **口語訳**：このような教えは、日常的な当たり前のことであって、毎日身につける衣服や毎日食べるご飯のように、一日とて欠くことができないものなのです。

可不慎哉!
訓　読：慎まざるべけんや。
口語訳：決していいかげんに考えたりしてはいけませんよ。

（日文版由藤井伦明翻译,吾妻重二审定）

君之所贵者, 仁也。臣之所贵者, 忠也。
군주가 귀하게 여겨야 할 것은 인자함이고, 신하가 귀하게 여겨야 할 것은 충성(최선을 다함)이다.

父之所贵者, 慈也。子之所贵者, 孝也。
아버지가 귀하게 여겨야 할 것은 자애로움이고, 자식이 귀하게 여겨야 할 것은 효도이다.

兄之所贵者, 友也。弟之所贵者, 恭也。
형이 귀하게 여겨야 할 것은 우애이고, 아우가 귀하게 여겨야 할 것은 공경이다.

夫之所贵者, 和也。妇之所贵者, 柔也。
남편이 귀하게 여겨야 할 것은 화목이고, 부인이 귀하게 여겨야 할 것은 부드러움이다.

事师长贵乎礼也, 交朋友贵乎信也。
스승이나 윗 사람을 섬길 적에는 예를 귀하게 여겨야 하고, 벗을 사귈 적에는 신의를 귀하게 여겨야 한다.

见老者, 敬之; 见幼者, 爱之。
노인을 보면 공경하고, 어린 아이를 보면 사랑하라.

有德者, 年虽下于我, 我必尊之; 不肖者, 年虽高于我, 我必远之。
덕이 있는 사람이라면 나이가 비록 나보다 어리더라도 반드시 존중을 해야하고, 덕이 없는 사람이라면 나이가 비록 나보다 많더라도 반드시 멀리해야 한다。

韩文版 주자가훈

慎勿谈人之短, 切莫矜己之长。
삼가 다른 사람의 단점을 말하지 말고, 절대로 자기의 장점을 자랑하지 말아라.

仇者以义解之, 怨者以直报之, 随所遇而安之。
원수에 대해서는 의로 풀고 원한이 있는 사람에 대해서는 곧음으로 갚으며, 자기의 처지를 편안하게 여겨라.

人有小过, 含容而忍之; 人有大过, 以理而喻之。
다른 사람에게 작은 잘못이 있으면 용인하여 참아주며, 다른 사람에게 커다란 허물이 있으면 이치에 따라 깨우쳐 준다.

勿以善小而不为, 勿以恶小而为之。
선행은 작은 일이라도 반드시 행해야 하고, 악은 작은 것이라도 행해서는 안 된다.

人有恶, 则掩之; 人有善, 则扬之。
다른 사람에게 나쁜 점이 있으면 덮어 주고, 다른 사람에게 좋은 점이 있으면 칭찬해 주어라.

处世无私仇, 治家无私法。
일을 처리할 적에 원수를 만들지 말고, 집을 다스릴 적에 사사로운 법을 두지 말아라.

勿损人而利己, 勿妒贤而嫉能。
다른 사람에게 손해를 끼쳐 나를 이롭게 하지 말고, 현명한 사람을 시기하거나 능력 있는 사람을 질투하지 말하라.

勿称忿而报横逆，勿非礼而害物命。
분하다고 해서(그에 따라) 횡역(橫逆: 도리에 어긋난 짓)을 행하지 말고, 예가 아닌 방법으로 만물의 생명을 해롭게 하지 말라.

见不义之财勿取，遇合理之事则从。
옳지 않은 재물을 보거든 취하지 말고, 합리적인 일을 만나거든 따라라.

诗书不可不读，礼义不可不知。
《시경》과 《서경》은 반드시 읽어야 하고, 예의는 반드시 알아야 한다.

子孙不可不教，僮仆不可不恤。
자손은 반드시 가르쳐야 하고, 아래 사람은 반드시 긍휼하게 여겨야 한다.

斯文不可不敬，患难不可不扶。
사문(斯文: 유학 혹은 유학자)은 반드시 공경해야 하고, 환난이 있으면 반드시 도와 주어야 한다.

守我之分者，礼也；听我之命者，天也。
나의 본분을 지키는 것이 예이고, 나의 명을 듣는 것이 하늘이다.

人能如是，天必相之。
사람이 이와 같이 할 수 있으면 하늘이 반드시 도울 것이다.

此乃日用常行之道,若衣服之于身体,饮食之于口腹,不可一日无也,可不慎哉!

이것이 바로 평상시 항상 실행하여야 할 도리이다. 마치 몸에 있어서 의복과 구복(口腹: 입과 배)에 대해 음식이 하루라도 없을 수 없는 것과 같은 것이니, 삼가지 않아서 되겠는가!

(韩文版由徐大源(서대원)翻译)

君之所贵者，仁也。臣之所贵者，忠也。
Lo que deben valorar los superiores es ser humanitarios; lo que deben valorar los subordinados es ser leales.

父之所贵者，慈也。子之所贵者，孝也。
Lo que deben valorar los padres es ser cariñosos; lo que deben valorar los hijos es tener el amor filial.

兄之所贵者，友也。弟之所贵者，恭也。
Lo que deben valorar los hermanos mayores es ser afectuosos; lo que deben valorar los menores es ser respetuosos.

夫之所贵者，和也。妇之所贵者，柔也。
Lo que deben valorar los esposos es ser atentos; lo que deben valorar las esposas es ser dulces y tiernas.

事师长贵乎礼也，交朋友贵乎信也。
Al interactuar con maestros y mayores, lo importante es la educación; al tratar con amigos, lo importante es la confianza.

见老者，敬之；见幼者，爱之。
Al ver personas mayores, hay que actuar con respeto; al ver niños, hay que actuar con cariño.

有德者，年虽下于我，我必尊之；不肖者，年虽高于我，我必远之。
A las personas virtuosas, aunque tengan menor edad, las veneramos; a las personas no buenas, aunque tengan mayor edad, de ellas mantenemos la distancia.

慎勿谈人之短，切莫矜己之长。
No hay que hablar de los defectos de los demás; no hay que ostentar las virtudes de uno mismo.

仇者以义解之，怨者以直报之，随所遇而安之。
Cuando las personas nos odian, nos reconciliamos con la razón; cuando las personas tienen resentimientos contra nosotros, les correspondemos con honestidad; cuando nos encontramos en cualquier situación, la tratamos con calma.

人有小过，含容而忍之；人有大过，以理而喻之。
Si las personas cometen errores insignificantes, las perdonamos con tolerancia; si cometen errores graves, las instruimos con la razón.

勿以善小而不为，勿以恶小而为之。
Nunca hay que evitar hacer cosas buenas, por insignificantes que sean; nunca hay que hacer males, por pequeños que sean.

人有恶，则掩之；人有善，则扬之。
Cubrimos los defectos de otras personas, propagando sus méritos.

处世无私仇，治家无私法。
Hay que regular los asuntos sociales sin enemistad personal; hay que arreglar las cosas domésticas sin favoritismo.

勿损人而利己，勿妒贤而嫉能。
No hay que procurar beneficios personales a expensas de otros; no hay que tener envidia de talentosos ni celos de personas capaces.

勿称忿而报横逆，勿非礼而害物命。
No hay que responder a otros brutalmente y sin razón con pretexto de la furia; no hay que hacer daño a ninguna vida en contra de la moralidad.

见不义之财勿取，遇合理之事则从。

Las ganancias mal adquiridas, no se aceptan; en las cosas buenas, hay que participar.

诗书不可不读，礼义不可不知。

Hay que leer libros clásicos; hay que conocer la moralidad.

子孙不可不教，僮仆不可不恤。

Hay que educar a los descendientes; hay que tener compasión de los trabajadores.

斯文不可不敬，患难不可不扶。

Hay que respetar la cultura; hay que ayudar a las personas que sufren desgracias.

守我之分者，礼也；听我之命者，天也。

Hay que preservar los principios de la moral, porque esto equivale a ser decente; hay que apegarse a la vida, porque es lo que decide el destino.

人能如是，天必相之。

Si podemos atenernos a los preceptos, sin duda alguna Dios nos ayudará.

此乃日用常行之道，若衣服之于身体，饮食之于口腹，不可一日无也，可不慎哉！

Son razones que se usan todos los días, justamente como la ropa para el cuerpo, la comida para la boca y el estómago, que no pueden faltar ni un solo día. ¿Podemos ser inconscientes?

（西班牙文版由赵静翻译）

君之所贵者，仁也。臣之所贵者，忠也。

O que os governantes devem valorizar é ser humanitário; o que os cortesões devem valorizar é ser leal.

父之所贵者，慈也。子之所贵者，孝也。

O que os pais devem valorizar é ser amoroso; o que as crianças devem valorizar é ser filial.

兄之所贵者，友也。弟之所贵者，恭也。

O que os irmãos mais velhos devem valorizar é ser fraterno; o que os irmãos mais novos devem valorizar é ser respeitoso.

夫之所贵者，和也。妇之所贵者，柔也。

O que os maridos devem valorizar é ser harmonioso; o que as mulheres devem valorizar é ser meiga.

事师长贵乎礼也，交朋友贵乎信也。

Ao interagir com os professores e os mais velhos, o mais significativo é a etiqueta; quando se dá com os amigos, o mais importante é a confiança.

见老者，敬之；见幼者，爱之。

Trata os idosos com respeito; trata as crianças com carinho.

有德者，年虽下于我，我必尊之；不肖者，年虽高于我，我必远之。

Honra as pessoas virtuosas, mesmo que sejam mais jovens; mante a distância das personagens que se comportam mal, apesar que sejam mais velhas.

慎勿谈人之短，切莫矜己之长。
Sem falar sobre os defeitos dos outros; nem exibir as próprias vantagens.

仇者以义解之，怨者以直报之，随所遇而安之。
Usa o que é justo para se reconciliar com o inimigo; usa o que é sincero para responder àqueles com ressentimentos. Encontrar o que encontres, trata-o com calma.

人有小过，含容而忍之；人有大过，以理而喻之。
Perdoa aqueles que fazem erros menores com a tolerância; instrui aqueles que fazem erros graves com a razão.

勿以善小而不为，勿以恶小而为之。
Não evites fazer o que é bom, mesmo que pareça insignificante; nem faz o que é mau, até que seja pequeno.

人有恶，则掩之；人有善，则扬之。
Cobre os defeitos dos outros e espalha os seus méritos.

处世无私仇，治家无私法。
Lida com os assuntos sociais sem a inimizade privada; trata os negócios domésticos sem o favoritismo pessoal.

勿损人而利己，勿妒贤而嫉能。
Não beneficies a ti mesmo em detrimento dos outros; não tenhas inveja aos dignos nem fiques com ciúmes dos capazes.

勿称忿而报横逆，勿非礼而害物命。
Não deixes a raiva ser uma causa que prejudique os outros com a violência; não danifiques todos os seres vivos irreverentemente.

见不义之财勿取，遇合理之事则从。
Não adquiras as riquezas ilícitas; participa no que é justo.

诗书不可不读，礼义不可不知。
Deve-se ler as obras clássicas; deve-se saber a cortesia e a norma.

子孙不可不教，僮仆不可不恤。
Deve-se educar os descendentes; deve-se ter compaixão pelos trabalhadores.

斯文不可不敬，患难不可不扶。
Deve-se respeitar a cultura; deve-se ajudar aqueles que sofrem desgraças.

守我之分者，礼也；听我之命者，天也。
Deve-se preservar os princípios da moralidade, porque isso equivale a ser decente; deve-se aderir à vida, porque é decidida por Deus.

人能如是，天必相之。
Se cumprires os preceitos, Deus irá certamente ajudar-te.

此乃日用常行之道，若衣服之于身体，饮食之于口腹，不可一日无也，可不慎哉！
Estas éticas quotidianas, assim como a roupa para o corpo, o alimento para a boca e o estômago, não podem ser ignoradas por um único dia; por isso, deve-se cumpri-las atentamente!

（葡萄牙文版由胡佳柠翻译）

君之所贵者，仁也。臣之所贵者，忠也。
أفضل خلق للمتبوع هو رحمة. وأفضل خلق للتابع هو وفاء.

父之所贵者，慈也。子之所贵者，孝也。
أفضل خلق للوالدين هو أبوية. وأفضل خلق للأولاد هو بر.

兄之所贵者，友也。弟之所贵者，恭也。
أفضل خلق للأكبر هو أخوية. وأفضل خلق للأصغر هو احترام.

夫之所贵者，和也。妇之所贵者，柔也。
أفضل خلق للزوج هو سلم. وأفضل خلق للزوجة هو دماثة.

事师长贵乎礼也，交朋友贵乎信也。
أهم شيء في التعامل مع الأساتذة هو آداب، وأهم شيء في التعامل مع الأصدقاء هو أمانة.

见老者，敬之；见幼者，爱之。
احترموا كبار السن، وراعوا صغار السن.

有德者，年虽下于我，我必尊之；不肖者，年虽高于我，我必远之。
أحترم الذي ذو أخلاق حميدة حتى ولو أنه أصغر مني سنا، وأبتعد عن الذي ذو أخلاق فاسدة حتى ولو أنه أكبر مني سنا.

慎勿谈人之短，切莫矜己之长。
لا تتحدث عن عيوب غيرك ولا تفتخر في مزاياك.

仇者以义解之，怨者以直报之，随所遇而安之。
علينا أن نتصالح مع رجل يعادينا بالأخلاق والعدالة، ونقابل رجلا يحقد علينا بصدق وإخلاص، ونواجه أي ظرف بهدوء.

人有小过，含容而忍之；人有大过，以理而喻之。

علينا أن نسامح غيرنا بخطأه الصغير ونغفره. وعلينا أن نهدي غيرنا الذي وقع في الخطأ الكبير إلى الصراط المستقيم.

勿以善小而不为，勿以恶小而为之。

لا تهمل فعل الخير ببساطته. ولا تعمل فعل الشر ببساطته.

人有恶，则掩之；人有善，则扬之。

لا تتحدث عن عيوب غيرك، بل أذع مزاياه.

处世无私仇，治家无私法。

لا تعالج الشؤون غير العائلية بعداوة شخصية ولا تعالج الشؤون العائلية بأنانية.

勿损人而利己，勿妒贤而嫉能。

لا تعمل أي شيء يفيد نفسك ويضر بغيرك، ولا تحسد الذي ذو كفاءة.

勿称忿而报横逆，勿非礼而害物命。

لا تؤذ أحدا بعنف في حالة الغضب ولا تؤذ أي حياة خلافا للآداب.

见不义之财勿取，遇合理之事则从。

لا تأخذ أي شيء من الممتلكات غير الشرعية، بل شارك بنشاط في الأعمال التي تتفق مع الأخلاقيات.

诗书不可不读，礼义不可不知。

علينا أن نقرأ كتب الحكماء القدماء ونعلم الآداب العامة.

子孙不可不教，僮仆不可不恤。

علينا أن نهذب الأولاد ونراعي العباد.

斯文不可不敬，患难不可不扶。

علينا أن نتأمل في الثقافة التقليدية باحترام ونساعد الذين تواجههم الصعوبات.

守我之分者,礼也;听我之命者,天也。

الأدب هو الالتزام بالواجبات والقدر هو الاستجابة لأمر الله.

人能如是,天必相之。

إذا الرجل يسير حسب القواعد السابقة الذكور فسيساعده ربه بكل تأكيد.

此乃日用常行之道,若衣服之于身体,饮食之于口腹,不可一日无也,可不慎哉!

علينا أن نهتم بهذه القواعد الدائمة الاستخدام التي مثلما لا يستغى عنه في الحياة اليومية من الملابس والمأكولات والمشروبات.

(阿拉伯文版由丁洁琼翻译)

君之所贵者，仁也。臣之所贵者，忠也。
Seseorang pemerintah hendaklah mengutamakan peri kemanusiaan; seseorang pegawai hendaklah mengutamakan kesetiaan.

父之所贵者，慈也。子之所贵者，孝也。
Seseorang ibu bapa hendaklah mengutamakan kesayangan; seseorang anak hendaklah mengutamakan kebaktian.

兄之所贵者，友也。弟之所贵者，恭也。
Seseorang abang hendaklah mengutamakan keramahan; seseorang adik hendaklah mengutamakan kesantunan.

夫之所贵者，和也。妇之所贵者，柔也。
Seseorang suami hendaklah mengutamakan kedamaian; seseorang isteri hendaklah mengutamakan kelembutan.

事师长贵乎礼也，交朋友贵乎信也。
Berguru hendaklah beradab kesusilaan; berkawan hendaklah beradab kepercayaan.

见老者，敬之；见幼者，爱之。
Berjumpa orang bertua-tuaan hendaklah bersikap hormat; bertemu orang bermuda-mudaan hendaklah bersikap kekasihan.

有德者，年虽下于我，我必尊之；不肖者，年虽高于我，我必远之。
Seseorang budiman biar pun lebih muda daripada saya, saya tetap akan menjunjunginya; seseorang pencela biar pun lebih tua daripada saya, saya tetap akan menjauhinya.

马来文版 Amanat Keluarga Zhu Xi

慎勿谈人之短，切莫矜己之长。
Berwaspada daripada mengatakan kekurangan seseorang; berwaspada daripada menunjukkan kelebihan persendirian.

仇者以义解之，怨者以直报之，随所遇而安之。
Permusuhan hendaklah dilegakan melalui kelulusan; pengaduan hendaklah disambuti melalui ketulusan; segala penemuan hendaklah dihadapi dengan kelapangan.

人有小过，含容而忍之；人有大过，以理而喻之。
Kesilapan seseorang hendaklah diampuni dengan kesabaran; kesalahan seseorang hendaklah disedari dengan kebenaran.

勿以善小而不为，勿以恶小而为之。
Jangan bersegan kononnya ia suatu kebaikan kecil; jangan berlega kononnya ia suatu kesilapan kecil.

人有恶，则掩之；人有善，则扬之。
Keburukan seseorang hendaklah disembunyikan; kebajikan seseorang hendaklah disanjungkan.

处世无私仇，治家无私法。
Bermasyarakat biar tidak berdengki hitam, berkeluarga biar tidak berukun haram.

勿损人而利己，勿妒贤而嫉能。
Jangan menjejaskan orang demi kebaikan sendiri, jangan mencemburukan orang atas kemampuan mereka.

勿称忿而报横逆，勿非礼而害物命。
Jangan membalas lintangan dengan mencaci maki, jangan melukai sesuatu dengan melanggari adat.

见不义之财勿取，遇合理之事则从。
Jangan mengambil harta selagi ia tidak berasal bersih, senantiasa mematuhi keadaan selagi ia berdiri benar.

诗书不可不读，礼义不可不知。子孙不可不教，童仆不可不恤。斯文不可不敬，患难不可不扶。
Buku-buku klasik haruslah ditatapi; adab-adab kesusilaan patutlah dihayati; anak cucu semestilah diasuhi; hamba sahaya sebaiklah dikasihani; yang berbudi hendaklah dihormati; yang berkesusahan perlulah dibantui.

守我之分者，礼也；听我之命者，天也。
Kepada adab kita menunaikan tanggungjawab; kepada Tian kita menyerahkan nasib.

人能如是，天必相之。
Selagi manusia mampu beramal sedemikian, nescaya Tuhan akan membimbingi kita sepanjang jalan.

此乃日用常行之道，若衣服之于身体，饮食之于口腹，不可一日无也，可不慎哉！
Inilah peraturan keseharian bagaikan pakaian kepada badan dan sarapan kepada pelut yang tidak boleh dihindarkan saban hari, apakah boleh kita tidak berhati-hati！

（马来文版由郑文泉（Tee Boon Chuan）翻译）

《朱子家训》歌谱一

朱子家训（通俗版）

同声三部合唱

1=♭B $\frac{4}{4}$

作词：朱　熹
作曲：骆季超

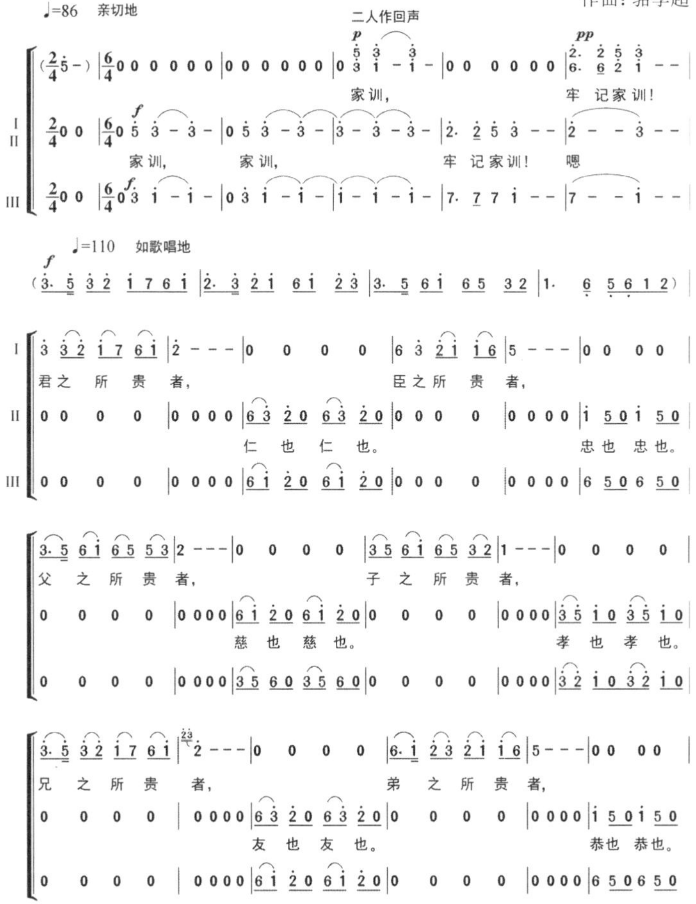

朱子家训

骆季超 《朱子家训》歌谱一

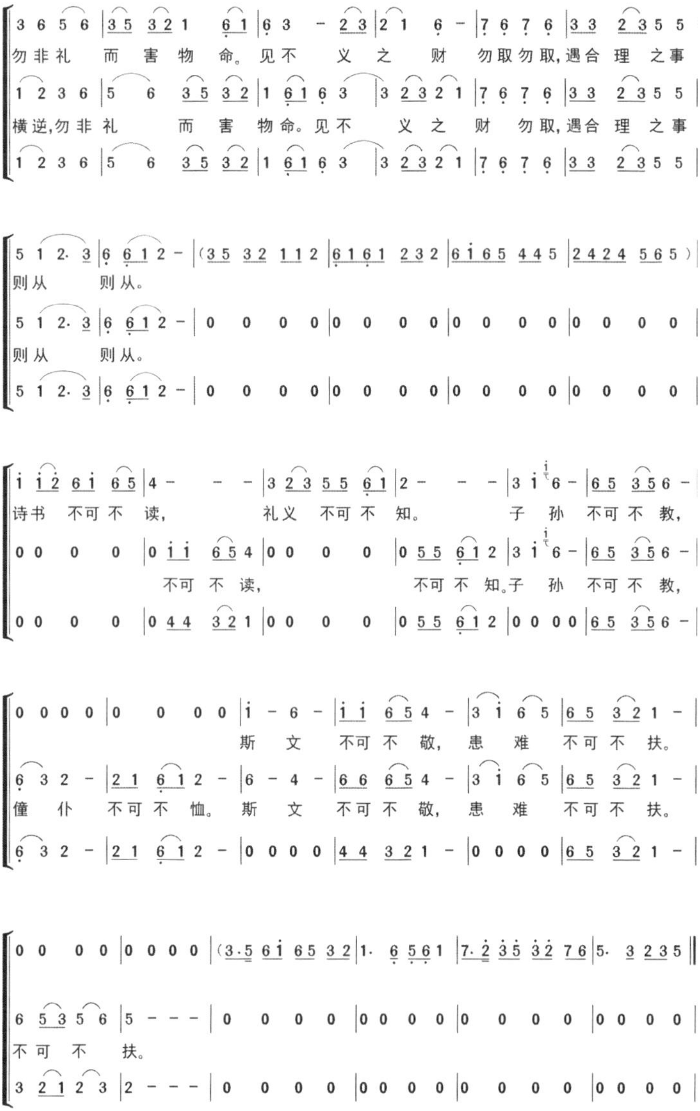
勿非礼　而　害　物　命。见不　义　之　财　勿取勿取,遇合　理　之事
横逆,勿非礼　而　害　物命。见不　义　之　财　勿取,遇合　理　之事
则从　则从。
则从　则从。
诗书　不可不　读,　礼义　不可不　知。　子　孙　不可不　教,
不可　不　读,　不可　不　知。子　孙　不可　不　教,
斯　文　不可不　敬,患　难　不可不　扶。
僮　仆　不可不　恤。斯　文　不可不　敬,患　难　不可不　扶。
不可　不　扶。

骆季超 《朱子家训》歌谱一

朱子家训（通俗版）

同声三部合唱

作词：朱　熹
作曲：骆季超

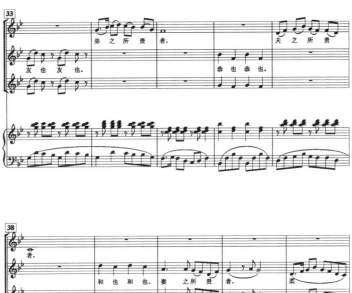

《朱子家训》歌谱二

朱子家训

作词：朱　熹
作曲：杰　夫

6535 i 6	6532 3 3	6̇3 3 5	2̇1̇	2·	3 5	5 i̇	65 6·
慎勿谈人之短	切忌记	己之长	仇者	以义解		之	怨者以直报之

i 5 6 i 3 | 2 3 | 1 — | 1 — | 6 65 6 1 | 2 3·
随所 遇而安 之　　　　　　　　　　人有 小 过

5 6 3 | 2 1 2 | 3 2 3 5 | i — | 6 3·5 | 2 3 5
含容而忍 之　人有 大　过　　　以 理 而 喻 之

6· 5 | 6 1 1 3 2 3 — | 3 5 | 6· 5 | 5 661 3
勿 以 善小而不 为　　　　　勿 以 恶小而为

2 — | 2· 0 | 3·5 2 | 3216 6 | 3 i̇ 6 | 6 35 3
之　　　　　　人有 恶则掩 之　人有 善则扬 之

6 1 3 5 | 2· 3 | 2 1 6 5 | 3· 0 | 6 35 5 | 2·3 3
处世无私仇　　治家无私法　　勿 损人而利 己

3 1 66 5 6 | 6 3 2 3·5 | 1 5 | 6 6 3 2·3 | 1 2 2
勿 妒贤而嫉 能　勿 称忿而报横 逆 勿非礼而害物命

6 5 6 i̇ 3 | 23 3· | 6 35 2 1 | 6 6· | 3 5 | 65 6 3
见 不义之财勿 取　遇合理之事则从　诗 书 不可不读

6 3 | 21 2 5 | 3 i̇ | 65 6 6 | 6 3 21 6 6 —
礼 义不可不知子 孙 不可不教僮仆不可不恤

3 5 | 65 6 3 6 | 3 21 2 5 | 65 6 3 | 2 —
斯 文不可不敬患 难不可不扶守我之分者

1 2 | 32 3 i̇ 6 — | 5 6· | 6 5 6 | 3 2 1
礼也　听我之命者　　天也　人能如是天必

$\dot{6}$

| $\dot{6}$ $\dot{6}\cdot$ | $\underline{6\ 5}\ \underline{6\ 3}$ | $\underline{2\ 1}\ \underline{2\ 3}$ | $\underline{2\ 1}\ \underline{2\ 3}$ | $\underline{2\ 5}$ 3 | $\underline{6\ 5}\ \underline{6\ 3}$ |

相 之　　此乃　日用　常行　之道　若衣　服之于　身　体　饮食之于

| 1 2· | $\underline{3\ 5}\ \underline{1\ 3}$ | 2 3· | 3 5 1 0 | $\dot{6}$ - |

口腹　不可一日　无也　可　不慎　哉

$\dot{6}$ - ‖

朱子家训

治家格言

朱用纯

黎明即起，洒扫庭除，要内外整洁；
既昏便息，关锁门户，必亲自检点。
一粥一饭，当思来处不易；半丝半粒，恒念物力维艰。
宜未雨而绸缪，毋临渴而掘井。
自奉必须俭约，燕客切勿留连。
器具质而洁，瓦缶胜金玉；饮食约而精，园蔬愈珍馐。
勿营华屋，勿谋良田。
三姑六婆，实淫盗之媒；婢美妾娇，非闺房之福。
奴仆勿用俊美，妻妾切忌艳妆。
祖宗虽远，祭祀不可不诚；子孙虽愚，经书不可不读。
居身务期质朴，训子要有义方。
莫贪意外之财，莫饮过量之酒。
与肩挑贸易，毋占便宜；见穷苦亲邻，须加温恤。
刻薄成家，理无久享；伦常乖舛，立见消亡。
兄弟叔侄，须分多润寡；长幼内外，宜辞严法肃。
听妇言，乖骨肉，岂是丈夫；重资财，薄父母，不成人子。
嫁女择佳婿，毋索重聘；娶媳求淑女，勿计厚奁。
见富贵而生谄容者，最可耻；遇贫穷而作骄态者，贱莫甚。
居家戒争讼，讼则终凶；处世戒多言，言多必失。
勿恃势力而凌逼孤寡，毋贪口腹而恣杀牲禽。
乖僻自是，悔误必多；颓惰自甘，家道难成。
狎昵恶少，久必受其累；屈志老成，急则可相倚。
轻听发言，安知非人之谮诉，当忍耐三思；

因事相争,安知非我之不是,须平心再想。

施惠无念,受恩莫忘。

凡事当留馀地,得意不宜再往。

人有喜庆,不可生妒忌心;人有祸患,不可生喜幸心。

善欲人见,不是真善;恶恐人知,便是大恶。

见色而起淫心,报在妻女;匿怨而用暗箭,祸延子孙。

家门和顺,虽饔飧不继,亦有馀欢;

国课早完,即囊橐无馀,自得至乐。

读书志在圣贤,非徒科第;为官心存君国,岂计身家?

守分安命,顺时听天。

为人若此,庶乎近焉。

(录自清乾隆四年培远堂刻本《五种遗规·养正遗规》)

温公家范

司马光

序

《周易》：☲离下巽上 家人：利女贞。

《彖》曰：家人，女正位乎内，男正位乎外。男女正，天地之大义也。家人有严君焉，父母之谓也。父父，子子，兄兄，弟弟，夫夫，妇妇，而家道正。正家而天下定矣。

《象》曰：风自火出，家人。君子以言有物而行有恒。

初九：闲有家，悔亡。《象》曰："闲有家"，志未变也。

六二：无攸遂，在中馈，贞吉。《象》曰："六二"之"吉"，顺以巽也。

九三：家人嗃嗃，悔，厉，吉。妇子嘻嘻，终吝。《象》曰："家人嗃嗃"，未失也。"妇子嘻嘻"，失家节也。

六四：富家，大吉。《象》曰："富家大吉"，顺在位也。

九五：王假有家，勿恤，吉。《象》曰："王假有家"，交相爱也。

上九：有孚威如，终吉。《象》曰："威如"之"吉"，反身之谓也。

《大学》曰："古之欲明明德于天下者，先治其国；欲治其国者，先齐其家；欲齐其家者，先修其身；欲修其身者，先正其心；欲正其心者，先诚其意；欲诚其意者，先致其知；致知在格物。物格而后知至，知至而后意诚，意诚而后心正，心正而后身修，身修而后家齐，家齐而后国治，国治而后天下平。自天子以至于庶人，一是皆以修身为本。其本乱而末治者否矣，其所厚者薄，而其所薄者厚，未之有也！"此谓知本，此谓知之至也。所谓治国必先齐其家者，其家不可教而能教人者，无之。故君子不出家而成教于国。孝者所以事君也,弟者所以事长也,慈爱者所以使众也。《诗》云:"桃之夭夭,其叶蓁蓁。之子于归,宜其家人。"宜其家人,而后可以教国人。《诗》云:"宜兄宜弟。"宜兄宜弟,而后可以教国人。《诗》云:"其仪不忒,正是四国。"其为父子、兄弟足法,而后民法之也。此谓治国在齐其家。

《孝经》曰:"闺门之内具礼矣乎!严父,严兄。妻子臣妾,犹百姓徒役也。"

昔四岳荐舜于尧,曰:"瞽子,父顽、母嚚、象傲。克谐以孝,烝烝乂,不格奸。"帝曰:"我其试哉。"女于时,观厥刑于二女。厘降二女于妫汭,嫔于虞。帝曰:"钦哉!"

《诗》称文王之德曰:"刑于寡妻,至于兄弟,以御于家邦。"

此皆古圣人正家以正天下者也。降及后世,爰自卿士以至匹夫,亦有家行隆美可为人法者,今采集以为《家范》。

卷一 治家

卫石碏曰:"君义、臣行、父慈、子孝、兄爱、弟敬,所谓六顺也。"

齐晏婴曰:"君令臣共、父慈子孝、兄爱弟敬、夫和妻柔、姑慈妇听,礼也。"君令而不违,臣共而不贰,父慈而教,子孝而箴,兄爱而友,弟敬而顺,夫和而义,妻柔而正,姑慈而从,妇听而婉,礼之善物也。

夫治家莫如礼。男女之别,礼之大节也,故治家者必以为先。《礼》:男女不杂坐,不同椸枷,不同巾栉,不亲授受;嫂叔不通问,诸母不漱裳;外言不入于梱,内言不出于梱;女子许嫁,缨。非有大故不入其门。姑姊妹、女子子,已嫁而反,兄弟弗与同席而坐,弗与同器而食。男女非有行媒不相知名,非受币不交不亲,故日月以告君,斋戒以告鬼神,为酒食以召乡党僚友,以厚其别也。

又：男女非祭非丧，不相受器。其相授，则女受以篚。其无篚，则皆坐奠之，而后取之。外内不共井，不共湢浴，不通寝席，不通乞假。男子入内，不笑不指；夜行以烛，无烛则止。女子出门，必拥蔽其面；夜行以烛，无烛则止。道路，男子由右，女子由左。

又：子生七岁，男女不同席，不共食。男子十年，出就外傅，居宿于外。女子十年不出。

又：妇人送迎不出门，见兄弟不逾阈。

又：国君夫人，父母在，则有归宁。没，则使卿宁。

鲁公父文伯之母如季氏，康子在其朝，与之言，弗应；从之及寝门，弗应而入。康子辞于朝而入见，曰："肥也不得闻命，无乃罪乎？"曰："寝门之内，妇人治其业焉，上下同之。夫外朝，子将业君之官职焉；内朝，子将庀季氏之政焉，皆非吾所敢言也。"公父文伯之母，季康子之从祖叔母也。康子往焉，闺门而与之言，皆不逾阈。仲尼闻之，以为别于男女之礼矣。

汉万石君石奋，无文学，恭谨举无与比。奋长子建，次甲，次乙，次庆，皆以驯行孝谨，官至二千石。于是景帝曰："石君及四子皆二千石，人臣尊宠乃举集其门。"故号奋为万石君。孝景季年，万石君以上大夫禄归老于家，子孙为小吏，来归谒，万石君必朝服见之，不名。子孙有过失，不谯让，为便坐，对案不食。然后诸子相责，因长老肉袒固谢罪，改之，乃许。子孙胜冠者在侧，虽燕必冠，申申如也。僮仆䜣䜣如也，唯谨。其执丧，哀戚甚。子孙遵教，亦如之。万石君家以孝谨闻乎郡国，虽齐、鲁诸儒质行，皆自以为不及也。建元二年，郎中令王臧以文学获罪皇太后。太后以为儒者文多质少，今万石君家不言而躬行，乃以长子建为郎中令，少子庆为内史。建老，白首，万石君尚无恙。每五日洗沐归谒亲，入子舍，窃问侍者，取亲中裙厕牏，身自浣洒，复与侍者，不敢令万石君知之，以为常。万石君徙居陵里。内史庆醉归，入外门不下车。万石君闻之，不食。庆恐，肉袒谢罪,不许,举宗及兄建肉袒。万石君让曰:"内史贵人,入闾里,里中长老皆走匿,而内史坐车自如,固当!"乃谢罢庆。庆及诸子入里门,趋至家。万石君元朔五年卒,建哭泣哀思,杖乃能行。岁馀,建亦死。诸子孙咸孝,然建最甚。

樊重,字君云。世善农稼,好货殖。重性温厚,有法度,三世共财,子孙朝夕礼敬,常若公家。其经营产业,物无所弃;课役童隶,各得其宜。故能上下戮力,财利遂倍,乃至开广田土三百馀顷。其所起庐舍,皆重堂高阁,陂渠灌注。又池鱼牧畜,有求必给。尝欲作器物,先种梓漆,时人嗤之。然积以岁月,皆得其用。向之笑者,咸求假焉。赀至巨万,而赈赡宗族,恩加乡间。外孙何氏,兄弟争财,重耻之,以田二顷解其忿讼。县中称美,推为三老。年八十馀终,其素所假贷人间数百万,遗令焚削文契。债家闻者皆惭,争往偿之,诸子从敕,竟不肯受。

南阳冯良,志行高洁,遇妻子如君臣。

宋侍中谢弘微从叔混以刘毅党见诛,混妻晋阳公主改适琅邪王练。公主虽执意不行,而诏与谢氏离绝。公主以混家事委之弘微。混仍世宰相,一门两封,田业十馀处,僮役千人,唯有二女,年并数岁。弘微经纪生业,事若在公。一钱、尺帛,出入皆有文簿。宋武受命,晋阳公主降封东乡君,节义可嘉,听还谢氏。自混亡至是九年,而室宇修整,仓廪充盈,门徒不异平日,田畴垦辟有加于旧。东乡叹曰:"仆射生平重此一子,可谓知人,仆射为不亡矣。"中外亲姻、道俗义旧,见东乡之归者,入门莫不叹息,或为流涕,感弘微之义也。弘微性严正,举止必修礼度,婢仆之前不妄言笑,由是尊卑大小,敬之若神。及东乡君薨,遗财千万,园宅十馀所,及会稽、吴兴、琅邪诸处。太傅安、司空琰时,事业、奴僮犹数百人。公私或谓:室内资财,宜归二女;田宅僮仆,应属弘微。弘微一物不取,自以私禄营葬。混女夫殷睿素好樗蒲,闻弘微不取财物,乃滥夺其妻妹及伯母两姑之分,以还戏债。内人皆化弘微之让,一无所争。弘微舅子领军将军刘湛谓弘微曰:"天下事宜有裁衷,卿此不问,何以居官?"弘微笑而不答。或有讥以谢氏累世财产充殷,君一朝戏债,譬弃物江海,以为廉耳。弘微曰:"亲戚争财,为鄙之甚。今内人尚能无言,岂可道之使争?今分多共少,不至有乏,身死之后,岂复见关?"

刘君良,瀛州乐寿人,累世同居,兄弟至四从,皆如同气。尺布斗粟,相与共之。隋末,天下大饥,盗贼群起,君良妻欲其异居,乃自取庭树鸟雏交置巢中,于是群鸟大相与斗,举家怪之。妻乃说君良曰:"今天下大乱,争斗之秋,群鸟尚不能聚居,而况人乎?"君良以为然,遂相与析居。月馀,君良乃知其谋,夜揽妻发,骂曰:"破家贼,乃汝耶!"悉召兄弟,哭而告之,立逐其妻,复聚居如初。乡里依之,以避盗贼,号曰义成堡。宅有六院,共一厨。子弟数十人,皆以礼法。贞观六年,诏旌表其门。

张公艺,郓州寿张人,九世同居,北齐、隋、唐皆旌表其门。麟德中,高宗封泰山,过寿张,幸其宅,召见公艺,问所以能睦族之道,公艺请纸笔以对,乃书"忍"字百馀以进。其意以为宗族所以不协,由尊长衣食,或者不均;卑幼礼节,或有不备;更相责望,遂成乖争,苟能相与忍之,则常睦雍矣。

唐河东节度使柳公绰,在公卿间最名,有家法。中门东有小斋,自非朝谒之日,每平旦辄出至小斋,诸子仲郢等皆束带,晨省于中门之北。公绰决公私事,接宾客,与弟公权及群从弟再食,自旦至暮,不离小斋。烛至,则以次命子弟一人执经史立烛前,躬读一过毕,乃讲议居官治家之法。或论文,或听琴,至人定钟,然后归寝,诸子复昏定于中门之北。凡二十馀年,未尝一日变易。其遇饥岁,则诸子皆蔬食,曰:"昔吾兄弟侍先君为丹州刺史,以学业未成不听食肉,吾不敢忘也。"姑姊妹侄有孤嫠者,虽疏远,必为择婿嫁之,皆用刻木妆奁,缬文绢为资装。常言必待资妆丰备,何如嫁不失时。及公绰衰,仲郢一遵其法。

国朝公卿能守先法久而不衰者,唯故李相昉家。子孙数世二百余口,犹同居共爨。田园邸舍所收及有官者俸禄,皆聚之一库,计口日给饼饭,婚姻丧葬所费皆有常数。分命子弟掌其事,其规模大抵出于翰林学士宗谔所制也。

夫人爪之利,不及虎豹;膂力之强,不及熊罴;奔走之疾,不及麋鹿;飞飓之高,不及燕雀。苟非群聚以御外患,则反为异类食矣。是故圣人教之以礼,使人知父子兄弟之亲。人知爱其父,则知爱其兄弟矣;爱其祖,则知爱其宗族矣。如枝叶之附于根干,手足之系于身首,不可离也。岂徒使其粲然条理以为荣观哉!乃实欲更相依庇,以扞外患也。

吐谷浑阿豺有子二十人,病且死,谓曰:"汝等各奉吾一支箭,将玩之。"俄而命母弟慕利延曰:"汝取一支箭折之。"慕利延折之。又曰:"汝取十九支箭折之。"慕利延不能折。阿豺曰:"汝曹知否?单者易折,众者难摧。戮力一心,然后社稷可固。"言终而死。彼戎狄也,犹知宗族相保以为强,况华夏乎?圣人知一族不足以独立也,故又为之甥舅、婚媾、姻娅以辅之;犹惧其未也,故又爱养百姓以卫之。故爱亲者,所以爱其身也;爱民者,所以爱其亲也。如是则其身安若泰山,寿如箕翼,他人安得而侮之哉?故自古圣贤,未有不先亲其九族,然后能施及他人者也。彼愚者则不然,弃其九族,远其兄弟,欲以专利其身。殊不知身既孤,人斯戕之矣,于利何有哉?昔周厉王弃其九族,诗人刺之曰:"怀德惟宁,宗子惟城;毋俾城坏,毋独斯畏;苟为独居,斯可畏矣。"

宋昭公将去群公子,乐豫曰:"不可。公族,公室之枝叶也。若去之则本根无所庇荫矣。葛藟犹能庇其根本,故君子以为比,况国君乎?此谚所谓庇焉,而纵寻斧焉者也,必不可。君其图之,亲之以德,皆股肱也。谁敢携贰!若之何去之?"昭公不听,果及于乱。

华亥欲代其兄合比为右师,谮于平公而逐之。左师曰:"汝亥也,必亡。汝丧而宗室,于人何有?人亦于汝何有?"既而华亥果亡。

孔子曰:"不爱其亲而爱他人者,谓之悖德;不敬其亲而敬他人者,谓之悖礼。以顺则逆,民无则焉,不在于善,而皆在于凶德。虽得之,君子不贵也。故欲爱其身而弃其宗族,乌在其能爱身也?"

孔子曰:"均无贫,和无寡,安无倾。"善为家者,尽其所有而均之,虽粝食不饱,敝衣不完,人无怨矣。夫怨之所生,生于自私及有厚薄也。

汉世谚曰:"一尺布尚可缝,一斗粟尚可舂。"言尺布可缝而共衣,斗粟可舂而共食。讥文帝以天下之富,不能容其弟也。

梁中书侍郎裴子野,家贫,妻子常苦饥寒。中表贫乏者,皆收养之。时逢水旱,以二石米为薄粥,仅得遍焉,躬自同之,曾无厌色。此谓睦族之道者也。

卷二 祖

为人祖者,莫不思利其后世。然果能利之者,鲜矣。何以言之?今之为后世谋者,不过广营生计以遗之。田畴连阡陌,邸肆跨坊曲,粟麦盈囷仓,金帛充箧笥,慊慊然求之犹未足,施施然自以为子子孙孙累世用之莫能尽也。然不知以义方训其子,以礼法齐其家。自于数十年中勤身苦体以聚之,而子孙于时岁之间奢靡游荡以散之,反笑其祖考之愚,不知自娱,又怨其吝啬,无恩于我,而厉虐之也。始则欺绐攘窃,以充其欲;不足,则立约举债于人,俟其死而偿。观其意,惟患其考之寿也。甚者至于有疾不疗,阴行酖毒,亦有之矣。然则向之所以利后世者,适足以长子孙之恶而为身祸也。顷尝有士大夫,其先亦国朝名臣也,家甚富而尤吝啬,斗升之粟、尺寸之帛,必身自出纳,锁而封之。昼而佩钥于身,夜则置钥于枕下,病甚,困绝不知人，子孙窃其钥，开藏室，发箧筒，取其财。其人后苏，即扪枕下，求钥不得，愤怒遂卒。其子孙不哭，相与争匿其财，遂致斗讼。其处女亦蒙首执牒，自讦于府庭，以争嫁资，为乡党笑。盖由子孙自幼及长，惟知有利，不知有义故也。夫生生之资，固人所不能无，然勿求多馀，多馀希不为累矣。使其子孙果贤邪，岂蔬粝布褐不能自营，至死于道路乎？若其不贤邪，虽积金满堂，奚益哉？多藏以遗子孙，吾见其愚之甚也。然则贤圣皆不顾子孙之匮乏邪？曰：何为其然也？昔者圣人遗子孙以德以礼，贤人遗子孙以廉以俭。舜自侧微积德至于为帝，子孙保之，享国百世而不绝。周自后稷、公刘、太王、王季、文王，积德累功，至于武王而有天下。其诗曰："诒厥孙谋，以燕翼子。"言丰德泽，明礼法，以遗后世而安固之也。故能子孙承统八百馀年，其支庶犹为天下之显诸侯，棋布于海内。其为利岂不大哉！

孙叔敖为楚相，将死，戒其子曰："王数封我矣，吾不受也。我死，王则封汝，必无受利地。楚越之间有寝丘者，此其地不利而名甚恶，可长有者唯此也。"孙叔敖死，王以美地封其子。其子辞，请寝丘，累世不失。

汉相国萧何，买田宅必居穷僻处，为家不治垣屋，曰："今后世贤，师吾俭；不贤，无为势家所夺。"

太子太傅疏广乞骸骨归乡里，天子赐金二十斤，太子赠以五十斤。广日令家具设酒食，请族人、故旧、宾客相与娱乐。数问其家金馀尚有几何，趣卖以共具。居岁馀，广子孙窃谓其昆弟、老人、广所爱信者曰："子孙几及君时颇立产业基址，今日饮食费且尽，宜从丈人所，劝说君买田宅。"老人即以闲暇时为广言此计。广曰："吾岂老悖不念子孙哉！顾自有旧田庐，令子孙勤力其中，足以共衣食，与凡人齐。今复增益之，以为赢馀，但教子孙怠惰耳。贤而多财则损其志，愚而多财则益其过。且夫富者，众之怨也。吾既亡，以教化子孙，不欲益其过而生怨。"

涿郡太守杨震，性公廉，子孙常蔬食步行。故旧长者，或欲令为开产业，震不肯，曰："使后世称为清白吏子孙，以此遗之，不亦厚乎？"

南唐德胜军节度使兼中书令周本，好施。或劝之曰："公春秋高，宜少留馀赀以遗子孙。"本曰："吾系草履，事吴武王，位至将相，谁遗之乎？"

近故张文节公为宰相，所居堂室，不蔽风雨；服用饮膳，与始为河阳书记时无异。其所亲或规之曰："公月入俸禄几何，而自奉俭薄如此。外人不以公清俭为美，反以为有公孙布被之诈。"文节叹曰："以吾今日之禄，虽侯服玉食，何忧不足？然人情由俭入奢则易，由奢入俭则难。此禄安能常恃？一旦失之，家人既习于奢，不能顿俭，必至失所，曷若无失其常！吾虽违世，家人犹如今日乎？"闻者服其远虑。此皆以德业遗子孙者也，所得顾不多乎？

晋光禄大夫张澄，当葬父，郭璞为占墓地曰："葬某处，年过百岁，位至三司，而子孙不蕃；某处，年几减半，位裁乡校，而累世贵显。"澄乃葬其劣处，位止光禄，年六十四而亡。其子孙昌炽，公侯将相，至梁、陈不绝。虽未必因葬地而然，足见其爱子孙厚于身矣。先公既登侍从，常曰："吾所得已多，当留以遗子孙。"处心如此，其顾念后世不亦深乎？

卷三　父　母

父

陈亢问于伯鱼曰："子亦有异闻乎？"对曰："未也。尝独立，鲤趋而过庭，曰：'学诗乎？'对曰：'未也。''不学诗，无以言。'鲤退而学诗。他日又独立，鲤趋而过庭，曰：'学礼乎？'对曰：'未也。''不学礼，无以立。'鲤退而学礼。闻斯二者。"陈亢退而喜曰："问一得三，闻诗，闻礼，又闻君子之远其子也。"

曾子曰:"君子之于子,爱之而勿面,使之而勿貌,遵之以道而勿强言;心虽爱之,不形于外,常以严庄莅之,不以辞色悦之也。不遵之以道,是弃之也。然强之或伤恩,故以日月渐磨之也。"

北齐黄门侍郎颜子推《家训》曰:"父子之严,不可以狎;骨肉之爱,不可以简。简则慈孝不接,狎则怠慢生焉。由命士以上,父子异宫,此不狎之道也;抑搔痒痛,悬衾箧枕,此不简之教也。"

石碏谏卫庄公曰:"臣闻爱子,教之以义方,弗纳于邪。骄奢淫泆,所自邪也。四者之来,宠禄过也。"自古知爱子,不知教,使至于危辱乱亡者,可胜数哉!夫爱之,当教之使成人。爱之而使陷于危辱乱亡,乌在其能爱子也?人之爱其子者多曰:"儿幼,未有知耳,俟其长而教之。"是犹养恶木之萌芽,曰俟其合抱而伐之,其用力顾不多哉?又如开笼放鸟而捕之,解缰放马而逐之,曷若勿纵勿解之为易也?

《曲礼》:"幼子常视毋诳。""立必正方,不倾听。""长者与之提携,则两手奉长者之手。负剑辟咡诏之,则掩口而对。"

《内则》:"子能食食,教以右手。能言,男唯女俞。男鞶革,女鞶丝。六年,教之数与方名。七年,男女不同席,不共食。八年,出入门户及即席饮食,必后长者,始教之让。九年,教之数日。十年,出就外傅,居宿于外,学书计。十有三年,学乐,诵诗,舞勺。成童,舞象,学射御。"

曾子之妻出外,儿随而啼。妻曰:"勿啼!吾归,为尔杀豕。"妻归,以语曾子。曾子即烹豕以食儿,曰:"毋教儿欺也。"

贾谊言:古之王者,太子始生,固举以礼。使士负之,过阙则下,过庙则趋,孝子之道也。故自为赤子,而教固行矣。提孩有识,三公三少,固明孝、仁、礼、义。以道习之,逐去邪人,不使见恶行。于是皆选天下之端士、孝弟、博闻、有道术者,以卫翼之,使与太子居处出入。故太子乃生而见正事,闻正言,行正道。左右前后皆正人也,夫习与正人居之,不能毋正,犹生长于齐,不能不齐言也;习与不正人居之,不能毋不正,犹生长于楚,不能不楚言也。

《颜氏家训》曰:古者圣王,子生孩提,师保固明仁孝礼义,道习之矣。凡庶纵不能尔,当及婴稚,识人颜色,知人喜怒,便加教诲,使为则为,使止则止。比及数岁,可省笞罚,父母威严而有慈,则子女畏慎而生孝矣。吾见世间,无教而有爱,每不能然。饮食运为,恣其所欲,宜诫翻奖,应呵反笑,至有识知,谓法当尔。骄慢已习,方乃制之,捶挞至死而无威,忿怒日隆而增怨。逮于长成,终为败德。孔子云:"少成若天性,习惯如自然",是也。谚云:"教妇初来,教儿婴孩。"诚哉斯语!

凡人不能教子女者,亦非欲陷其罪恶;但重于诃怒,伤其颜色,不忍楚挞,惨其肌肤尔。当以疾病为喻,安得不用汤药针艾救之哉?又宜思勤督训者,岂愿苛虐于骨肉乎?诚不得已也。

王大司马母卫夫人,性甚严正。王在湓城,为三千人将,年逾四十,少不如意,犹楚挞之,故能成其勋业。

梁元帝时,有一学士,聪敏有才,少为父所宠,失于教义。一言之是,遍于行路,终年誉之;一行之非,掩藏文饰,冀其自改。年登婚宦,暴慢日滋,竟以语言不择,为周逖抽肠衅鼓云。然则爱而不教,适所以害之也。《传》称鸤鸠之养其子,朝从上下,暮从下上,平均如一。至于人,或不能然。《记》曰:父之于子也,亲贤而下无能。使其所亲果贤也,所下果无能也,则善矣。其溺于私爱者,往往亲其无能,而下其贤,则祸乱由此而兴矣。

《颜氏家训》曰:人之爱子,罕亦能均。自古及今,此弊多矣。贤俊者自可赏爱,顽鲁者亦当矜怜。有偏宠者,虽欲以厚之,更所以祸之。共叔之死,母实为之;赵王之戮,父实使之;刘表之倾宗覆族,袁绍之地裂兵亡,可谓灵龟明鉴。此通论也。

曾子出其妻,终身不取妻。其子元请焉,曾子告其子曰:"高宗以后妻杀孝己,尹吉甫以后妻放伯奇。吾上不及高宗,中不比吉甫，庸知其得免于非乎？"

后汉尚书令朱晖，年五十失妻，昆弟欲为继室。晖叹曰："时俗希不以后妻败家者。"遂不娶。今之人年长而子孙具者，得不以先贤为鉴乎？

《内则》曰："子妇未孝未敬，勿庸疾怨，姑教之；若不可教，而后怒之；不可怒，子放妇出而不表礼焉。"

君子之所以治其子妇，尽于是而已矣。今世俗之人，其柔懦者，子妇之过尚小，则不能教而嘿藏之。及其稍著，又不能怒而心怨之。至于恶积罪大，不可禁遏，则喑呜郁悒，至有成疾而终者。如此，有子不若无子之为愈也。其不仁者，则纵其情性，残忍暴戾，或听后妻之谗，或用嬖宠之计，捶扑过分，弃逐冻馁，必欲置之死地而后已。《康诰》称："子弗祇服厥父事，大伤厥考心；于父不能字厥子，乃疾厥子。"谓之元恶大憝，盖言不孝不慈，其罪均也。

母

为人母者，不患不慈，患于知爱而不知教也。古人有言曰："慈母败子。"爱而不教，使沦于不肖，陷于大恶，入于刑辟，归于乱亡。非他人败之也，母败之也。自古及今，若是者多矣，不可悉数。

周大任之娠文王也，目不视恶色，耳不听淫声，口不出傲言。文王生而明圣，卒为周宗。君子谓大任能胎教。古者妇人妊子，寝不侧，坐不边，立不跸，不食邪味，割不正不食，席不正不坐，目不视邪色，耳不听淫声。夜则令瞽诵诗，道正事。如此，则生子形容端正，才艺博通矣。彼其子尚未生也，固已教之，况已生乎？

孟轲之母，其舍近墓，孟子之少也，嬉戏为墓间之事，踊跃筑埋。孟母曰："此非所以居之也。"乃去。舍市傍，其嬉戏为衒卖之事。孟母又曰："此非所以居之也。"乃徙学宫之傍，其嬉戏乃设俎豆,揖让进退。孟母曰:"此真可以居子矣!"遂居之。孟子幼时问东家杀猪何为,母曰:"欲啖汝。"既而悔曰:"吾闻古有胎教,今适有知而欺之,是教之不信。"乃买猪肉食。既长就学,遂成大儒。彼其子尚幼也,固已慎其所习,况已长乎!

汉丞相翟方进继母随方进之长安,织履,以资方进游学。

晋太尉陶侃,早孤贫,为县吏。番阳孝廉范逵尝过侃,时仓卒无以待宾。其母乃截发,得双髲以易酒肴。逵荐侃于庐江太守,召为督邮,由此得仕进。

后魏钜鹿魏缉母房氏,缉生未十旬,父溥卒。母鞠育不嫁,训导有母仪法度。缉所交游,有名胜者,则身具酒馔;有不及己者,辄屏卧不餐,须其悔谢乃食。

唐侍御史赵武孟,少好田猎,尝获肥鲜以遗母。母泣曰:"汝不读书,而田猎如是,吾无望矣!"竟不食其膳。武孟感激勤学,遂博通经史,举进士,至美官。

天平节度使柳仲郢母韩氏,常粉苦参、黄连,和以熊胆,以授诸子,每夜读书使噙之,以止睡。

太子少保李景让母郑氏,性严明,早寡家贫,亲教诸子。久雨,宅后古墙颓陷,得钱满缸。奴婢喜,走告郑。郑焚香祝之曰:"天盖以先君馀庆,愍妾母子孤贫,赐以此钱。然妾所愿者,诸子学业有成,他日受俸,此钱非所欲也。"亟命掩之。此唯患其子名不立也。

齐相田稷子受下吏金百镒,以遗其母。母曰:"夫为人臣不忠,是为人子不孝也。不义之财,非吾有也;不孝之子,非吾子也。子起矣。"稷子遂惭而出,反其金,而自归于宣王,请就诛。宣王悦其母之义,遂赦稷子之罪,复其位,而以公金赐母。

汉京兆尹隽不疑,每行县录囚徒,还,其母辄问不疑,有所平反,活几何人也。不疑多有所平反,母喜,笑为饮食,言语异于它时。或无所出,母怒,为不食。故不疑为吏,严而不残。

吴司空孟仁尝为监鱼池官,自结网捕鱼,作鲊寄母。母还之曰:"汝为鱼官,以鲊寄母,非避嫌也!"

晋陶侃为县吏,尝监鱼池,以一坩鲊遗母。母封鲊责曰:"尔以官物遗我,不能益我,乃增吾忧耳。"

隋大理寺卿郑善果母翟氏,夫郑诚讨尉迟迥战死。母年二十而寡,父欲夺其志。母抱善果曰:"郑君虽死,幸有此儿。弃儿为不慈,背死夫为无礼。"遂不嫁。善果以父死王事,年数岁拜持节大将军,袭爵开封县公,年四十授沂州刺史,寻为鲁郡太守。母性贤明,有节操,博涉书史,通晓政事。每善果出听事,母辄坐胡床,于障后察之。闻其剖断合理,归则大悦,即赐之坐,相对谈笑;若行事不允,或妄嗔怒,母乃还堂,蒙袂而泣,终日不食。善果伏于床前不敢起,母方起,谓之曰:"吾非怒汝,乃惭汝家耳。吾为汝家妇,获奉洒扫,知汝先君忠勤之士也,守官清恪,未尝问私,以身狥国,继之以死,吾亦望汝副其此心。汝既年小而孤,吾寡耳,有慈无威,使汝不知礼训,何可负荷忠臣之业乎?汝自童稚袭茅土,汝今位至方岳,岂汝身致之邪?不思此事而妄加嗔怒,心缘骄乐,堕于公政,内则坠尔家风,或失亡官爵;外则亏天子之法,以取辜戾。吾死日,何面目见汝先人于地下乎?"母恒自纺绩,每至夜分而寝。善果曰:"儿封侯开国,位居三品,秩俸幸足,母何自勤如此?"答曰:"呀!汝年已长,吾谓汝知天下理,今闻此言,故犹未也。至于公事,何由济乎?今此秩俸,乃天子报汝先人之狥命也,当散赡六姻,为先君之惠,奈何独擅其利,以为富贵乎?又丝枲纺绩,妇人之务,上自王后,下及大夫士妻,各有所制。若堕业者,是为骄逸。吾虽不知礼,其可自败名乎?"自初寡,便不御脂粉,常服大练;性又节俭,非祭祀、宾客之事,酒肉不妄陈其前;静室端居,未尝辄出门阁。内外姻戚有吉凶事,但厚加赠遗,皆不诣其门。非自手作,及庄园禄赐所得,虽亲族礼遗,悉不许入门。善果历任州郡,内自出馔于衙中食之,公廨所供皆不许受，悉用修理公宇及分僚佐。善果亦由此克己，号为清吏，考为天下最。

唐中书令崔玄暐，初为库部员外郎，母卢氏尝戒之曰："吾尝闻姨兄辛玄驭云：'儿子从官于外，有人来言其贫窭不能自存，此吉语也；言其富足，车马轻肥，此恶语也。'吾常重其言。比见中表仕宦者，多以金帛献遗其父母。父母但知忻悦，不问金帛所从来。若以非道得之，此乃为盗而未发者耳，安得不忧而更喜乎？汝今坐食俸禄，苟不能忠清，虽日杀三牲，吾犹食之不下咽也。"玄暐由是以廉谨著名。

李景让，宦已达，发斑白，小有过，其母犹挞之。景让事之，终日常兢兢。及为浙西观察使，有左右都押牙忤景让意，景让杖之而毙。军中愤怒，将为变。母闻之。景让方视事，母出，坐厅事，立景让于庭下而责之曰："天子付汝以方面，国家刑法，岂得以为汝喜怒之资，妄杀无罪之人乎？万一致一方不宁，岂惟上负朝廷，使垂老之母衔羞入地，何以见汝先人乎？"命左右褫其衣，坐之，将挞其背。将佐皆至，为之请，不许。将佐拜且泣，久乃释之。军中由是遂安。此惟恐其子之入于不善也。

汉汝南功曹范滂坐党人被收，其母就与之诀曰："汝今得与李、杜齐名，死亦何恨！既有令名，复求寿考，可兼得乎？"滂跪受教，再拜而辞。

魏高贵乡公将讨司马文王，以告侍中王沈、尚书王经、散骑常侍王业。沈、业出走告文王，经独不往。高贵乡公既薨，经被收，辞母，母颜色不变，笑而应曰："人谁不死，但恐不得死所，以此并命，何恨之有？"

唐相李义府专横，侍御史王义方欲奏弹之，先白其母曰："义方为御史，视奸臣不纠则不忠，纠之则身危而忧及于亲，为不孝；二者不能自决，奈何？"母曰："昔王陵之母杀身以成子之名。汝能尽忠以事君，吾死不恨。"此非不爱其子，惟恐其子为善之不终也。然则为人母者，非徒鞠育其身，使不罹水火；又当养其德，使不入于邪恶，乃可谓之慈矣。

汉明德马皇后无子，贾贵人生肃宗。显宗命后母养之，谓曰："人未必当自生子，但患爱养不至耳。"后于是尽心抚育，劳悴过于所生。肃宗亦孝性淳笃，恩性天至，母子慈爱，始终无纤介之间。古今称之，以为美谈。

隋番州刺史陆让母冯氏，性仁爱，有母仪。让即其孽子也，坐赃当死。将就刑，冯氏蓬头垢面诣朝堂，数让罪，于是流涕呜咽，亲持盂粥劝让食，既而上表求哀，词情甚切。上愍然为之改容，于是集京城士庶于朱雀门，遣舍人宣诏曰："冯氏以嫡母之德，足为世范。慈爱之道，义感人神。特宜矜免，用奖风俗。让可减死，除名。"复下诏褒美之，赐物五百段，集命妇与冯相识，以旌宠异。

齐宣王时，有人斗死于道，吏讯之。有兄弟二人，立其傍，吏问之，兄曰："我杀之。"弟曰："非兄也，乃我杀之。"期年，吏不能决，言之于相。相不能决，言之于王。王曰："今皆舍之，是纵有罪也；皆杀之，是诛无辜也。寡人度其母能知善恶，试问其母，听其所欲杀活。"相受命，召其母问曰："母之子杀人，兄弟欲相代死。吏不能决，言之于王。王有仁惠，故问母何所欲杀活。"其母泣而对曰："杀其少者。"相受其言，因而问之曰："夫少者，人之所爱，今欲杀之，何也？"其母曰："少者，妾之子也；长者，前妻之子也。其父疾且死之时属于妾曰：'善养视之。'妾曰：'诺。'今既受人之托，许人以诺，岂可忘人之托而不信其诺邪？且杀兄活弟，是以私爱废公义也。背言忘信，是欺死者也。失言忘约，已诺不信，何以居于世哉？予虽痛子，独谓行何！"泣下沾襟。相入，言之于王。王美其义，高其行，皆赦不杀其子，而尊其母，号曰"义母"。

魏芒慈母者，孟杨氏之女，芒卯之后妻也，有三子。前妻之子有五人，皆不爱慈母。遇之甚异，犹不爱慈母，乃令其三子不得与前妻之子齐衣服、饮食，进退、起居甚相远。前妻之子犹不爱。于是，前妻中子犯魏王令，当死。慈母忧戚悲哀，带围减尺，朝夕勤劳，以救其罪。人有谓慈母曰："子不爱母至甚矣，何为忧惧勤劳如此？"慈母曰："如妾亲子，虽不爱妾，妾犹救其祸而除其害。独假子而不为，何以异于凡人？且其父为其孤也，使妾而继母。继母如母，为人母而不能爱其子，可谓慈乎？亲其亲而偏其假，可谓义乎？不慈且无义，何以立于世？彼虽不爱妾，妾可以忘义乎？"遂讼之。魏安釐王闻之，高其义，曰："慈母如此，可不赦其子乎？"乃赦其子而复其家。自此之后，五子亲慈母雍雍若一。慈母以礼义渐之，率导八子，咸为魏大夫卿士。

汉安众令汉中程文矩妻李穆姜，有二男，而前妻四子以母非所生，憎毁日积。而穆姜慈爱温仁，抚字益隆，衣食资供，皆兼倍所生。或谓母曰："四子不孝甚矣，何不别居以远之？"对曰："吾方以义相导，使其自迁善也。"及前妻长子兴疾困笃，母恻隐，亲自为调药膳，恩情笃密。兴疾久乃瘳，于是呼三弟谓曰："继母慈仁，出自天爱，吾兄弟不识恩养，禽兽其心。虽母道益隆，我曹过恶亦已深矣！"遂将三弟诣南郑狱，陈母之德，状己之过，乞就刑辟。县言之于郡。郡守表异其母，蠲除家徭，遣散四子，许以修革。自后训导愈明，并为良士。今之人，为人嫡母而疾其孽子，为人继母而疾其前妻之子者，闻此四母之风，亦可以少愧矣。

鲁师春姜嫁其女，三往而三逐。春姜问其故。以轻侮其室人也。春姜召其女而笞之，曰："夫妇人以顺从为务，贞悫为首。今尔骄溢不逊以见逐，曾不悔前过！吾告汝数矣，而不吾用，尔非吾子也。"笞之百，而留之，三年乃复嫁之。女奉守节义，终知为人妇之道。令之为母者，女未嫁，不能诲也。既嫁，为之援，使挟己以陵其婿家。及见弃逐，则与婿家斗讼。终不自责其女之不令也。如师春姜者，岂非贤母乎？

卷四 子上

《孝经》曰:"夫孝,天之经也,地之义也,民之行也。天地之经,而民是则之。"又曰:"不爱其亲而爱他人者,谓之悖德;不敬其亲而敬他人者,谓之悖礼。以顺则逆,民无则焉。不在于善,而皆在于凶德。虽得之,君子不贵也。"又曰:"五刑之属三千,而罪莫大于不孝。"孟子曰:"不孝有五:惰其四肢,不顾父母之养,一不孝也;博弈好饮酒,不顾父母之养,二不孝也;好货财,私妻子,不顾父母之养,三不孝也;从耳目之欲,以为父母戮,四不孝也;好勇斗狠,以危父母,五不孝也。"夫为人子,而事亲或亏,虽有他善累百,不能掩也,可不慎乎!

《经》曰:"君子之事亲也,居则致其敬,养则致其乐,病则致其忧,丧则致其哀,祭则致其严。"

孔子曰:"今之孝者,是谓能养。至于犬马,皆能有养。不敬,何以别乎?"《礼》:子事父母,鸡初鸣,咸盥漱,盛容饰以适父母之所。父母之衣衾、簟席、枕几不传,杖、履祗敬之,勿敢近。敦牟、卮匜,非馂莫敢用。在父母之所,有命之,应唯敬对,进退周旋慎齐。升降、出入揖逊。不敢哕噫、嚏咳、欠伸、跛倚、睇视,不敢唾洟。寒不敢袭,痒不敢搔。不有敬事,不敢袒裼,不涉不撅。夫为人子者,出必告,反必面。所游必有常,所习必有业,恒言不称老。

又:为人子者,居不主奥,坐不中席,行不中道,立不中门。食飨不为概,祭祀不为尸。听于无声,视于无形。不登高,不临深,不苟訾,不苟笑。孝子不服暗,不登危,惧辱亲也。

宋武帝即大位,春秋已高,每旦朝继母萧太后,未尝失时刻。彼为帝王尚如是,况士民乎?

梁临川静惠王宏,兄懿为齐中书令,为东昏侯所杀,诸弟皆被收,僧慧思藏宏,得免。宏避难潜伏,与太妃异处,每遣使恭问起居。或谓:"逃难须密,不宜往来。"宏衔泪答曰:"乃可无我,此事不容暂废。"彼在危难尚如是,况平时乎?

为子者不敢自高贵,故在礼,三赐不及车马。不敢以富贵加于父兄。

国初,平章事王溥,父祚有宾客,溥常朝服侍立。客坐不安席。祚曰:"豚犬,不足为之起。"此可谓居则致其敬矣。

《礼》:子事父母,鸡初鸣而起,左右佩服以适父母之所。及所,下气怡声,问衣燠寒,疾痛苛痒,而敬抑搔之。出入则或先或后,而敬扶持之。进盥,少者奉槃,长者奉水,请沃盥,卒授巾。问所欲而敬进之,柔色以温之。"父母之命勿逆勿怠。若饮之食之,虽不嗜,必尝而待;加之衣服,虽不欲,必服而待。

又:子妇无私货,无私蓄,无私器。不敢私假,不敢私与。

又:为人子之礼,冬温而夏清,昏定而晨省,在丑夷不争。

孟子曰:"曾子养曾晳,必有酒肉;将彻,必请所与。问有馀,必曰:'有。'曾晳死,曾元养曾子,必有酒肉。将彻,不请所与。问有馀,曰:'亡矣。'将以复进也。此所谓养口体者也。若曾子,则可谓养志也。事亲若曾子者,可也。"

老莱子孝奉二亲,行年七十,作婴儿戏,身服五采斑斓之衣。尝取水上堂,诈跌仆卧地,为小儿啼,弄雏于亲侧,欲亲之喜。

汉谏议大夫江革,少失父,独与母居。遭天下乱,盗贼并起,革负母逃难,备经险阻,常采拾以为养,遂得俱全于难。革转客下邳,贫穷裸跣,行佣以供母,便身之物,莫不毕给。建武末年,与母归乡里,每至岁时,县当案比,革以母老不欲摇动,自在辕中挽车,不用牛马。由是乡里称之曰"江巨孝"。

晋西河人王延,事亲色养,夏则扇枕席,冬则以身温被,隆冬盛寒,体无全衣,而亲极滋味。

宋会稽何子平,为扬州从事吏,月俸得白米,辄货市粟麦。人曰:"所利无几,何足为烦?"子平曰:"尊老在东,不办得米,何心独飨白粲!"每有赠鲜肴者,若不可寄至家,则不肯受。后为海虞令,县禄唯供养母一身,不以及妻子。人疑其俭薄,子平曰:"希禄本在养亲,不在为己。"问者惭而退。

同郡郭原平养亲必以己力,佣赁以给供养。性甚巧,每为人佣作,止取散夫价。主人设食,原平自以家贫,父母不办有肴饭,唯餐盐饭而已。若家或无食,则虚中竟日,义不独饱,须日暮作毕,受直归家,于里籴买,然后举爨。

唐曹成王皋为衡州刺史,遭诬在治,念太妃老,将惊而戚,出则因服就辟,入则拥笏垂鱼,坦坦施施。贬潮州刺史,以迁入贺。既而事得直,复还衡州,然后跪谢告实。此可谓养则致其乐矣。

《礼》:父母有疾,冠者不栉,行不翔,言不惰,琴瑟不御。食肉不至变味,饮酒不至变貌,笑不至矧,怒不至詈,疾止复故。

文王之为世子,朝于王季日三。鸡初鸣而衣服,至于寝门外,问内竖之御者曰:"今日安否?何如?"内竖曰:"安。"文王乃喜。及日中,又至,亦如之。及莫又至,亦如之。其有不安节,则内竖以告文王。文王色忧,行不能正履。王季复膳,然后亦复初。武王帅而行之,不敢有加焉。文王有疾,武王不脱冠带而养。文王一饭亦一饭,文王再饭亦再饭。旬有二日,乃间。

汉文帝为代王时,薄太后常病。三年,文帝目不交睫,衣不解带,汤药非口所尝弗进。

晋范乔父粲,仕魏,为太宰中郎。齐王芳被废,粲遂称疾阖门不出,阳狂不言,寝所乘车,足不履地。子孙常侍左右,候其颜色,以知其旨。如此三十六年,终于所寝之车。乔与二弟并弃学业,绝人事,侍疾家庭。至粲没,足不出里邑。

南齐庾黔娄为陵川令,到县未旬,父易在家遘疾,黔娄忽心惊,举身流汗。即日弃官归家,家人悉惊。其忽至时,易病始二日。医云:"欲知瘥剧,但尝粪甜苦。"易泄利,黔娄辄取尝之,味转甜滑,心愈忧苦。至夕,每稽颡北辰,求以身代。俄闻空中有声,曰:"徵君寿命尽,不可延,汝诚祷既至,改得至月末。"晦而易亡。

后魏孝文帝幼有至性,年四岁时,献文患痈,帝亲自吮脓。

北齐孝昭帝,性至孝。太后不豫,出居南宫。帝行不正履,容色憔悴,衣不解带,殆将四旬。殿去南宫五百馀步,鸡鸣而出,辰时方还;来去徒行,不乘舆辇。太后病苦小增,便即寝伏阁外,食饮药物,尽皆躬亲。太后每常心痛,不自堪忍,帝立侍帷前,以爪掐手心,血流出袖。此可谓病则致其忧矣。

《经》曰:孝子之丧亲也,哭不哀,礼无容,言不文,服美不安,闻乐不乐,食旨不甘,此哀戚之情也。三日而食,教民无以死伤生,毁瘠不灭性,此圣人之政也。丧不过三年,示民有终也。为之棺椁衣衾而举之,陈其簠簋而哀戚之。擗踊哭泣,哀以送之,卜其宅兆而安厝之。为之宗庙,以鬼享之。春秋祭祀,以时思之。生事爱敬,死事哀戚,生民之本尽矣,死生之义备矣,孝子之事亲终矣。君子之于亲丧固所以自尽也,不可不勉。丧礼备在方册,不可悉载。

孔子曰:"少连、大连善居丧,三日不怠,三月不解,期悲哀,三年忧,东夷之子也。"

高子皋执亲之丧也,泣血三年,未尝见齿,君子以为难。

颜丁善居丧,始死,皇皇焉,如有求而弗得;及殡,望望焉,如有从而弗及;既葬,慨焉,如不及其反而息。

唐太常少卿苏颋遭父丧,睿宗起复为工部侍郎,颋固辞。上使李日知谕旨,日知终坐不言而还,奏曰:"臣见其哀毁,不忍发言,恐其殒绝。"上乃听其终制。

左庶子李涵为河北宣慰使,会丁母忧,起复本官而行。每州县邮驿至,公事之外,未尝启口。蔬饭饮水,席地而息。使还,请罢官,终丧制。代宗以其毁瘠,许之。自馀能尽哀竭力以丧其亲,孝感当时,名光后来者,世不乏人。此可谓丧则致其哀矣。

孔子曰:祭如在。君子事死如事生,事亡如事存。斋三日,乃见其所为斋者。祭之日,乐与哀半,飨之必乐,已至必哀。外尽物,内尽志。入室,僾然必有见乎其位;周还出户,肃然必有闻乎其容声;出户而听,忾然必有闻乎其叹息之声。是故先王之孝也,色不忘乎目,声不绝乎耳,心志嗜欲不忘乎心。致爱则存,致悫则著,著存不忘乎心,夫安得不敬乎?齐齐乎其敬也,愉愉乎其忠也,勿勿乎其欲其飨之也。《诗》曰:"神之格思,不可度思,矧可射思。"此其大略也。

孟蜀太子宾客李郸,年七十馀,享祖考,犹亲涤器。人或代之,不从,以为无以达追慕之意。此可谓祭则致其严矣。

《经》曰:"身体发肤,受之父母,不敢毁伤,孝之始也。"

曾子有疾,召门弟子曰:"启予足,启予手。《诗》云:'战战兢兢,如临深渊,如履薄冰。'而今而后吾知免夫,小子!"

乐正子春下堂而伤足,数月不出,犹有忧色。门弟子曰:"夫子之足瘳矣,数月不出,犹有忧色,何也?"乐正子春曰:"善,如尔之问也!善,如尔之问也!吾闻诸曾子,曾子闻诸夫子曰:'天之所生,地之所养,惟人为大。父母全而生之,子全而归之,可为孝矣;不亏其体,不辱其身,可谓全矣。故君子顷步而弗敢忘孝也,今予忘孝之道,予是以有忧色也。一举足而不敢忘父母,一出言而不敢忘父母。一举足而不敢忘父母,是故道而不径,舟而不游,不敢以先父母之遗体行殆;一出言而不敢忘父母,是故恶言不出于口,忿言不反于身。不辱其身,不羞其亲,可谓孝矣。'"

或曰:"亲有危难则如之何?亦忧身而不救乎?"曰:"非谓其然也。孝子奉父母之遗体,平居一毫不敢伤也;及其徇仁蹈义,虽赴汤火无所辞,况救亲于危难乎?古以死徇其亲者多矣。"

晋末乌程人潘综遭孙恩乱,攻破村邑。综与父骠共走避贼,骠年老行迟,贼转逼。骠语综:"我不能去,汝走可脱,幸勿俱死。"骠困乏坐地,综迎贼叩头曰:"父年老,乞赐生命。"贼至,骠亦请贼曰:"儿少自能走,今为老子不去。孝子不惜死,可活此儿。"贼因斫骠,综乃抱父于腹下。贼斫综头面,凡四创,综当时闷绝。有一贼从傍来会曰:"卿举大事,此儿以死救父,云何可杀?杀孝子不祥。"贼乃止,父子并得免。

齐射声校尉庾道愍所生母漂流交州,道愍尚在襁褓。及长,知之,求为广州绥宁府佐。至府,而去交州尚远,乃自负担,冒岭自达。及至州,寻求母,经年不获,日夜悲泣。尝入村,日暮雨骤,乃寄止一家。有妪负薪自外还,道愍心动,因访之,乃其母也,于是俯伏号泣。远近赴之,莫不挥泪。

梁湘州主簿吉翂,父天监初为平乡令,为吏所诬,逮诣廷尉。翂年十五,号泣衢路,祈请公卿,行人见者,皆为陨涕。其父理虽清白,而耻为吏讯,乃虚自引咎,罪当大辟。翂乃挝登闻鼓,乞代父命。武帝嘉异之,尚以其童稚,疑受教于人,敕廷尉蔡法度严加胁诱,取其款实。法度乃还寺,盛陈徽纆,厉色问曰:"尔求代父死,敕已相许,便应伏法。然刀锯至剧,审能死不?且尔童孺,志不及此,必人所教,姓名是谁?若有悔异,亦相听许。"对曰:"囚虽蒙弱,岂不知死可畏惮?顾诸弟幼藐,唯囚为长,不忍见父极刑,自延视息。所以内断胸臆,上干万乘,今欲狗身不测,委骨泉壤。此非细故,奈何受人教也?"法度知不可屈挠,乃更和颜诱语之曰:"主上知尊侯无罪行,当释亮。观君神仪明秀,足称佳童。今若转辞,幸父子同济。奚以此妙年,苦求汤镬?"曰:"凡鲲鲕蝼蚁,尚惜其生,况在人斯,岂愿虀粉?但父挂深劾,必正刑书,故思殒仆,冀延父命。"翂初见囚,狱掾依法备加桎梏,法度矜之,命脱其二械,更令着一小者。翂弗听,曰:"翂求代父死,死囚岂可减乎?"竟不脱械。法度以闻,帝乃宥其父子。丹阳尹王志求其在廷尉故事并诸乡居,欲于岁首举充纯孝。翂曰:"异哉王尹!何量翂之薄也。夫父辱子死,斯道固然,若翂有觍面目,当其此举,则是因父买名,一何甚辱!"拒之而止。此其章章尤著者也。

卷五　子下

《书》称舜"烝烝乂，不格奸"，何谓也？曰：言能以至孝，和顽嚚昏傲，使进进以善自治，不至于大恶也。

曾子耘瓜，误斩其根。皙怒，挺大杖以击其臂。曾子仆地而不知人。久之乃苏，欣然而起，进于曾皙曰："向也参得罪于大人，用力教参，得无疾乎？"退而就房，援琴而歌，欲令曾皙闻之，知其体康也。孔子闻之而怒，告门弟子曰："参来，勿内。"曾参自以为无罪，使人请于孔子。孔子曰："汝不闻乎，昔舜之事瞽瞍，欲使之，未尝不在于侧；索而杀之，未尝可得。小捶则待过，大杖则逃走，故瞽瞍不犯不父之罪，而舜不失烝烝之孝。今参事父，委身以待暴怒，殪而不避，身既死而陷父于不义，其不孝孰大焉？汝非天子之民乎？杀天子之民，其罪奚若？"曾参闻之，曰："参罪大矣！"遂造孔子而谢过，此之谓也。

或曰：孔子称色难。色难者，观父母之志趣，不待发言而后顺之者也。然则《经》何以贵于谏争乎？曰：谏者，为救过也。亲之命可从而不从，是悖戾也；不可从而从之，则陷亲于大恶。然而不谏是路人，故当不义则不可不争也。或曰：然则争之能无拂亲之意乎？曰：所谓争者，顺而止之，志在于必从也。孔子曰："事父母几谏。见志不从，又敬不违，劳而不怨。"《礼》：父母有过，下气怡色，柔声以谏。谏若不入，起敬起孝。说则复谏；不说，则与其得罪于乡党州闾，宁孰谏。父母怒，不说而挞之流血，不敢疾怨，起敬起孝。又曰：事亲有隐而无犯。又曰：父母有过，谏而不逆。又曰：三谏而不听，则号泣而随之，言穷无所之也。或曰：谏则彰亲之过，奈何？曰：谏诸内，隐诸外者也，谏诸内，则亲过不远；隐诸外，故人莫得而闻也。且孝子善则称亲，过则归己。《凯风》曰："母氏圣善，我无令人。"其心如是，夫又何过之彰乎？

或曰：子孝矣而父母不爱，如之何？曰：责己而已。昔舜父顽，母嚚，象傲，日以杀舜为事。舜往于田，日号泣于旻天。于父母负罪引慝，祇载见瞽瞍，夔夔斋慄，瞽瞍亦允若。诚之至也，如瞽瞍者犹信而顺之，况不至是者乎？

曾子曰："父母爱之，喜而不忘；父母恶之，惧而弗怨。"

汉侍中薛包，好学笃行。丧母，以至孝闻。及父娶后妻而憎包，分出之。包日夜号泣，不能去，至被殴杖，不得已，庐于舍外，旦入而洒扫。父怒，又逐之，乃庐于里门，昏晨不废。积岁馀，父母惭而还之。

晋太保王祥至孝，早丧亲，继母朱氏不慈，数谮之，由是失爱于父，每使扫除牛下，祥愈恭敬。父母有疾，衣不解带，汤药必亲尝。有丹柰结实，母命守之，每风雨，祥辄抱树而泣。其笃孝纯至如此。母终，居丧悴毁，杖而后起。

西河人王延，九岁丧母，泣血三年，几至灭性。每至忌月，则悲泣三旬。继母卜氏，遇之无道，恒以蒲穰及败麻头与延贮衣。其姑闻而问之，延知而不言，事母弥谨。卜氏尝盛冬思生鱼，敕延求而不获，杖之流血。延寻汾凌而哭，忽有一鱼长五尺，踊出冰上，延取以进母。卜氏心悟，抚延如己生。

齐始安王谘议刘瀹，父绍仕宋，位中书郎。瀹母早亡，绍被敕纳路太后兄女为继室。瀹年数岁，路氏不以为子，奴婢辈捶打之无期度。瀹母亡日，辄悲啼不食，弥为婢辈所苦。路氏生谦，瀹怜爱之，不忍舍，常在床帐侧，辄被驱捶，终不肯去。路氏病经年，瀹昼夜不离左右。每有增加，辄流涕不食。路氏病瘥，感其意，慈爱遂隆。路氏富盛，一旦为瀹立斋宇筵席，不减侯王。

唐宣歙观察使崔衍，父伦为左丞，继母李氏不慈于衍。衍时为富平尉，伦使于吐蕃，久方归。李氏衣敝衣以见伦，伦问其故，李氏称伦使于蕃中，衍不给衣食。伦大怒，召衍责诟，命仆隶拉于地，袒其背，将鞭之，衍泣涕终不自陈。伦弟殷闻之，趋往以身蔽衍，杖不得下，因大言曰："衍每月俸钱皆送嫂处，殷所具知，何忍乃言衍不给衣食？"伦怒乃解。由是伦遂不听李氏之谮。及伦卒，衍事李氏益谨。李氏所生次子郃，每多取母钱，使其主以书契征负于衍，衍岁为偿之，故衍官至江州刺史而妻子衣食无所馀。子诚孝而父母不爱，则孝益彰矣，何患乎？

或曰：妻子失亲之意则如之何？曰：《礼》：子甚宜其妻，父母不说，出；子不宜其妻，父母曰："是善事我"，子行夫妇之礼焉，没身不衰。"

汉司隶校尉鲍永，事后母至孝。妻尝于母前叱狗，永去之。

齐征北司徒记室刘瓛，母孔氏，甚严明。瓛年四十馀未有婚对。建元中，高帝与司徒褚彦回为瓛娶王氏女。王氏穿壁挂履，土落孔氏床上，孔氏不悦，瓛即出其妻。

唐凤阁舍人李迥秀，母氏庶贱。其妻崔氏尝叱媵婢，母闻之不悦，迥秀即时出其妻。或止之曰："贤室虽不避嫌疑，然过非出状，何邃如此？"迥秀曰："娶妻本以养亲，今违忤颜色，何敢留也！"竟不从。

后汉郭巨家贫，养老母，妻生一子，三岁，母常减食与之。巨谓妻曰："贫乏不能供给，共汝埋子。子可再有，母不可再得。"妻不敢违。巨遂掘坑二尺馀，得黄金一釜。或曰：郭巨非中道。曰：然以此教民，民犹厚于慈而薄于孝。

或曰：五母在《礼》、律皆同服。凡人事嫡、继、慈、养之情，乌能比于所生？或者疑于伪与？曰：是何言之悖也？在《礼》：为人后者，斩衰三年。《传》曰：何以三年也？受重者必以尊服服之。何如而可为之后？同宗则可为之后。如何而可以为人后？支子可也。为所后者之祖父母、妻、妻之父母、昆弟、昆弟之子，若子。继母如母。《传》曰：继母何以如母？继母之配父与因母同，故孝子不敢殊也。慈母如母。《传》曰：慈母者何也？妾之无子者、妾子之无母者，父命妾曰："以为子。"命子曰："女以为母。"若是，则生养之，终其身如母，死则丧之三年如母，贵父之命也。况嫡母，子之君也，其尊至矣。

梁中军田曹行参军庾沙弥,嫡母刘氏寝疾。沙弥晨昏侍侧,衣不解带。或应针灸,辄以身先试。及母亡,水浆不入口累日。初进大麦薄饮,经十旬,方为薄粥,终丧不食盐酱。冬日不衣绵纩,夏日不解衰绖,不出庐户,昼夜号恸,邻人不忍闻。所坐荐,泪沾为烂。墓在新林,忽有旅松百许株,枝叶郁茂,有异常松。刘好啖甘蔗,沙弥遂不复食之。

汉丞相翟方进,既富贵,后母犹在,进供养甚笃。

太尉胡广年八十,继母在堂,朝夕赡省,旁无几杖,言不称老。

汉显宗命马皇后母养肃宗,肃宗孝性纯笃,母子慈爱,始终无纤介之间。帝既专以马氏为外家,故所生贾贵人不登极位,贾氏亲宗无受宠荣者。及太后崩,乃策书加贵人玉,赤绶而已。

古人有丁兰者,母早亡,不及养,乃刻木而事之。彼贤者,孝爱之心发于天性,失其亲而无所施,至于刻木,犹可事也,况嫡、继、慈、养之存乎?圣人顺贤者之心而为之礼,岂有圣人而教人为伪者乎?

葬者,人子之大事。死者以窀穸为安,宅兆而未葬,犹行而未有归也。是以孝子虽爱亲,留之不敢久也。古者天子七月,诸侯五月,大夫三月,士逾月。诚由礼物有厚薄,奔赴有远近,不如是不能集也。国家诸今,王公以下皆三月而葬,盖以待同位外姻之会葬者适时之宜,更为中制也。《礼》:未葬不变服,啜粥,居倚庐,寝苫枕块,既虞而后有变。盖孝子之心,以为亲未获所安,己不敢即安也。

汉蜀郡太守廉范,王莽大司徒丹之孙也。父遭丧乱,客死于蜀汉,范遂流寓西州。西州平,归乡里。年五十,辞母西迎父丧。蜀都太守张穆,丹之故吏,重资送范,范无所受,与客步负丧归葭萌。载船触石破没,范抱持棺柩,遂俱沉溺。众伤其义,钩求得之,疗救仅免于死,卒得归葬。

宋会稽贾恩,母亡未葬,为邻火所逼,恩及妻柏氏号泣奔救。邻近赴助,棺椁得免,恩及柏氏俱烧死。有司奏,改其里为

"孝义里",蠲租布三世,追赠恩显亲左尉。

会稽郭原平,父亡,为茔圹,凶功不欲假人。己虽巧而不解作墓,乃访邑中有茔墓者,助之运力,经时展勤,久乃闲练。又自卖丁夫以供众费。窀穸之事,俭而当礼,性无术学,因心自然。葬毕,诣所买主,执役无懈,与诸奴分务,让逸取劳。主人不忍使,每遣之,原平服勤,未尝暂替。佣赁养母,有馀,聚以自赎。

海虞令何子平,母丧去官,哀毁逾礼,每至哭踊,顿绝方苏。属大明末,东土饥荒,继以师旅,八年不得营葬,昼夜号哭,常如袒括之日。冬不衣絮,暑不就清凉,一日以数合米为粥,不进盐菜。所居屋败,不蔽风日,兄子伯兴欲为葺理,子平不肯,曰:"我情事未伸,天地一罪人耳,屋何宜覆?"蔡兴宗为会稽太守,甚加矜赏,为营冢圹。

新野庾震丧父母,居贫无以葬,赁书以营事,至手掌穿,然后成葬事。

贤者于葬,何如其汲汲也。今世俗信术者妄言,以为葬不择地及岁月日时,则子孙不利,祸殃总至,乃至终丧除服,或十年,或二十年,或终身,或累世,犹不葬,至为水火所漂焚,他人所投弃,失亡尸柩,不知所之者,岂不哀哉!人所贵有子孙者,为死而形体有所付也。而既不葬,则与无子孙而死道路者奚以异乎?《诗》云:"行有死人,尚或殣之。"况为人子孙,乃忍弃其亲而不葬哉!

唐太常博士吕才叙《葬书》曰:《孝经》云:"卜其宅兆而安厝之。"盖以窀穸既终,永安体魄,而朝市迁变,泉石交侵,不可前知,故谋之龟筮。近代或选年月,或相墓田,以为一事失所,祸及死生。按《礼》:天子、诸侯、大夫葬,皆有月数,则是古人不择年月也。《春秋》:九月丁巳葬宁公,雨,不克葬;戊午日中乃克葬,是不择日也。郑简公司墓之室当道,毁之则朝而窆,不毁则日中而窆,子产不毁,是不择时也。古之葬者,皆于国都之北,域有常处,是不择地也。今葬者,以为子孙富贵、贫贱、夭寿,皆因卜所致。夫子文为令尹而三已,柳下惠为士师而三黜,讨其丘垄,未尝改移。而野俗无识,妖巫妄言,遂于擗踊之际,择葬地而希官爵;荼毒之秋,选葬时而规财利。斯言至矣。夫"死生有命,富贵在天",固非葬所能移。就使能移,孝子何忍委其亲不葬而求利己哉？世又有用羌胡法,自焚其柩,收烬骨而葬之者,人习为常,恬莫之怪。呜呼！讹俗悖戾,乃至此乎？或曰：旅宦远方,贫不能致其柩,不焚之何以致其就葬？曰：如廉范辈,岂其家富也？延陵季子有言："骨肉归复于土,命也,魂气则无不之也。"舜为天子,巡狩至苍梧而殂,葬于其野。彼天子犹然,况士民乎！必也无力不能归其柩,即所亡之地而葬之,不犹愈于毁焚乎？或曰：生事之以礼,死葬之以礼,祭之以礼,具此数者,可以为大孝乎？曰：未也。天子以德教加于百姓,刑于四海为孝;诸侯以保社稷为孝;卿大夫以守其宗庙为孝;士以保其禄位为孝。皆谓能成其先人之志,不坠其业者也。

晋庾衮父戒衮以酒,衮尝醉,自责曰："余废先人之戒,其何以训人？"乃于父墓前自杖三十。可谓能不忘训辞矣。

《诗》云："题彼鹡鸰,载飞载鸣。我日斯迈,而月斯征。夙兴夜寐,无忝尔所生。"

《经》曰："立身行道,扬名于后世,以显父母,孝之终也。"又曰："事亲者,居上不骄,为下不乱,在丑不争。居上而骄则亡,为下而乱则刑,在丑而争则兵。三者不除,虽日用三牲之养,犹为不孝也。"

《内则》曰："父母虽没,将为善,思贻父母令名,必果;将为不善,思贻父母羞辱,必不果。"

公明仪问于曾子曰："夫子可以为孝乎？"曾子曰："是何言欤！是何言欤！君子之所谓孝者,先意承志,谕父母于道。参直养者也,安能为孝乎？"

曾子曰："身也者,父母之遗体也。行父母之遗体,敢不敬乎？居处不庄非孝也,事君不忠非孝也,莅官不敬非孝也,朋友不信非孝也,战陈无勇非孝也。五者不备,灾及其亲,敢不敬乎?享熟膻芗,尝而荐之,非孝也。君子之所谓孝也,国人称愿然曰:'幸哉,有子如此!'所谓孝也已。"为人子能如是,可谓之孝有终矣。

卷六 女 孙 伯叔父 侄

女

《礼》:女子十年不出,姆教婉娩听从,执麻枲,治丝茧,织纴组纫,学女事以供衣服。观于祭祀,纳酒浆笾豆菹醢,礼相助奠。十有五年而笄,二十而嫁。古者妇人先嫁三月,祖庙未毁,教于公宫;祖庙既毁,教于宗室。教以妇德、妇言、妇容、妇功,教成祭之,牲用鱼,芼之以蘋藻,所以成妇顺也。

曹大家《女戒》曰:今之君子徒知训其男,检其书传,殊不知夫主之不可不事,礼义之不可不存。但教男而不教女,不亦蔽于彼此之教乎?《礼》:八岁始教之书,十五而志于学矣。独不可依此以为教哉?夫云妇德,不必才明绝异也;妇言,不必辩口利辞也;妇容,不必颜色美丽也;妇功,不必工巧过人也。清闲、贞静、守节、整齐,行己有耻,动静有法,是谓妇德。择辞而说,不道恶语,时然后言,不厌于人,是谓妇言。盥浣尘秽,服饰鲜洁,沐浴以时,身不垢辱,是谓妇容。专心纺绩,不好戏笑,洁斋酒食,以奉宾客,是谓妇功。此四者,女之大德,而不可乏者也。然为之甚易,唯在存心耳。凡人,不学则不知礼义。不知礼义,则善恶是非之所在皆莫之识也。于是乎有身为暴乱而不自知其非也,祸辱将及而不知其危也。然则为人,皆不可以不学,岂男女之有异哉?是故女子在家,不可以不读《孝经》、《论语》及《诗》、《礼》,略通大义。其女功,则不过桑麻织绩、制衣裳、为酒食而已。至于刺绣华巧,管弦歌诗,皆非女子所宜习也。古之贤女无不好学,左图右史,以自儆戒。

汉和熹邓皇后，六岁能史书，十二通《诗》、《论语》。诸兄每读经传，辄下意难问，志在典籍，不问居家之事。母常非之，曰："汝不习女工，以供衣服，乃更务学，宁当举博士邪？"后重违母言，昼修妇业，暮诵经典，家人号曰"诸生"。其馀班婕妤、曹大家之徒，以学显当时，名垂后来者多矣。

汉珠崖令女名初，年十三。珠崖多珠，继母连大珠以为系臂。及令死，当还葬。法：珠入于关者，死。继母弃其系臂珠，其男年九岁，好而取之，置母镜奁中，皆莫之知。遂与家室奉丧归，至海关。海关候吏搜索，得珠十枚于镜奁中。吏曰："嘻！此值法，无可奈何，谁当坐者？"初在左右，心恐继母去置奁中，乃曰："初坐之。"吏曰："其状如何？"初对曰："君子不幸，夫人解系臂去之。初心惜之，取置夫人镜奁中，夫人不知也。"吏将初劾之。继母意以为实，然怜之，因谓吏曰："愿且待，幸无劾儿。儿诚不知也。儿珠，妾之系臂也。君不幸，妾解去之，心不忍弃，且置镜奁中。迫奉丧，忽然忘之。妾当坐之。"初固曰："实初取之。"继母又曰："儿但让耳，实妾取之。"因涕泣不能自禁。女亦曰："夫人哀初之孤，强名之以活初身，夫人实不知也。"又因哭泣，泣下交颈。送丧者尽哭哀恸，傍人莫不为酸鼻挥涕。关吏执笔劾，不能就一字。关候垂泣，终日不忍决，乃曰："母子有义如此，吾宁生之，不忍加文。母子相让，安知孰是？"遂弃珠而遣之。既去，乃知男独取之。

宋会稽寒人陈氏，有女无男。祖父母年八九十，老无所知。父笃癃疾，母不安其室。遇岁饥，三女相率于西湖采菱蒪，更日至市货卖，未尝亏怠。乡里称为义门，多欲娶为妇。长女自伤茕独，誓不肯行。祖父母寻相继卒，三女自营殡葬，为庵舍居墓侧。

又：诸暨东洿里屠氏女，父失明，母痼疾，亲戚相弃，乡里不容。女移父母，远住纻舍，昼采樵，夜纺绩，以供养。父母俱卒，亲营殡葬，负土成坟。乡里多欲娶之，女以无兄弟，誓守坟墓不嫁。

唐孝女王和子者,徐州人。其父及兄为防狄卒,戍泾州。元和中,吐蕃寇边,父兄战死,无子,母先亡。和子年十七,闻父兄没于边,披发徒跣缞裳,独往泾州,行丐,取父兄之丧归徐营葬,植松柏,剪发坏形,庐于墓所。节度使王智兴以状奏之,诏旌表门闾。此数女者,皆以单茕事其父母,生则能养,死则能葬,亦女子之英秀也。

唐奉天窦氏二女,虽生长草野,幼有志操。永泰中,群盗数千人剽掠其村落。二女皆有容色,长者年十九,幼者年十六,匿岩穴间。盗曳出之,骑逼以前。临壑谷,深数百尺,其姊先曰:"吾宁就死,义不受辱!"即投崖下而死。盗方惊骇,其妹从之自投,折足败面,血流被体。盗乃舍之而去。京兆尹第五琦嘉其贞烈,奏之,诏旌表门闾,永蠲其家丁役。二女遇乱,守节不渝,视死如归,又难能也。

汉文帝时,有人上书,齐太仓令淳于意有罪,当刑,诏狱逮系长安。意有五女,随而泣。意怒骂曰:"生女不生男,缓急无可使者。"于是少女缇萦伤父之言,乃随父西,上书曰:"妾父为吏,齐中称其廉平,今坐法当刑。妾切痛死者不可复生,而刑者不可复赎,虽欲改过自新,其道莫由,终不可得。妾愿入身为官婢,以赎父刑罪,使得改行自新也。"书闻,上悲其意,此岁中亦除肉刑法。缇萦一言而善,天下蒙其泽,后世赖其福,所及远哉!

后魏孝女王舜者,赵邹人也。父子春与从兄长忻不协。齐亡之际,长忻与其妻同谋,杀子春。舜时年七岁,又二妹:粲年五岁,璠年二岁,并孤苦,寄食亲戚。舜抚育二妹,恩义甚笃。而舜阴有复雠之心,长忻殊不备。姊妹俱长,亲戚欲嫁,辄拒不从。乃密谓二妹曰:"我无兄弟,致使父雠不复。吾辈虽女子,何用生为?我欲共汝报复,何如?"二妹皆垂涕曰:"唯姊所命。"夜中,姊妹各持刀逾墙入,手杀长忻夫妇,以告父墓。因诣县请罪,姊妹争为谋首,州县不能决。文帝闻而嘉叹,原罪。

《礼》:"父母之雠,不与共戴天。"舜以幼女,蕴志发愤,卒袖白刃以堪雠人之胸,岂可以壮男子反不如哉!

孙

《书》曰:"辟不辟,忝厥祖。"《诗》云:"无念尔祖,聿修厥德。"然则为人而怠于德,是忘其祖也,岂不重哉!

晋李密,犍为人,父早亡,母何氏改醮。密时年数岁,感恋弥至,烝烝之性,遂以成疾。祖母刘氏躬自抚养。密奉事以孝谨闻,刘氏有疾则泣侧,息未尝解衣。饮膳汤药,必先尝后进。仕蜀为郎,蜀平,泰始初诏征为太子洗马。密以祖母年高,无人奉养,遂不应命。上疏曰:"臣无祖母,无以至今日。祖母无臣,无以终馀年。母孙二人更相为命,是以私情区区,不敢弃远。臣密今年四十有四,祖母刘氏今年九十有六,是臣尽节于陛下之日长,而报养刘氏之日短也。乌鸟私情,乞愿终养。"武帝矜而许之。

齐彭城郡丞刘瓛,有至性,祖母病疽,经年手持膏药,溃指为烂。

后魏张元,芮城人,世以纯至为乡里所推。元年六岁,其祖以其夏中热,欲将元就井浴,元固不肯。祖谓其贪戏,乃以杖击其首曰:"汝何为不肯浴?"元对曰:"衣以盖形,为覆其亵。元不能亵露其体于白日之下。"祖异而舍之。年十六,其祖丧明三年,元恒忧泣,昼夜读佛经礼拜,以祈福祐。每言:"天人师乎?元为孙不孝,使祖丧明,今愿祖目见明,元求代暗。"夜梦见一老翁,以金鎞疗其祖目,于梦中喜跃,随即惊觉,乃遍告家人。三日,祖目果明。其后,祖卧疾再周,元恒随祖所食多少,衣冠不解,旦夕扶侍。及祖没,号踊,绝而后苏。后丧其父,水浆不入口三日。乡里咸叹异之。县博士杨辄等二百馀人上其状,有诏表其门闾。此皆为孙能养者也。

唐仆射李公,有居第在长安修行里,其密邻即故日南阳相也。丞相早岁与之有旧,及登庸,权倾天下。相君选妓数辈,以宰府不可外馆，栋宇无便事者，独书阁东邻乃李公冗舍也，意欲吞之。垂涎少俟，且迟迟于发言。忽一日，谨致一函，以为必遂。及复札，大失所望。又逾月，召李公之吏得言者，欲以厚价购之。或曰：水竹别墅交质。李公复不许。又逾月，乃授公之子弟官，冀其稍动初意，竟亡回命。有王处士者，知书善棋，加之敏辩，李公寅夕与之同处，丞相密召，以诚告之，托其讽谕。王生怃奉其旨，勇于展效。然以李公褊直，伺良便者久之。一日，公遘病，生独侍前，公谓曰："筋衰骨虚，风气因得乘间而入，所谓空穴来风，枳枸来巢也。"生对曰："然。向聆西院，枭集树杪，某心忧之，果致微恙。空院之来妖禽，犹枳枸来巢矣。且知赏器换缗，未如鬻之，以赡医药。"李公忭急，揣知其意，怒发上植，厉声曰："男子寒死，馁死，鹏窥而死，亦其命也。先人之敝庐，不忍为权贵优笑之地。"挥手而别。自是，王生及门，不复接矣。

平庐节度使杨损，初为殿中侍御史，家新昌里，与路岩第接。岩方为相，欲易其厩以广第。损宗族仕者十馀人议曰："家世盛衰，系权者喜怒，不可拒也。"损曰："今尺寸土，皆先人旧物，非吾等所有，安可奉权臣耶！穷达，命也。"卒不与。岩不悦，使损按狱黔中，年馀还。彼室宅尚以家世旧物，不忍弃失，况诸侯之于社稷，大夫之于宗庙乎？为人孙者，可不念哉！

伯叔父

《礼》："服，兄弟之子，犹子也。"盖圣人缘情制礼，非引而进之也。

汉第五伦性至公。或问伦曰："公有私乎？"对曰："吾兄子尝病，一夜十往，退而安寝。吾子有病，虽不省视，而竟夕不眠。若是者，岂可谓无私乎？"伯鱼贤者，岂肯厚其兄子不如其子哉？直以数往视之，故心安；终夕不视，故心不安耳。而伯鱼更以此语人，益所以见其公也。

宗正刘平，更始时天下乱，平弟仲为贼所杀。其后贼复忽然而至,平扶侍其母奔走逃难。仲遗腹女始一岁,平抱仲女而弃其子。母欲还取,平不听,曰:"力不能两活,仲不可以绝类。"遂去而不顾。

侍中淳于恭兄崇卒,恭养孤幼,教诲学问,有不如法,辄反杖,用杖自筶,以感悟之。儿惭而改过。

侍中薛包,弟子求分财异居,包不能止,乃中分其财。奴婢引其老者,曰:"与我共事久,若不能使也。"田庐取其荒顿者,曰:"吾少时所理,意所恋也。"器物取其朽败者,曰:"我素所服食,身口所安也。"弟子数破其产,辄复赈给。

晋右仆射邓攸,永嘉末,石勒过泗水,攸以牛马负妻子而逃。又遇贼,掠其牛马。步走,担其儿及其弟子绥。度不能两全,乃谓其妻曰:"吾弟早亡,唯有一息,理不可绝,止应自弃我儿耳。幸而得存,我后当有子。"妻泣而从之。乃弃其子而去,卒以无嗣。时人义而哀之,为之语曰:"天道无知,使邓伯道无儿。"弟子绥服攸丧三年。

太尉郗鉴,少值永嘉乱,在乡里甚穷馁。乡人以鉴名德,传共饴之。时兄子迈、外甥周翼并小,常携之就食。乡人曰:"各自饥困,以君贤,欲共相济耳,恐不能兼有所存。"鉴于是独往,食讫,以饭着两颊边还,吐与二儿。后并得存,同过江。迈位至护军,翼为剡县令。鉴之薨也,翼追抚育之恩,解职而归,席苫心丧三年。世有杀其孤规财利者,独何心哉!

侄

宋义兴人许昭先,叔父肇之坐事系狱,七年不判。子侄二十许人,昭先家最贫薄,专独料诉,无日在家。饷馈肇之,莫非珍新。资产既尽,卖宅以充之。肇之诸子倦怠,惟昭先无有懈息,如是七载。尚书沈演之嘉其操行,肇之事由此得释。

唐柳泌叙其父天平节度使仲郢行事云:事季父太保如事元公,非甚疾,见太保未尝不束带。任大京兆盐铁使,通衢遇太保，必下马端笏，候太保马过方登车。每暮束带迎太保马首，候起居。太保屡以为言，终不以官达稍改。太保常言于公卿间云："元公之子，事某如事严父。"古之贤者，事诸父如父，礼也。

卷七　兄　弟　姑姊妹　夫

兄

凡为人兄不友其弟者，必曰：弟不恭于我。自古为弟而不恭者孰若象？万章问于孟子，曰："父母使舜完廪，捐阶，瞽瞍焚廪；使浚井，出，从而掩之。象曰：'谟盖都君咸我绩。牛羊父母，仓廪父母。干戈朕，琴朕，弤朕，二嫂使治朕栖。'象往入舜宫，舜在床琴。象曰：'郁陶思君尔！'忸怩。舜曰：'惟兹臣庶，汝其于予治。'不识舜不知象之将杀己与？"曰："奚而不知也？象忧亦忧，象喜亦喜。"曰："然则舜伪喜者与？"曰："否！昔者有馈生鱼于郑子产。子产使校人畜之池。校人烹之，反命曰：'始舍之，圉圉焉，少则洋洋焉，攸然而逝。'子产曰：'得其所哉！得其所哉！'校人出曰：'孰谓子产智？予既烹而食之，曰：得其所哉！得其所哉！'故君子可欺以其方，难罔以非其道。彼以爱兄之道来，故诚信而喜之，奚伪焉！"万章问曰："象日以杀舜为事，立为天子，则放之，何也？"孟子曰："封之也。或曰放焉。"万章曰："舜流共工于幽州，放欢兜于崇山，杀三苗于三危，殛鲧于羽山，四罪而天下咸服，诛不仁也。象至不仁，封之有庳。有庳之人奚罪焉？仁人固如是乎？在他人则诛之，在弟则封之。"曰："仁人之于弟也，不藏怒焉，不宿怨焉，亲爱之而已矣。亲之欲其贵也，爱之欲其富也。封之有庳，富贵之也。身为天子，弟为匹夫，可谓亲爱之乎？""敢问'或曰放者'何谓也？"曰："象不得有为于其国，天子使吏治其国，而纳其贡赋焉，故谓之放，岂得暴彼民哉！虽然，欲常常而见之，故源源而来。不及贡，以政接于有庳。"

汉丞相陈平，少时家贫，好读书，有田三十亩，独与兄伯居。伯常耕田，纵平使游学。平为人长美色，人或谓陈平："贫，何食而肥若是？"其嫂嫉平之不视家产，曰："亦食糠核耳。有叔如此，不如无有。"伯闻之，逐其妇而弃之。

御史大夫卜式，本以田畜为事，有少弟。弟壮，式脱身出，独取畜羊百馀，田宅财物尽与弟。式入山牧十馀年，羊致千馀头，买田宅。而弟尽破其产，式辄复分与弟者数矣。

隋吏部尚书牛弘弟弼，好酒，酗。尝醉，射杀弘驾车牛。弘还宅，其妻迎谓曰："叔射杀牛。"弘闻，无所怪问，直答曰："作脯。"坐定，其妻又曰："叔忽射杀牛，大是异事！"弘曰："已知。"颜色自若，读书不辍。

唐朔方节度使李光进，弟河东节度使光颜先娶妇，母委以家事。及光进娶妇，母已亡。光颜妻籍家财，纳管钥于光进妻。光进妻不受，曰："娣妇逮事先姑，且受先姑之命，不可改也。"因相持而泣，卒令光颜妻主之矣。

平章事韩滉，有幼子，夫人柳氏所生也。与弟滉戏于堂上，误坠阶而死。滉禁约夫人勿悲啼，恐伤叔郎意。为兄如此，岂妻妾它人所能间哉？

弟

弟之事兄，主于敬爱。齐射声校尉刘琎，兄瓛夜隔壁呼琎。琎不答，方下床着衣立，然后应。瓛怪其久，琎曰："尚束带未竟。"

梁安成康王秀，于武帝布衣昆弟。及为君臣，小心畏敬，过于疏贱者，帝益以此贤之。若此，可谓能敬矣。

后汉议郎郑均，兄为县吏，颇受礼遗。均数谏止，不听，即脱身为佣。岁馀，得钱帛归，以与兄曰："物尽可复得。为吏坐赃，终身捐弃。"兄感其言，遂为廉洁。均好义笃实，养寡嫂孤儿，恩礼甚至。

晋咸宁中疫颍川，庚袞二兄俱亡，次兄毗复危殆。厉气方炽，父母诸弟皆出次于外，袞独留不去。诸父兄强之，乃曰："袞性不畏病。"遂亲自扶侍，昼夜不眠，其间复抚柩哀临不辍。如此十有馀旬，疫势既歇，家人乃反。毗病得差，袞亦无恙。父老咸曰："异哉此子！守人所不能守，行人所不能行。岁寒，然后知松柏之后凋，始知疫厉之不相染也。"

右光禄大夫颜含，兄畿，咸宁中得疾，就医自疗，遂死于医家。家人迎丧，旐每绕树而不可解，引丧者颠仆，称畿言曰："我寿命未死，但服药太多，伤我五脏耳。今当复活，慎无葬也。"其兄祝之曰："若尔有命复生，岂非骨肉所愿？今但欲还家，不尔葬也。"旐乃解。及还，其妇梦之曰："吾当复生，可急开棺。"妇颇说之。其夕，母及家人又梦之，即欲开棺，而父不听。含时尚少，乃慨然曰："非常之事，古则有之。今灵异至此，开棺之痛，孰与不开相负？"父母从之，乃共发棺，有生验：以手刮棺，指爪尽伤，气息甚微，存亡不分矣。饮哺将获，累月犹不能语。饮食所须，托之以梦。阖家营视，顿废生业，虽在母妻，不能无倦也。含乃绝弃人事，躬亲侍养，足不出户者十有三年。石崇重含淳行，赠以甘旨，含谢而不受。或问其故，答曰："病者绵昧，生理未全，既不能进啖，又未识人惠，若当苟留，岂施者之意也？"畿竟不起。含二亲既终，两兄既没，次嫂樊氏因疾失明，含课励家人，尽心奉养。日自尝省药馔，察问息耗，必簪屦束带，以至病愈。

后魏正平太守陆凯，兄琇坐咸阳王禧谋反事，被收，卒于狱。凯痛兄之死，哭无时节，目几失明，诉冤不已，备尽人事。至正始初，世宗复琇官爵。凯大喜，置酒集诸亲曰："吾所以数年之中抱病忍死者，顾门户计尔。逝者不追，今愿毕矣。"遂以其年卒。

唐英公李勣，贵为仆射，其姊病，必亲为燃火煮粥，火焚其须鬓。姊曰："仆射妾多矣，何为自苦如是？"曰："岂为无人耶？顾今姊年老,勋亦老,虽欲久为姊煮粥,复可得乎?"若此,可谓能爱矣。

夫兄弟至亲,一体而分,同气异息。《诗》云:"凡今之人,莫如兄弟。"又云:"兄弟阋于墙,外御其侮。"言兄弟同休戚,不可与它人议之也。若己之兄弟且不能爱,何况它人?己不爱人,人谁爱己?人皆莫之爱,而患难不至者,未之有也。《诗》云"毋独斯畏",此之谓也。兄弟,手足也。今有人断其左足,以益右手,庸何利乎?虺一身两口,争食相龁,遂相杀也。争利而害,何异于虺乎?

《颜氏家训》论兄弟曰:方其幼也,父母左提右挈,前襟后裾,食则同案,衣则传服,学则连业,游则共方,虽有悖乱之人,不能不相爱也。及其壮也,各妻其妻,各子其子,虽有笃厚之人,不能不少衰也。娣姒之比兄弟,则疏薄矣。今使疏薄之人而节量亲厚之恩,犹方底而圆盖,必不合也。唯友悌深至,不为旁人之所移者,可免夫。兄弟之际,异于他人,望深则易怨,比他亲则易弭。譬犹居室,一穴则塞之,一隙则涂之,无颓毁之虑。如雀鼠之不恤,风雨之不防,壁陷楹沦,无可救矣。仆妾之为雀鼠,妻子之为风雨,甚哉!兄弟不睦,则子侄不爱。子侄不爱,则群从疏薄。群从疏薄,则童仆为雠敌矣。如此,则行路皆踏其面而蹈其心,谁救之哉?人或交天下之士,皆有欢爱,而失敬于兄者,何其能多而不能少也?人或将数万之师,得其死力,而失恩于弟者,何其能疏而不能亲也?娣姒者,多争之地也。所以然者,以其当公务而就私情,处重责而怀薄义也。若能恕己而行,换子而抚,则此患不生矣。人之事兄不同于事父,何怨爱弟不如爱子乎?是反照而不明矣。

吴太伯及弟仲雍,皆周太王之子,而太伯,季历之兄也。季历贤,而有圣子昌,太王欲立季历以及昌。于是太伯、仲雍二人乃奔荆蛮,文身断发,示不可用,以迎季历。季历果立,是为王季,而昌为文王。太伯之奔荆蛮,自号句吴。荆蛮义之,从而归之千馀家，立为吴太伯。孔子曰："太伯，其可谓至德也已矣，三以天下让，民无得而称焉。"

伯夷、叔齐，孤竹君之二子也。父欲立叔齐。及父卒，叔齐让伯夷。伯夷曰："父命也。"遂逃去。叔齐亦不肯立而逃之。国人立其中子。

宋宣公舍其子与夷而立穆公。穆公疾，复舍其子冯而立与夷。君子曰："宣公可谓知人矣！立穆公，其子飨之，命以义夫！"

吴王寿梦卒，有子四人，长曰诸樊，次曰馀祭，次曰夷昧，次曰季札。季札贤，而寿梦欲立之。季札让，不可，于是乃立长子诸樊。诸樊卒，有命授弟馀祭，欲传以次，必致国于季札而止。季札终逃去，不受。

汉扶阳侯韦贤病笃，长子太常丞弘坐宗庙事系狱，罪未决。室家问贤当为后者，贤恚恨，不肯言。于是贤门下生博士义倩等与室家计，共矫贤令，使家丞上书，言大行以大河都尉玄成为后。贤薨，玄成在官闻丧，又言当为嗣，玄成深知其非贤雅意，即阳为病狂，卧便利，妄笑语昏乱。征至长安，既葬，当袭爵，以狂不应召。大洪胪奏状，章下丞相御史案验，遂以玄成实不病劾奏之。有诏勿劾，引拜，玄成不得已受爵。宣帝高其节，时上欲淮阳宪王为嗣，然因太子起于细微，又早失母，故不忍也。久之，上欲感风宪王，辅以礼让之臣，乃召拜玄成为淮阳中尉。

陵阳侯丁綝卒，子鸿当袭封，上书让国于弟成，不报。既葬，挂衰绖于冢庐而逃去。鸿与九江人鲍骏相友善，及鸿亡封，与骏遇于东海，阳狂不识骏。骏乃止而让之曰："《春秋》之义，不以家事废王事。今子以兄弟私恩而绝父不灭之基，可谓智乎？"鸿感语，垂涕叹息，乃还就国。

居巢侯刘般卒，子恺当袭爵，让于弟宪，遁逃避封久之。章和中，有司奏请绝恺国，肃宗美其义，特优假之，恺犹不出。积十馀岁,至永元十年,有司复奏之,侍中贾逵上书,称恺有伯夷之节,宜蒙矜宥,全其先公,以增圣朝尚德之美。"和帝纳之,下诏曰:"王法崇善,成人之美,其听宪嗣爵。遭事之宜,后不得以为比。"乃征恺,拜为郎。

后魏高凉王孤平,文皇帝之第四子也,多才艺,有志略。烈帝之前元年,国有内难,昭成为质于后赵。烈帝临崩,顾命迎立昭成。及崩,群臣咸以新有大故,昭成来,未可果,宜立长君;次弟屈,刚猛多变,不如孤之宽和柔顺。于是大人梁盖等杀屈,共推孤为嗣。孤不肯,乃自诣邺奉迎,请身留为质,石季龙义而从之。昭成即王位,乃分国半部以与之。然兄弟之际,宜相与尽诚,若徒事形迹,则外虽友爱而内实乖离矣。

宋祠部尚书蔡廓,奉兄轨如父,家事大小皆谘而后行。公禄赏赐,一皆入轨。有所资须,悉就典者请焉。从武帝在彭城,妻郗氏书求夏服。时轨为给事中,廓答书曰:"知须夏服,计给事自应相供,无容别寄。"向使廓从妻言,乃乖离之渐也。

梁安成康王秀,与弟始兴王憺友爱尤笃。憺久为荆州刺史,常以所得中分秀,秀称心受之,不辞多也。若此,可谓能尽诚矣。

卫宣公恶其长子伋子,使诸齐,使盗待诸莘,将杀之。弟寿子告之使行,不可,曰:"弃父之命,恶用子矣!有无父之国则可也。"及行,饮以酒,寿子载其旌以先,盗杀之。伋子至,曰:"我之求也,此何罪,请杀我乎!"又杀之。

王莽末,天下乱,人相食。沛国张孝,弟礼为饿贼所得,孝闻之,即自缚诣贼曰:"礼久饿羸瘦,不如孝肥。"饿贼大惊,并放之,谓曰:"且可归,更持米糒来。"孝求不能得,复往报贼,愿就烹,众异之,遂不害。乡党服其义。

北汉淳于恭,兄崇将为盗所烹,恭请代,得俱免。又:齐国倪萌、梁郡车成,二人兄弟并见执于赤眉,将食之。萌、成叩头,乞以身代,贼亦哀而两释焉。

宋大明五年，发三五丁，彭城孙棘、弟萨应充行，坐违期不至。棘诣郡辞列："棘为家长，令弟不行，罪应百死，棘以身代萨。"萨又辞列自引。太守张岱疑其不实，以棘、萨各置一处，报云听其相代，颜色并悦，甘心赴死。棘妻许又寄语属棘："君当门户，岂可委罪小郎？且大家临亡，以小郎属君，竟未妻娶，家道不立，君已有二儿，死复何恨？"岱依事表上。孝武诏特原罪，勿加辟命，并赐帛二十匹。

梁江陵王玄绍、孝英、子敏，兄弟三人，特相友爱，所得甘旨新异，非共聚食，必不先尝。孜孜色貌，相见如不足者，及西台陷没，玄绍以须面魁梧，为兵所围，二弟共抱，各求代死，解不可得，遂并命。夫贤者之于兄弟，或以天下国邑让之，或争相为死；而愚者争锱铢之利，一朝之忿，或斗讼不已，或干戈相攻，至于破国灭家，为他人所有，乌在其能利也哉？正由智识褊浅，见近小而遗远大故耳，岂不哀哉！《诗》云："彼令兄弟，绰绰有裕。不令兄弟，交相为瘉。"其是之谓欤？子产曰："直钧，幼贱有罪。"然则兄弟而及于争，虽俱有罪，弟为甚矣。世之兄弟不睦者，多由异母或前后嫡庶更相憎嫉，母既殊情，子亦异党。

晋太保王祥，继母朱氏遇祥无道。朱子览，年数岁，见祥被楚挞，辄涕泣抱持。至于成童，每谏其母，少止凶虐。朱屡以非理使祥，览辄与祥俱。又虐使祥妻，览妻亦趋而共之。朱患之，乃止。祥丧父之后，渐有时誉，朱深疾之，密使酖祥。览知之，径起取酒。祥疑其有毒，争而不与。朱遽夺，反之。自后，朱赐祥馔，览先尝。朱辄惧览致毙，遂止。览孝友恭恪，名亚于祥，仕至光禄大夫。

后魏仆射李冲，兄弟六人，四母所出，颇相忿阋。及冲之贵，封禄恩赐，皆与共之，内外辑睦。父亡后，同居二十馀年，更相友爱，久无间然，皆冲之德也。

北齐南汾州刺史刘丰，八子俱非嫡妻所生。每一子所生丧,诸子皆为制服三年。武平、仲昤所生丧,诸弟并请解官,朝廷义而不许。

唐中书令韦嗣立,黄门侍郎承庆异母弟也。母王氏遇承庆甚严,每有杖罚,嗣立必解衣请代,母不听,辄私自杖。母察知之,渐加恩贷。兄弟苟能如此,奚异母之足患哉?

姑姊妹

齐攻鲁,至其郊,望见野妇人抱一儿、携一儿而行。军且及之,弃其所抱,抱其所携而走于山。儿随而啼,妇人疾行不顾。齐将问儿曰:"走者尔母耶?"曰:"是也。""母所抱者谁也?"曰:"不知也。"齐将乃追之。军士引弓将射之,曰:"止!不止,吾将射尔。"妇人乃还。齐将问之曰:"所抱者谁也?所弃者谁也?"妇人对曰:"所抱者,妾兄之子也;弃者,妾之子也。见军之至,将及于追,力不能两护,故弃妾之子。"齐将曰:"子之于母,其亲爱也,痛甚于心,令释之而反抱兄之子,何也?"妇人曰:"己之子,私爱也。兄之子,公义也。夫背公义而向私爱,亡兄子而存妾子,幸而得免,则鲁君不吾畜,大夫不吾养,庶民国人不吾与也。夫如是,则胁肩无所容,而累足无所履也。子虽痛乎,独谓义何?故忍弃子而行义,不能无义而视鲁国。"于是齐将案兵而止,使人言于齐君曰:"鲁未可伐。乃至于境,山泽之妇人耳,犹知持节行义,不以私害公,而况于朝臣士大夫乎?请还。"齐君许之。鲁君闻之,赐束帛百端,号曰"义姑姊"。

梁节姑姊之室失火,兄子与己子在室中,欲取其兄子,辄得其子,独不得兄子。火盛,不得复入。妇人将自趣火,其友止之曰:"子本欲取兄之子,惶恐卒误得尔子,中心谓何?何至自赴火?"妇人曰:"梁国岂可户告人晓也,被不义之名,何面目以见兄弟国人哉?吾欲复投吾子,为失母之恩。吾势不可以生。"遂赴火而死。

汉邰阳任延寿妻季儿，有三子。季儿兄季宗与延寿争葬父事，延寿与其友田建阴杀季宗，建独坐死。延寿会赦，乃以告季儿。季儿曰："嘻！独今乃语我乎？"遂振衣欲去，问曰："所与共杀吾兄者，为谁？"曰："与田建。田建已死，独我当坐之，汝杀我而已。"季儿曰："杀夫不义，事兄之雠亦不义。"延寿曰："吾不敢留汝，愿以车马及家中财物尽以送汝，惟汝所之。"季儿曰："吾当安之？兄死而雠不报，与子同枕席而使杀吾兄，内不能和夫家，外又纵兄之雠，何面目以生而戴天履地乎？"延寿惭而去，不敢见季儿。季儿乃告其大女曰："汝父杀吾兄，义不可以留，又终不复嫁矣。吾去汝而死，汝善视汝两弟。"遂以缰自经而死。左冯翊王让闻之，大其义，令县复其三子而表其墓。

唐冀州女子王阿足，早孤，无兄弟，唯姊一人。阿足初适同县李氏，未有子而亡，时年尚少，人多聘之。为姊年老孤寡，不能舍去，乃誓不嫁，以养其姊。每昼营田业，夜便纺绩，衣食所须，无非阿足出者，如此二十馀年。及姊丧，葬送以礼。乡人莫不称其节行，竞令妻女求与相识。后数岁，竟终于家。

夫

夫妇之道，天地之大义，风化之本原也，可不重欤！《易》："艮下兑上，咸。"《彖》曰："止而说，男下女，故娶女吉也。""巽下震上，恒。"《彖》曰："刚上而柔下，雷风相与。"盖久常之道也。是故《礼》：婿冕而亲迎，御轮三周，所以下之也；既而婿乘车先行，妇车从之，反尊卑之正也。《家人》初六："闲有家，悔亡。"正家之道，靡不在初，初而骄之，至于狼犺，浸不可制，非一朝一夕之所致也。昔舜为匹夫，耕渔于田泽之中，妻天子之二女，使之行妇道于翁姑，非身率以礼义，能如是乎？

汉鲍宣妻桓氏，字少君。宣尝就少君父学，父奇其清苦，故以女妻之，装送资贿甚盛。宣不悦，谓妻曰："少君生富骄，习美饰,而吾实贫贱,不敢当礼。"妻曰:"大人以先生修德守约,故使贱妾侍执巾栉,既奉承君子,唯命是从。"宣笑曰:"能如是,是吾志也。"妻乃悉归侍御服饰,更着短布裳,与宣共挽鹿车,归乡里,拜姑毕,提瓮出汲,修行妇道,乡邦称之。

扶风梁鸿,家贫而介洁。势家慕其高节,多欲妻之,鸿并绝不许。同县孟氏有女,状肥丑而黑,力举石臼,择对不嫁,行年三十。父母问其故,女曰:"欲得贤如梁伯鸾者。"鸿闻而聘之。女求作布衣麻履,织作筐缉绩之具。及嫁,始以装饰,入门七日,而鸿不答。妻乃跪床下请曰:"切闻夫子高义,简斥数妇,妾亦偃蹇数夫矣。今而见择,敢不请罪?"鸿曰:"吾欲裘褐之人,可与俱隐深山者。尔今乃衣绮缟,傅粉墨,岂鸿所愿哉!"妻曰:"以观夫子之志尔。妾自有隐居之服。"乃更椎髻,着布衣,操作具而前。鸿大喜,曰:"此真梁鸿妻也!能奉我矣。"字之曰"德曜"。遂与偕隐。是皆能正其初者也。夫妇之际,以敬为美。

晋臼季使过冀,见冀缺耨,其妻馌之,敬,相待如宾。与之归,言诸文公曰:"敬,德之聚也。能敬必有德,德以治民,君请用之。"文公从之,卒为晋名卿。

汉梁鸿避地于吴,依大家皋伯通,居庑下,为人赁舂。每归,妻为具食,不敢于鸿前仰视,举案齐眉。伯通察而异之,曰:"彼佣,能使其妻敬之如此,非凡人也。"方舍之于家。

晋太宰何曾,闺门整肃,自少及长,无声乐嬖幸之好。年老之后,与妻相见,皆正衣冠,相待如宾,己南向,妻北面再拜,上酒,酬酢既毕,便出。一岁如此者,不过再三焉。若此,可谓能敬矣。

昔庄周妻死,鼓盆而歌。汉山阳太守薛勤,丧妻不哭,临殡曰:"幸不为夭,夫何恨!"太尉王龚妻亡,与诸子并杖行服,时人两讥之。晋太尉刘寔丧妻,为庐杖之制,终丧不御肉,轻薄笑之,寔不以为意。彼庄、薛弃义,而王、刘循礼,其得失岂不殊哉？何讥笑之！

《易·恒》六五："恒其德。贞，妇人吉，夫子凶。"《象》曰："妇人贞吉，从一而终也。夫子制义，从妇凶也。"丈夫生而有四方之志，威令所施，大者天下，小者一官，而近不行于室家，为一妇人所制，不亦可羞哉！昔晋惠帝为贾后所制，废武悼杨太后于金墉，绝膳而终。囚愍怀太子于许昌，寻杀之。唐肃宗为张后所制，迁上皇于西内，以忧崩。建宁王倓以忠孝受诛。彼二君者，贵为天子，制于悍妻，上不能保其亲，下不能庇其子，况于臣民！自古及今，以悍妻而乖离六亲、败乱其家者，可胜数哉？然则悍妻之为害大也。故凡娶妻，不可不慎择也。既娶而防之以礼，不可不在其初也。其或骄纵悍戾，训厉禁约而终不从，不可以不弃也。夫妇以义合，义绝则离之。今士大夫有出妻者，众则非之，以为无行，故士大夫难之。按《礼》有七出，顾所以出之，用何事耳！若妻实犯礼而出之，乃义也。昔孔氏三世出其妻，其馀贤士以义出妻者众矣，奚亏于行哉？苟室有悍妻而不出，则家道何日而宁乎？

卷八　妻上

太史公曰："夏之兴也以涂山，而桀之放也以妹喜；殷之兴也以有娀，而纣之杀也嬖妲己；周之兴也以姜嫄及大任，而幽王之擒也，淫于褒姒。故《易》基乾坤，《诗》始关雎。夫妇之际，人道之大伦也。礼之用，唯婚姻为兢兢。夫乐调而四时和，阴阳之变，万物之统也，可不慎欤？"为人妻者，其德有六：一曰柔顺，二曰清洁，三曰不妒，四曰俭约，五曰恭谨，六曰勤劳。夫天也，妻地也；夫日也，妻月也；夫阳也，妻阴也。天尊而处上，地卑而处下。日无盈亏，月有圆缺。阳唱而生物，阴和而成物。故妇人专以柔顺为德，不以强辩为美也。

汉曹大家作《女戒》，其首章曰："古者生女三日，卧之床下，明其卑弱，主下人也。谦让恭敬，先人后己。有善莫名，有恶莫辞。忍辱含垢，常若畏惧。"又曰："阴阳殊性，男女异行。阳以刚为德，阴以柔为用。男以强为贵，女以柔为美。故鄙谚有云：'生男如狼，犹恐其尪；生女如鼠，犹恐其虎。'然则修身莫若敬，避强莫若顺。故曰：敬顺之道，妇人之大礼也。"又曰："妇人之得意于夫主，由舅姑之爱己也。舅姑之爱己，由叔妹之誉己也。由此言之，我臧否誉毁，一由叔妹。叔妹之心，诚不可失也。皆知叔妹之不可失，而不能和之以求亲，其蔽也哉！自非圣人，鲜能无过，虽以贤女之行、聪哲之性，其能备乎？是故室人和则谤掩，外内离则恶扬，此必然之势也。夫叔妹者，体敌而名尊，恩疏而义亲，若淑媛谦顺之人，则能依义以笃好，崇恩以结援，使徽美显章，而瑕过隐塞。舅姑矜善，而夫主佳美，声誉曜于邑邻，休光延于父母。若夫蠢愚之人，于叔则托名以自高，于妹则因宠以骄盈。骄盈既施，何和之有？恩义既乖，何誉之臻？是以美隐而过宣，姑忿而夫愠，毁訾布于中外，耻辱集于厥身，进增父母之羞，退益君子之累，斯乃荣辱之本，而显否之基也，可不慎哉！然则求叔妹之心，固莫尚于谦顺矣。谦则德之柄，顺则妇之行；兼斯二者，足以和矣。"若此，可谓能柔顺矣。妻者，齐也。一与之齐，终身不改。故忠臣不事二主，贞女不事二夫。

《易》曰："柔顺利贞，君子攸行。"又曰："用六，利永贞。"晏子曰："妻柔而正。"言妇人虽主于柔，而不可失正也。故后妃逾国，必乘安车辎軿；下堂，必从傅母阿保；进退则鸣玉环珮，内饰则结纫绸缪；野处则帷裳壅蔽，所以正心一意，自敛制也。《诗》云："自伯之东，首如飞蓬。岂无膏沐，谁适为容？"故妇人，夫不在，不为容饰，礼也。

卫世子共伯早死，其妻姜氏守义。父母欲夺而嫁之，誓而不许，作《柏舟》之诗以见志。

宋共公夫人伯姬，鲁人也。寡居三十五年。至景公时，伯姬之宫夜失火,左右曰:"夫人少避火。"伯姬曰:"妇人之义,保傅不具,夜不下堂。待保傅之来也。"保母至矣,傅母未至也。左右又曰:"夫人少避火。"伯姬不从,遂逮于火而死。

楚昭王夫人贞姜,齐女也。王出游,留夫人渐台之上而去。王闻江水大至,使使者迎夫人,忘持其符。使者至,请夫人出,夫人曰:"王与宫人约,令召宫人必以符。今使者不持符,妾不敢从。"使曰:"今水方大至,还而取符,则恐后矣!"夫人不从。于是使者反取符,未还,则水大至,台崩,夫人流而死。

蔡人妻,宋人之女也。既嫁,而夫有恶疾,其母将改嫁之。女曰:"夫人之不幸也,奈何去之?适人之道,一与之醮,终身不改。不幸遇恶疾,彼无大故,又不遣妾,何以得去?"终不听。

梁寡妇高行,荣于色而美于行。早寡不嫁,梁贵人多争欲娶之者,不能得。梁王闻之,使相聘焉。高行曰:"妾夫不幸早死,妾守养其幼孤。贵人多求妾者,幸而得免,今王又重之。妾闻妇人之义,一往而不改,以全贞信之节。今慕贵而忘贱,弃义而从利,无以为人。"乃援镜持刀以割其鼻,曰:"妾已刑矣。所以不死者,不忍幼弱之童孤也。王之求妾,以其色也,今刑馀之人,殆可释矣!"于是相以报王。王大其义而高其行,乃复其身,尊其号曰"高行"。

汉陈孝妇,年十六而嫁,未有子。其夫当行戍,夫且行时,属孝妇曰:"我生死未可知。幸有老母,无他兄弟备养,吾不还,汝肯养吾母乎?"妇应曰:"诺。"夫果死不还。妇乃养姑不衰,慈爱愈固,纺绩织纴以为家业,终无嫁意。居丧三年,父母哀其年少无子而早寡也,将取而嫁之。孝妇曰:"夫行时属妾以供老母,妾既许诺之。夫养人老母而不能卒,许人以诺而不能信,将何以立于世?"欲自杀。其父母惧而不敢嫁也,遂使养其姑二十八年。姑八十馀,以天年终,尽卖其田宅财物以葬之,终奉祭祀。淮阳太守以闻,孝文皇帝使使者赐黄金四十斤,复之终身无所与,号曰"孝妇"。

吴许升妻吕荣,郡遭寇贼,荣逾垣走,贼持刀追之。贼曰:"从我则生,不从我则死。"荣曰:"义不以身受辱寇虏也。"遂杀之。是日疾风暴雨,雷电晦冥,贼惶恐,叩头谢罪,乃殡葬之。

沛刘长卿妻,五更桓荣之孙也。生男五岁而长卿卒。妻防远嫌疑,不肯归宁。儿年十五,晚又夭殁。妻虑不免,乃豫刑其耳以自誓。宗妇相与愍之,共谓曰:"若家殊无他意,假令有之,犹可因姑姊妹以表其诚,何贵义轻身之甚哉!"对曰:"昔我先君五更,学为儒宗,尊为帝师。五更以来,历代不替,男以忠孝显,女以贞顺称。《诗》云:'无忝尔祖,聿修厥德。'是以豫自刑剪,以明我情。"沛相王吉上奏高行,显其门闾,号曰"行义桓嫠",县邑有祀必膰焉。

渡辽将军皇甫规卒时,妻年犹盛而容色美。后董卓为相国,闻其名,聘以辇辎百乘,马四十匹,奴婢钱帛充路。妻乃轻服诣卓门,跪自陈请,辞甚酸怆。卓使傅奴侍者,悉拔刀围之,而谓曰:"孤之威教,欲令四海风靡,何有不行于一妇人乎?"妻知不免,乃立骂卓曰:"君羌胡之种,毒害天下犹未足耶!妾之先人,清德奕世,皇甫氏文武上才,为汉忠臣,君亲非其趣使走吏乎?敢欲行非礼于尔君夫人耶?"卓乃引车庭中,以其头悬轭,鞭扑交下。妻谓持杖者曰:"何不重乎?速尽为惠!"遂死车下。后人图画,号曰"礼宗"云。

魏大将军曹爽从弟文叔妻,谯郡夏侯文宁之女,名令女。文叔早死,服阕,自以年少无子,恐家必嫁己,乃断发以为信。其后家果欲嫁之,令女闻,即复以刀截两耳。居止尝依爽。及爽被诛,曹氏尽死,令女叔父上书,与曹氏绝婚,强迎令女归。时文宁为梁相,怜其少执义,又曹氏无遗类,冀其意沮,乃微使人讽之。令女叹且泣曰:"吾亦悔之,许之是也。"家以为信,防之少懈。令女于是窃入寝室,以刀断鼻,蒙被而卧。其母呼与语,不应,发被视之,流血满床席。举家惊惶,奔往视之,莫不酸鼻。或谓之曰:"人生世间,如轻尘栖弱草耳,何至辛苦乃尔!且夫家夷灭已尽,守此欲谁为哉?"令女曰:"闻仁者不以盛衰改节,义者不以存亡易心。曹氏前盛之时,尚欲保终,况今衰亡,何忍弃之?禽兽之行,吾岂为乎?"司马宣王闻而嘉之,听使乞子,养为曹氏后。

后魏钜鹿魏溥妻房氏者,慕容垂贵乡太守常山房湛女也。幼有烈操,年十六,而溥遇疾且卒,顾谓之曰:"死不足恨,但痛母老家贫,赤子蒙眇,抱怨于黄垆耳。"房垂泣而对曰:"幸承先人馀训,出事君子,义在偕老。有志不从,盖其命也。今夫人在堂,弱子襁褓,顾当以身少相感,永深长往之恨。"俄而溥卒。及将大敛,房氏操刀割左耳,投之棺中,仍曰:"鬼神有知,相期泉壤。"流血滂然,丧者哀惧。姑刘氏辍哭而谓曰:"新妇何至于此?"对曰:"新妇少年,不幸早寡,实虑父母未量至情,觊持此自誓耳。"闻知者莫不感怆。时子缉生未十旬,鞠育于后房之内,未曾出门。遂终身不听丝竹,不预坐席。缉年十二,房父母仍存,于是归宁。父兄尚有异议,缉窃闻之,以启其母。房命驾,绐云他行,因而遂归,其家弗知之也。行数十里方觉,兄弟来追,房哀叹而不反。其执意如此。

荥阳张洪祁妻刘氏者,年十七夫亡。遗腹生一子,二岁又没。其舅姑年老,朝夕养奉,率礼无违。兄矜其少寡,欲夺嫁之,刘自誓不许,以终其身。

陈留董景起妻张氏者,景起早亡,张时年十六,痛夫少丧,哀伤过礼,蔬食长斋。又无儿息,独守贞操,期以阖棺。乡曲高之,终见标异。

隋大理卿郑善果母崔氏,周末,善果父诚讨尉迟迥,力战死于阵。母年二十而寡,父彦睦欲夺其志。母抱善果曰"妇人无再适男子之义。且郑君虽死,幸有此儿。弃儿为不慈,背夫为无礼,宁当割耳剪发,以明素心。违礼灭慈,非敢闻命。"遂不嫁,教养善果,至于成名。自初寡,便不御脂粉,常服大练,性又节俭,非祭祀宾客之事,酒肉不妄陈其前。静室端居,未尝辄出门闾。内外姻戚有吉凶事,但厚加赠遗,皆不诣其家。

韩觊妻于氏,父实,周大左辅。于氏年十四适于觊,虽生长膏腴,家门鼎贵,而动遵礼度,躬自俭约,宗党敬之。年十八,觊从军没,于氏哀毁骨立,恸感行路。每朝夕奠祭,皆手自捧持。及免丧,其父以其幼少无子,欲嫁之,誓不许。遂以夫孽子世隆为嗣,身自抚育,爱同己生,训导有方,卒能成立。自孀居以后,唯时或归宁。至于亲族之家,绝不往来。有尊亲就省谒者,送迎皆不出户庭。蔬食布衣,不听声乐,以此终身。隋文帝闻而嘉叹,下诏褒美,表其门闾,长安中号为"节妇闾"。

周虢州司户王凝妻李氏,家青、齐之间。凝卒于官,家素贫,一子尚幼。李氏携其子,负其遗骸以归。东过开封,止旅舍,主人见其妇人独携一子而疑之,不许其宿。李氏顾天已暮,不肯去。主人牵其臂而出之。李氏仰天恸曰:"我为妇人,不能守节,而此手为人执耶?不可以一手并污吾身!"即引斧自断其臂。路人见者,环聚而嗟之,或为之泣下。开封尹闻之,白其事于朝,官为赐药封疮,恤李氏而笞其主人。若此,可谓能清洁矣。

卷九 妻下

《礼》:自天子至于命士,媵妾皆有数,惟庶人无之,谓之匹夫匹妇。是故《关雎》美后妃,乐得淑女以配君子,慕窈窕,思贤才,而无伤淫之心。至于《樛木》、《螽斯》、《桃夭》、《芣苢》、《小星》,皆美其无妒忌之行。文母十子,众妾百斯男,此周之所以兴也。诗人美之。然则妇人之美,无如不妒矣。

晋赵衰从晋文公在狄,取狄女叔隗,生盾。文公返国,以女赵姬妻衰,生原同、屏括、楼婴。赵姬请逆盾与其母,衰辞而不敢,姬曰:"不可。得宠而忘旧,不义;好新而慢故,无恩;与人勤于隘陋,富贵而不顾,无礼。弃此三者,何以使人?必逆叔隗!"及盾来,姬以盾为才,固请于公,以为嫡子,而使其三子下之;以叔隗为内子,而己下之。

楚庄王夫人樊姬曰:"妾幸得备扫除,十有一年矣,未尝不捐衣食,遣人之郑、卫求美人而进之于王也。妾所进者九人,今贤于妾者二人,与妾同列者七人。妾知妨妾之爱、夺妾之贵也。妾岂不欲擅王之爱、夺王之宠哉?不敢以私蔽公也。"

宋女宗者,鲍苏之妻也。既入,养姑甚谨。鲍苏去而仕于卫,三年而娶外妻焉。女宗之养姑愈谨,因往来者请问鲍苏不辍,赂遗外妻甚厚。女宗之姒谓女宗曰:"可以去矣。"女宗曰:"何故?"姒曰:"夫人既有所好,子何留乎?"女宗曰:"妇人以专一为贞,以善从为顺。贞顺者,妇人之所宝,岂以专夫室之爱为善哉?若抗夫室之好,苟以自荣,则吾未知其善也。夫《礼》,天子妻妾十二,诸侯九,大夫三,士二。今吾夫固士也,其有二,不亦宜乎?且妇人有七去,七去之道,妒正为首。姒不教吾以居室之礼,而反使吾为见弃之行,将安用此?"遂不听,事姑愈谨。宋公闻而美之,表其闾,号曰"女宗"。

汉明德马皇后,伏波将军援之女也。年十三选入太子宫,接待同列,先人后己,由此见宠。及帝即位,常以皇嗣未广,每怀忧叹,荐达左右,若恐不及。后宫有进见者,每加慰纳。若数所宠引,辄增隆遇,未几立为皇后。是知妇人不妒,则益为君子所贤。欲专宠自私,则愈疏矣。由其识虑有远近故也。

后唐太祖正室刘氏,代北人也。其次妃曹氏,太原人也。太祖封晋王,刘氏封秦国夫人,无子,性贤,不妒忌,常为太祖言曹氏相当生贵子,宜善待之。而曹氏亦自谦退,因相得甚欢。曹氏封晋国夫人,后生子,是谓庄宗。太祖奇之。及庄宗即位,册尊曹氏为皇太后,而以嫡母刘氏为皇太妃。太妃往谢太后,太后有惭色。太妃曰:"愿吾儿享国无穷,使吾曹获没于地,以从先君,幸矣!他复何言?"庄宗灭梁入洛,使人迎太后归洛,居长寿宫。太妃恋陵庙,独留晋阳。太妃与太后甚相爱,其送太后往洛,涕泣而别,归而相思慕,遂成疾。太后闻之,欲驰至晋阳视病;及其卒也,又欲自往葬之。庄宗泣谏,群臣交章请留,乃止。而太后自太妃卒,悲哀不饮食,逾月亦崩。庄宗以妾母加于嫡母,刘后犹不愠,况以妾事女君如礼者乎?若此,可谓能不妒矣。

《葛覃》美后妃恭俭节用,服浣濯之衣。然则妇人固以俭约为美,不以侈丽为美也。

汉明德马皇后,常衣大练,裙不加缘。朔望,诸姬主朝请,望见后袍衣疏粗,反以为绮縠,就视乃笑。后辞曰:"此缯特宜染色,故用之耳。"六宫莫不叹息。性不喜出入游观,未尝临御窗牖,又不好音乐。上时幸苑囿离宫,希尝从行。彼天子之后犹如是,况臣民之妻乎?

汉鲍宣妻桓氏,归侍御服饰,著短布裳,挽鹿车。

梁鸿妻屏绮缟,著布衣、麻履,操绩之具。

唐岐阳公主适殿中少监杜悰,谋曰:"上所赐奴婢,卒不肯穷屈。"奏请纳之。上嘉叹,许可。因锡其直,悉自市寒贱可制指者。自是闭门,落然不闻人声。悰为澧州刺史,主后惊行。郡县闻主且至,杀牛羊犬马,数百人供具。主至,从者不过二十人、六七婢,乘驴阘茸,约所至不得肉食。驿吏立门外,异饭食以返。不数日间,闻于京师,众哗说,以为异事。悰在澧州三年,主自始入后三年间,不识刺史厅屏。彼天子之女犹如是,况寒族乎?若此,可谓能节俭矣。

古之贤妇未有不恭其夫者也,曹大家《女戒》曰:"得意一人,是谓永毕;失意一人,是谓永讫。"由斯言之,夫不可不求其心。然所求者,亦非谓佞媚苟亲也。固莫若专心正色,礼义贞洁耳。耳无途听,目无邪视,出无冶容,入无废饰,无聚群辈,无看视门户,此则谓专心正色矣。若夫动静轻脱,视听陕输,入则乱发坏形,出则窈窕作态,说所不当道,观所不当视,此谓不能专心正色矣。是以冀缺之妻馌其夫,相待如宾;梁鸿之妻馈其夫,举案齐眉。若此,可谓能恭谨矣。

《易·家人》六二:无攸遂,在中馈。"《诗·葛覃》美后妃,在父母家,志在女工,为绤绤,服劳辱之事。《采蘋》、《采蘩》美夫人能奉祭祀。彼后夫人犹如是,况臣民之妻,可以端居终日,自安逸乎?

鲁大夫公父文伯退朝,朝其母。其母方绩,文伯曰:"以歜之家而主犹绩乎?惧干季孙之怒也,其以歜为不能事主乎?"母叹曰:"鲁其亡乎?使僮子备官而未之闻也。王后亲织玄紞,公侯之夫人加之以纮綖。卿之内子为大带,命妇成祭服,列士之妻加之以朝衣,自庶士以下皆衣其夫。社而赋事,烝而献功,男女效绩,愆则有辟,古之制也。今我寡也,尔又在下位,朝夕处事,犹恐忘先人之业,况有怠惰,其何以避辟?吾冀而朝夕修我曰:'必无废先人。'尔今曰:'胡不自安?'以是承君之官,余惧穆伯之绝嗣也。"

汉明德马皇后,自为衣袿,手皆瘃裂。皇后犹尔,况他人乎?曹大家《女戒》曰:"晚寝早作,勿惮夙夜;执务私事,不辞剧易;所作必成,手迹整理,是谓勤也。"若此,可谓能勤劳矣。

为人妻者,非徒备此六德而已,又当辅佐君子,成其令名。是以《卷耳》求贤审官,《殷其雷》劝以义,《汝坟》勉之以正,《鸡鸣》警戒相成,此皆内助之功也。自涂山至于太姒,其徽风著于经典,无以尚之。周宣王姜后,齐女也。宣王尝晏起,后脱簪珥,待罪永巷,使其傅母通言于王曰:"妾之淫心见矣,至使君王失礼而晏朝,以见君王乐色而忘德也,敢请婢子之罪。"王曰:"寡人不德,实自生过,非后之罪也。"遂复姜后而勤于政事,早朝晏退,卒成中兴之名。故《鸡鸣》乐击鼓以告旦,后夫人必鸣珮而去君所,礼也。

齐桓公好淫乐,卫姬为之不听。

楚庄王初即位,狩猎毕弋,樊姬谏,不止,乃不食鸟兽之肉。三年,王勤于政事不倦。

晋文公避骊姬之难适齐,齐桓公妻之,有马二十乘,公子安之。从者以为不可,将行,谋于桑下,蚕妾在其上,以告姜氏。姜氏杀之,而谓公子曰:"子有四方之志?其闻之者,吾杀之矣!"公子曰:"无之。"姜曰:"行也,怀与安,实败名。"公子不可。姜与子犯谋,醉而遣之,卒成霸功。

陶大夫答子治陶,名誉不兴,家富三倍。妻数谏之,答子不用。居五年,从车百乘归休,宗人击牛而贺之,其妻独抱儿而泣。姑怒而数之曰:"吾子治陶五年,从车百乘归休,宗人击牛而贺之,妇独抱儿而泣,何其不祥也!"妇曰:"夫人能薄而官大,是谓婴害;无功而家昌,是谓积殃。昔令尹子文之治国也,家贫而国富,君敬之,民戴之,故福结于子孙,名垂于后世。今夫子则不然,贪富务大,不顾后害,逢祸必矣!愿与少子俱脱。"姑怒,遂弃之。处期年,答子之家果以盗诛,唯其母以老免,妇乃与少子归养姑,终卒天年。

楚王闻于陵子终贤,欲以为相。使使者持金百镒,往聘迎之。于陵子终入谓其妻曰:"楚王欲以我为相,我今日为相,明日结驷连骑,食方丈于前,子意可乎?"妻曰:"夫子织履以为食,业才辱而无忧者,何也?非与物无治乎,左琴右书,乐在其中矣。夫结驷连骑,所安不过容膝;食方丈于前,所饱不过一肉。以容膝之安、一肉之味而怀楚国之忧,其可乎?乱世多害,吾恐先生之不保命也。"于是,子终出谢使者而不许也。遂与相逃而为人灌园。

汉明德马皇后,数规谏明帝,辞意款备。时楚狱连年不断,囚相证引,坐系者甚众。后虑其多滥,乘间言及,帝恻然感悟,夜起彷徨,为思所纳,卒多有降宥。时诸将奏事及公卿较议难平者,帝数以试后,后辄分解趣理,各得其情。每于侍执之际,辄言及政事,多所毗补,而未尝以家私干欲。

河南乐羊子,尝行路得遗金一饼,还以与妻,妻曰:"妾闻志士不饮盗泉之水,廉者不受嗟来之食,况拾遗求利,不污其行乎?"羊子大惭,乃捐金于野,而远寻师学。一年来归,妻跪问其故,羊子曰:"久行怀思,无它异也。"妻乃引刀趣机而言曰:"此织生自蚕茧,成于机杼,一丝而累,以至于寸,累寸不已,遂成丈匹。今若断斯织也,则绢失成功,稽废时月。夫子积学,当日知其所亡,以就懿德。若中道而归,何异断斯织乎?"羊子感其言,复还终业,遂七年不反。妻常躬勤养姑,又远馈羊子。

吴许升少为博徒,不治操行。妻吕荣尝躬勤家业,以奉养其姑,数劝升修学,每有不善,辄流涕进规。荣父积忿疾升,乃呼荣,欲改嫁之。荣叹曰:"命之所遭,义无离二。"终不肯归。升感激自励,乃寻师远学,遂以成名。

唐文德长孙皇后崩,太宗谓近臣曰:"后在宫中,每能规谏,今不复闻善言,内失一良佐,以此令人哀耳!"此皆以道辅佐君子者也。

汉长安大昌里人妻,其夫有仇人,欲报其夫而无道径。闻其妻之孝有义,乃劫其妻之父,使要其女为中谲。父呼其女告之,女计念:不听之,则杀父,不孝;听之,则杀夫,不义。不孝不义,虽生不可以行世。欲以身当之,乃且许诺曰:"旦日在楼新沐,东首卧则是矣。妾请开牖户待之。"还其家,乃谲其夫,使卧他所。因自沐,居楼上东首,开牖户而卧。夜半,仇家果至,断头持去,明而视之,乃其妻首也。他人哀痛之,以为有义,遂释,不杀其夫。

光启中,杨行密围秦彦、毕师铎,扬州城中食尽,人相食,军士掠人而卖其肉。有洪州商人周迪,夫妇同在城中,迪馁且死,其妻曰:"今饥穷势不两全,君有老母,不可以不归,愿鬻妾于屠肆,以济君行道之资。"遂诣屠肆自鬻,得白金十两以授迪,号泣而别。迪至城门,以其半赂守者,求去。守者诘之,迪以实对。守者不之信,与共诣屠肆验之,见其首已在案上。众聚观,莫不叹息,竞以金帛遗之。迪收其馀骸,负之而归。古之节妇,有以死狥其夫者,况敢庸奴其夫乎?

卷十　舅甥　舅姑　妇　妾　乳母

舅甥

秦康公之母,晋献公之女。文公遭骊姬之难,未反而秦姬卒。穆公纳文公,康公时为太子,赠送文公于渭之阳,念母之不见也,曰:"我见舅氏,如母存焉。"故作《渭阳》之诗。

汉魏郡霍谞,有人诬谞舅宋光于大将军梁商者,以为妄刊文章,坐系洛阳诏狱,掠考困极。谞时年十五,奏记于商,为光讼冤,辞理明切。商高谞才志,即为奏,原光罪,由是显名。

晋司空郄鉴,颊边贮饭以活外甥周翼。鉴薨,翼为剡令,解职而归,席苫,心丧三年。此皆舅甥之有恩者也。

舅姑

晏子称:"姑慈而从,妇听而婉,礼之善物也。"

《礼》:子妇有勤劳之事,虽甚爱之,姑纵之而宁数休之。子妇未孝未敬,勿庸疾怨,姑教之;若不可教,而后怒之;不可怒,子放妇出而不表礼焉。

季康子问于公父文伯之母曰:"主亦有以语肥也?"对曰:"吾闻之先姑曰:'君子能劳,后世有继。'子夏闻之,曰:'善哉!'商闻之曰:'古之嫁者,不及舅姑,谓之不幸。'夫妇学于舅姑者,礼也。"

唐礼部尚书王珪子敬直,尚南平公主。礼有妇见舅姑之仪,自近代公主出降,此礼皆废。珪曰:"今主上钦明,动循法制,吾受公主谒见,岂为身荣,所以承国家之美耳!"遂与其妻就席而坐,令公主亲执笲,行盥馈之道,礼成而退。是后,公主下降有舅姑者,皆备妇礼,自珪始也。

妇

《内则》:妇事舅姑,与子事父母略同。舅没则姑老,冢妇则祭祀宾客,每事必请于姑,介妇请于冢妇。舅姑若使冢妇,毋怠、不友、无礼于介妇。舅姑若使介妇,无敢敌耦于冢妇,不敢并行,不敢并命,不敢并坐。凡妇不命适私室,不敢退。妇将有事,大小必请于姑。子妇无私货,无私蓄,无私器,不敢私假,不敢私与。妇或赐之饮食、衣服、布帛、佩帨、茝兰,则受而献诸舅姑。舅姑受之则喜,如新受赐;若反赐之,则辞;不得命,如更受赐,藏以待乏。妇若有私亲兄弟,将与之,则必复请其故,赐而后与之。

曹大家《女戒》曰:舅姑之意岂可失哉?固莫尚于曲从矣!姑云不尔而是,固宜从命;姑云尔而非,犹宜顺命。勿得违戾是非,争分曲直,此则所谓曲从矣。故《女宪》曰:"妇如影响,焉不可赏?"

汉广汉姜诗妻,同郡庞盛之女也。诗事母至孝,妻奉顺尤笃。母好饮江水,去舍六七里,妻常泝流而汲。后值风,不时得还,母渴,诗责而遣之。妻乃寄止邻舍,昼夜纺绩,市珍羞,使邻母以意自遗其姑。如是者久之。姑怪问邻母,邻母具对。姑感惭呼还,恩养愈谨。其子后因远汲溺死,妻恐姑哀伤,不敢言,而托以行学不在。

河南乐羊子,从学七年不反,妻常躬勤养姑。尝有它舍鸡谬入园中,姑盗杀而食之。妻对鸡不餐而泣,姑怪问其故,妻曰:"自伤居贫,使食他肉。"姑竟弃之。然则舅姑有过,妇亦可几谏也。

后魏乐部郎胡长命妻张氏,事姑王氏甚谨。太安中,京师禁酒，张以姑老且患，私为酝酿，为有司所纠。王氏诣曹，自首由己私酿。张氏曰："姑老抱患，张主家事，姑不知酿。"主司不知所处。平原王陆丽以状奏，文成义而赦之。

唐郑义宗妻卢氏，略涉书史，事舅姑甚得妇道。尝夜有强盗数十人，持杖鼓噪，逾垣而入。家人悉奔窜，唯有姑独在堂。卢冒白刃，往至姑侧，为贼捶击，几至于死。贼去后，家人问何独不惧，卢氏曰："人所以异禽兽者，以其有仁义也。邻里有急，尚相赴救，况在于姑而可委弃？若万一危祸，岂宜独生！"其姑每云："古人称：岁寒然后知松柏之后凋也，吾今乃知卢新妇之心矣！"若卢氏者，可谓能知义矣。

《诗·何彼秾矣》，美王姬也。虽则王姬，亦下嫁于诸侯，车服不系其夫，下王后一等，犹知妇道，以成肃雍之德。

舜妻，尧之二女，行妇道于虞氏。

唐岐阳公主，宪宗之嫡女，穆宗之母妹，母懿安郭皇后，尚父子仪之孙也。适工部尚书杜悰，逮事舅姑。杜氏大族，其他宜为妇礼者，不翅数千人。主卑委怡顺，奉上抚下，终日惕惕，屏息拜起，一同家人礼度。二十馀年，人未尝以丝发间指为贵骄。承奉大族，时岁献馈，吉凶赗助，必经亲手。姑凉国太夫人寝疾，比丧及葬，主奉养，蚤夜不解带，亲自尝药，粥饭不经心手，一不以进；既而哭泣哀号，感动他人。彼天子之女，犹不敢失妇道，奈何臣民之女，乃敢恃其贵富以骄其舅姑？为妇若此，为夫者宜弃之，为有司者治其罪可也。

妾

《内则》：虽婢妾，衣服饮食必后长者。

妾事女君，犹臣事君也。尊卑殊绝，礼节宜明。是以"绿衣黄裳"，诗人所刺；慎夫人与窦后同席，袁盎引而却之；董宏请尊丁、傅，师丹劾奏其罪，皆所以防微杜渐，抑祸乱之原也。或者主母屈己以下之，犹当贬抑退避，谨守其分，况敢挟其主父与子之势，陵慢其女君乎？

卫宗二顺者，卫宗室灵王之夫人及其傅妾也。秦灭卫君，乃封灵王世家，使奉其祀。灵王死，夫人无子而守寡，傅妾有子代后。傅妾事夫人，八年不衰，供养愈谨。夫人谓傅妾曰："孺子养我甚谨，子奉祀而妾事我，我不愿也。且吾闻，主君之母不妾事人。今我无子，于礼斥绌之人也，而得留以尽节，是我幸也。今又烦孺子不改故节，我甚内惭！吾愿出居外，以时相见，我甚便之。"傅妾泣而对曰："夫人欲使灵氏受三不祥邪？公不幸早终，是一不祥也；夫人无子而婢妾有子，是二不祥也；夫人欲居外，使婢妾居内，是三不祥也。妾闻忠臣事君，无时懈倦；孝子养亲，患无日也。妾岂敢以少贵之故，变妾之节哉？供养，固妾之职也，夫人又何勤乎？"夫人曰："无子之人，而辱主君之母，虽子欲尔，众人谓我不知礼也。吾终愿居外而已。"傅妾退而谓其子曰："吾闻君子处顺，奉上下之仪，修先古之礼，此顺道也。今夫人难我，将欲居外，使我处内，逆也。处逆而生，岂若守顺而死哉？"遂欲自杀。其子泣而守之，不听。夫人闻之惧，遂许傅妾留，终年供养不衰。

后唐庄宗不知礼，尊其所生为太后，而以嫡母为太妃。太妃不以愠，太后不敢自尊，二人相好，终始不衰，是亦近世所难。

乳母保母附

《内则》：异为孺子室于宫中，择于诸母与可者，必求其宽裕、慈惠、温良、恭敬、慎而寡言者，使为子师，其次为慈母，其次为保母。皆居于室，他人无事不往。

鲁孝公义保臧氏。初，孝公父武公与其二子：长子括、中子戏，朝周宣王，宣王立戏为鲁太子。武公薨，戏立，是为懿公。孝公时号公子称，最少。义保与其子俱入宫养公子称。括之子曰伯御，与鲁人作乱，攻杀懿公而自立，求公子称于宫中，入杀之。义保闻伯御将杀称,衣其子以称之衣,卧于称之处,伯御杀之。义保遂抱称以出,遇称之舅鲁大夫于外。舅问:"称死乎?"义保曰:"不死,在此。"舅曰:"何以得免?"义保曰:"以吾子代之。"义保遂抱以逃十一年。鲁大夫皆知称之在保,以是请周天子杀伯御,立称,为孝公。

秦攻魏,破之,杀魏王,诛诸公子,而一公子不得,令魏国曰:"得公子者,赐金千镒;匿之者,罪至夷。"公子乳母与公子俱逃。魏之故臣见乳母,识之,曰:"乳母固无恙乎?"乳母曰:"嗟乎!吾奈公子何?"故臣曰:"今公子安在?吾闻秦令曰:有能得公子者,赐金千镒;匿之者,罪至夷。乳母倘知其处乎而言之,则可以得千金;知而不言,则昆弟无类矣!"乳母曰:"吁!我不知公子之处。"故臣曰:"我闻公子与乳母俱逃。"曰:"吾虽知之,亦终不可以言。"故臣曰:"今魏国已破亡,族已灭矣!子匿之,尚谁为乎?"母曰:"吁!夫见利而反上者逆,畏难而弃义者乱也。今持逆乱而以求利,吾不为也。且夫凡为人养子者,务生之,非为杀之也,岂可以利赏畏诛之故,废正义而行逆节哉?妾不能生而令公子禽矣!"乳母遂抱公子逃于深泽之中。故臣以告,秦军追见,争射之。乳母以身为公子蔽矢,矢著身者数十,与公子俱死。秦君闻之,贵其能守忠死义,乃以卿礼葬之,祠以太牢,宠其兄为五大夫,赐金百镒。

唐初,王世充之臣独孤武都谋叛归唐,事觉诛死。子师仁始三岁,世充怜其幼,不杀,命禁掌之。其乳母王兰英求自髡钳,入保养师仁,世充许之。兰英鞠育备至。时丧乱凶饥,人多饿死,兰英乞丐捃拾,每有所得,辄归哺师仁,自惟啖土饮水而已。久之,诈为捃拾,窃抱师仁奔长安。高祖嘉其义,下诏曰:"师仁乳母王氏,慈惠有闻,抚育无倦,提携遗幼,背逆归朝,宜有褒隆,以锡其号,可封寿永郡君。"

五代汉凤翔节度使侯益入朝,右卫大将军王景崇叛于凤翔,有怨于益,尽杀其家属七十馀人。益孙延广尚襁褓,乳母刘氏以己子易之，拖延广而逃，乞食于路，以达大梁，归于益家。呜呼，人无贵贱，顾其为善何如耳！观此乳保，忘身狥义，字人之孤，名流后世，虽古烈士，何以过哉！

（录自明天启六年司马露刻本《温公家范》）

吕氏家范(节选)

吕祖谦

家范二　昏礼

陈设

前期一日,女氏使人张陈其婿之室。司马氏曰:"床榻、荐席、椅桌之类,婿家当具之。毡褥、帐幔、衾绸之类,女家当具之。衣服袜履等,皆锁之箧笥。世俗尽陈之,欲矜富侈,此乃婢妾小人之态,不足为也。《文中子》曰:'昏娶而论财,夷虏之道也。'夫昏姻者,所以合二姓之好,上以事宗庙,下以继后世也。世俗之贪鄙者,将娶妇,先问资装之厚薄;将嫁女,先问聘财之多少。至于立契约云某物若干,以求售其女者。亦有既嫁而复欺绐负约者。是乃驵侩鬻奴卖婢之法,岂得谓之士大夫昏姻哉?其舅姑既被欺绐,则残虐其妇,以摅其忿。由是爱其女者务厚资装,以悦其舅姑。殊不知彼贪鄙之人,不可盈厌,资装既竭,则安用汝女哉?于是质其女以责货于女氏。货有尽而责无穷,故昏姻之家往往终为仇雠矣。是以世俗生男则喜,生女则戚,至有不举其女者,用此故也。然则议昏姻有及于财者,皆勿与为昏姻可也。"及期,婿具盛馔。设椅桌各二于室中,东西相向,各置杯、匕、箸、蔬果于桌上。子舍隘狭,或东、西、北向皆不可知。今假设南向之室而言之,左为东,右为西,前为南,后为北。酒壶在东席之后塘下,置合卺一注于其南桌上。卺以匏剖为二。如无匏,以杯代。设盥盆二于室之外,帨巾二,皆有架,盥盆有勺。

亲迎

期日,婿氏告迎于庙,无庙者即影堂。设酒果香茶。主人谓尊长。北向,焚香,酹酒,俯伏,兴。祝以家之子弟为之。怀辞,由主人左,东向,出辞跪读。祝兴,主人及婿及在位者皆再拜,出。彻酒果,阖庙门。

婿乘马,不乘马者以轿。前引妇车。妇车,迎妇之车,或用担子。将至,女氏之傧以女氏之子弟为之。俟于大门之外。婿下马,乘轿者下轿。傧揖,入门。主人揖宾而先,宾谓婿也。宾从主人见于庙。见女氏之先祖,设香案于行馆之正位。宾再拜,上香,又再拜。既见庙,见女之尊长,再拜,致辞,又再拜。主人揖宾出。宾主各就位,酒三行,卒食,兴。

女氏奉女辞于庙,亦设酒果香茶。主人亦北向立,焚香,酹酒,俯伏,兴。祝以女家子弟为之。怀辞,由主人左,出辞跪读。祝兴,再拜,彻酒果,阖庙门。有父母者,辞庙毕,母面南于房外,女出于母左,父西面醴女而戒之,母整冠饰戒诸西阶之上。无父母,则尊长戒之。

姆奉女出门,婿揖之,导妇升车。女既升车,婿乘马而先,俟于其家之厅事。俟妇下车,揖之,遂导以入,妇从之。

执事先设香酒脯果于家庙。无庙者即影堂。舅姑盛服于家庙之上,舅在东,姑在西。赞者导婿,以妇至于阶下。无阶者立于影堂之前。主人进,北向立,焚香,跪酹酒,俯伏,兴。祝怀辞,由主人之左进,东面,出辞跪读。祝怀辞兴,主人再拜,退复位。婿与妇拜如常仪,出。彻酒果,阖庙门。

赞者导婿,揖妇而先,妇从之,适其室。至室外,相向立,妇从者沃婿盥,婿从者沃妇盥。帨手毕,揖而入室。妇从者布席于闼内东方,婿从者布席于西方。婿、妇逾闼,婿立于东席,妇立于西席。赞者揖,婿再拜,程氏曰:"男下女。"姆侍扶妇答拜。婿搢笏举妇蒙首,遂就坐。执事者进酳,婿揖,妇举饮。食至,揖,妇食。执事者再酳,婿揖,妇举饮,无殽。执事者取卺,分置婿、妇之前,酳酒于卺,婿、妇举饮。食至,婿、妇亦举食。酒三行,毕。

婿出就他室,姆与妇留室中。乃彻馔,置室外,设席,婿从者馂妇之馀,妇从者馂婿之馀。

婿入室脱服,妇从者受之。妇脱服,婿从者受之。烛出。

古诗曰"结发为夫妇",言自稚齿始结发以来即为夫妇,犹李广结发与匈奴战也。今世俗有结发之仪,此尤可笑也。

于婿、妇之适其室也,主人以酒馔礼男宾于外厅,主妇以酒馔礼女宾于中堂,如常仪,古礼,明日舅姑乃飨送者。今从俗。不用乐。曾子曰:"取妇之家三日不举乐,思嗣亲也。"今俗昏礼用乐,殊为非礼。

妇见尊长

妇明日盛服饰,俟见尊长。平明,尊长坐于堂上,赞者见妇于尊长。妇北向,拜于堂下,升自西阶。执事者以箱实币帛,置于尊长之前。妇降阶,又拜。幼属相拜者少进,相拜。

家范三　葬仪

筮宅

既殡,谋葬,择地得数处。温公《书仪》。

伊川先生曰:"卜其宅兆,卜其地之美恶也,非阴阳家所谓祸福者也。地之美者,则其神灵安,其子孙盛。若培拥其根而枝叶茂,理固然矣。地之恶,则反是。然则曷谓地之美者?土色之光润,草木之茂盛,乃其验也。而拘忌者惑以择地之方位,决日之吉凶,不亦泥乎?甚者不以奉先为计,而专以利后为虑,尤非孝子安措之用心也。惟五患者不得不慎:须使异日不为道路,不为城郭,不为沟池,不为贵势所夺,不为耕犁所及。一本"所谓五患者:沟渠,道路,避村落,远井、窑。"既葬,则以松脂涂棺椁,石灰封墓门。此其大略也。"

执事掘兆四隅,外其壤。兆,茔域也。掘中,南其壤。为葬将北首故也。命筮者择远亲或宾客为之。及祝、执事者皆吉冠素服。依《开元礼》,素服者但彻去华采之饰而已。执事者布筮席于兆南,北向。主人既朝哭,适兆所,立于席南,当中壤,北向,免首绖,左拥之。温公《书仪》。按:《仪礼注》:"免绖者不敢纯凶。"命筮者在主人之右。筮者东面,抽上韇兼执之,《仪礼注》:"韇,藏策之器也。兼与策执之。"进,南面受命于主人。命筮者从旁命之曰:"哀子某为其父某官筮宅。度兹幽宅,兆基无有后艰。"参用《仪礼》、温公《书仪》。按:《书仪》为父则称"孤子",为母则称"哀子"。《仪礼》命筮云"哀子某为其父",无称"孤子"之文。今从《仪礼》。《仪礼》称"为其父某甫",古人尚质,故称父字。今恐非人子所安,止从《书仪》。筮人许诺,右旋就席,北面坐,述命,《士丧礼》"不述命":"既受命而申言之曰述。不述者,《士礼》略。"今从《开元礼》。指中封而筮。中封,中央壤也。占既得吉,则执策东向,进告于莅筮者及主人曰:"从。"主人绖,哭。若不从,更筮他所,如初仪。并温公《书仪》。

祭后土

兆既得吉,执事者于其中壤及四隅各立一标,当南门立两标。祝帅执事者入,设后土氏神位于中壤之左,南向,古无此。《开元礼》有之。置椅、桌、盥、盆、帨、架、盏、注、脯、醢,或不能如此,只常食两三味。皆如常日祭神之仪。但不用纸钱。告者与执事者皆入,卜者不入。序立于神位东南,重行西向北上立定,俱再拜。告者盥手洗盏,斟酒进,跪酹于神座前,俯伏,兴。少退,北向立。搢笏执词,进于神座之右,东面跪读之曰:"维年月朔日,子某官姓名,敢昭告于后土氏之神:今为某官姓名主人也。营建宅兆,神其保佑,俾无后艰。谨以清酌脯醢,祗荐于神。尚飨!"讫,兴,复位。告者再拜,出。祝及执事者皆西向再拜,彻馔,出。主人归殡前,北面哭。并温公《书仪》。

按:《周礼·冢人》:"甫竁,遂为之尸。"《正义》云:"先郑以'遂为之尸'据始穿时祭墓地,冢人为之尸。后郑据始穿时无祭事,至葬讫成墓,乃始祭墓,故冢人为尸。"又云:"是墓新成祭后土。"以此考之,则后土之祭,古有此礼,但郑司农以为始穿墓时祭,郑康成以为墓既葬后祭。《开元礼》盖从郑司农之说也。

卜日

卜葬日于三月之初，若墓远，则卜于未三月之前。主人先议定可葬日三日。谓可以办具及于事便者，必用三日，备不吉也。执事者布卜席于殡门外阈，西北向。主人既朝哭，与众主人谓亡者诸子。出，立于殡门外之东壁下，西向南上。阖东扉，主妇立于其内。主人进，立于门南，乃北面，免首绖，左拥之。莅卜者按：《仪礼》："族长莅卜，吉服。"立主人东北，乃西向。卜者执龟，东向进，受命于莅卜者，命之曰："哀子某《书仪》称'孤子'，今从《仪礼》。将以今月某日先卜远日，不吉，再卜近日。卜葬其父某官，考降无有悔。"考，上也。降，下也。言卜此日葬，魂神上下得无近于咎悔者乎。卜者许诺，右旋就席，西向坐，述命。卜不吉，则又兴，受命，述命。再卜，占既得吉，兴，告于莅卜者及主人，曰："某日，从。"主人绖，与众主人皆哭。又使人告于主妇，主妇亦哭。主人与众主人入，至殡前，北向哭。遂使人告于亲戚、僚友、应会葬者。并温公《书仪》。

按：《仪礼》筮宅无用卜之文，卜日无用筮之文。温公《书仪》参用卜、筮。今从古礼。

启殡

先葬二日，既夕哭，请启期，告于宾。《仪礼正义》。按：温公《书仪》："墓远，则于发引前一日启殡。"则亦当先发引二日，既夕哭，请启期，告于宾。明旦夙兴，《仪礼正义》。执事者帷其听事，帷之为有妇人在焉。《既夕礼》："迁于祖，用轴。"《注》："盖象平生，将出，必辞尊者。"《檀弓》曰："丧之朝也，顺死者之孝心也。其哀，离其室也，故至于祖考之庙而后行。殷朝而殡于祖，周朝而遂葬。"《开元礼》无朝庙礼，今从周制。《礼》又云："周既载而祖于庭。"今人既载遂行，无宿于庭者。又庭中难施哭位，故但祖于听事。丧事有进而无退，无听事者，但向外之屋可置柩者皆可也。备功布，长三尺。以新布稍细者为之。并温公《书仪》。按《仪礼注》："功布，灰治之布也。"《正义》云："商祝拂柩用功布，是拂拭去尘也。"《三礼图》云："《旧图》云：'功布，谓以大功之布，长三尺，以御柩，居前，为行者节度。'又《隐义》云：'羽葆功布等，其象皆如麾旌旗无旒者，周谓之大麾。'"以此考之，则功布启殡时手执之，以拂拭；出葬时竿揭之，以指麾。五服之亲皆来会，各服其服。温公《书仪》。主人及众主人皆去冠绖，以邪布巾帕头，参酌《开元礼》新修。人就位哭。温公《书仪》。

　　按：《仪礼·既夕礼》云："大夫髽，散带垂，即位如初。"《注》："为将启变也。此互文以相见耳。髽，妇人之变。《丧服小记》曰：'男子免而妇人髽。'"《正义》云："'为将启变也'，凡男子免与括发散带垂，妇人髽，皆当小敛之节。今于启殡时亦见尸柩，故变同小敛之时，故云'为将启变也'。云'此互文以相见耳。髽，妇人之变'者，髽既是妇人之变，则免是男子之变。今丈夫见其人不见免，则丈夫当免矣；妇人见其髽不见人，则妇人当髽矣，故云'互文以相见耳'。"启后著免，后至卒哭，其服同矣，以其反哭之时更无变服之文，故知同也。又按：《士虞礼》云："主人及兄弟如葬服。"《正义》云："葬服者，《既夕》曰：'丈夫髽，散带垂也。'此唯谓葬日反，日中而虞，及三虞时。其后卒哭，即服其故服。是以《既夕礼注》云：'自卒至殡，自启至葬，主人之礼其变同。'则始虞与葬服同，三虞皆同。至卒哭，卒去无时之哭，则依其丧服，乃变麻服葛也。"温公《书仪》以谓："自启殡至于卒哭，日数甚多，今已成服，使五服之亲皆不冠而袒免，恐其惊俗，故但各服其服而已。"若从古礼，使五服之亲皆不冠而袒免，诚为骇俗。若从《书仪》，则人子于启殡动柩之际其服略无所变，亦未安。今参酌，惟主人及众主人变服。免之制，虽郑康成亦云未闻，《士丧礼》云："众人免于房。"《注》："免之制未闻。旧说以为如冠状，广一寸。《丧服小记》曰：'斩衰括发以麻，免而以布。'此用麻布为之，状如今之著幓头矣，自项中而前交于额上，却绕纷也。"然则郑康成之说亦不过以意揣摩而已。故止从《开元礼》。

执事者迁灵座及椸于旁侧。为将启殡。祝凶服,非五服者则去华盛之服。执功布,止哭者,北向立于柩前,抗声三,告曰:"谨以吉辰启殡。"既告,内外皆哭,尽哀止。《既夕礼》:"商祝袒免,执功布入,升自西阶,尽阶,不升堂。声三,启三,命哭。"《注》:"功布,灰治之布也。执之以接神,为有所拂扢也。声三,三有声,存神也。启三,三言启,告神也。旧说以为声噫嘻也。"《开元礼》:"祝三声噫嘻。"今恐惊俗,但用其辞。拂,芳味切。扢,芳丈切。妇人退避于他所。为役者将入。主人及众主人辑杖立,视启殡。《丧大记》:"大夫、士哭殡则杖,哭柩则辑杖。"《注》:"哭殡,谓既涂也。哭柩,谓启殡后也。"辑,敛也,谓举之不以柱地也。天子诸侯之杖,不入庙门。祝取铭旌,置灵座之侧。役者入,彻殡涂及墼,居的反。《说文》曰:"瓵甋也。一曰未烧者。"扫地洁之。祝以功布拂去棺上尘,覆以袜衾。《既夕礼》:"祝取铭置于重。"今以魂帛代重,故置于灵座前。役者出。妇人出,就位,立哭。执事者复设椸及灵座于故处,乃彻宿奠,置新奠,《既夕礼》:"迁于祖,正柩于两楹间。席升设于柩西,奠设如初。"《注》:"奠设如初,东面也。不绕于柩,神不西面也。不设柩东,东非神位也。"《开元礼》:"不朝祖,彻殡,设席于柩东,奠之,谓之启奠。"如常日朝夕奠之仪。并温公《书仪》。

按:今人既敛,柩未尝殡。此一节姑存之,以待复古礼者。今略仿启殡之意,参定如后。

祝凶服,执功布,止哭者,北向立于柩前,抗声三,告曰:"谨以吉辰启殡。"今人虽未尝殡,然浙中士俗,先葬数日铺设,谓之开丧,是亦启殡之意也。故祝辞亦可称启殡,但削去妇人退避、役者彻涂之礼。既告,内外皆哭,尽哀。一祝取铭旌置灵座之侧。祝以功布拂去棺上尘,覆以袜衾。乃彻宿奠,置新奠,即启奠也。如常日朝夕奠之仪。以温公《书仪》裁定。

朝祖

既行启奠,新修。役者入,妇人退避。主人及众主人辑杖立,视如启殡。役者举柩诣影堂前。祝以箱奉魂帛在前,执事者奉奠及椅桌次之，铭旌次之，柩次之。未明，则柩前后皆用二烛照之。主人以下皆从哭。男子由右，妇人由左；重服在前，轻服在后，各以昭穆长幼为叙。侍者在末。无服之亲，男居男之右，女居女之左，不与主人、主妇并行。妇人皆盖头。为有役者在前故也。役者出，则去盖头。至影堂前，并温公《书仪》。置柩于床，北首。新修。床，即今世俗所用置柩之凳。

  按：温公《书仪》"置柩于席，北首"，不唯于事不便，亦于礼不合。据《仪礼·既夕礼》："迁于祖，正柩于两楹间，用夷床。"是则古礼朝祖，置柩于床，不于席也。今世俗置柩用凳，亦夷床之遗意。

役者出，祝帅执事者设灵座及奠于柩西，东向。若影堂前迫隘，则置灵座及奠于旁近，从地之宜。主人以下就位，位在柩之左右前后，如在殡宫。立哭，尽哀止。役者入，妇人退避。祝奉魂帛导柩右旋，主人以下哭从如前，诣听事，并温公《书仪》。置床上，北首。新修。设灵座及奠于柩前，南向。馀如朝祖。主人以下就位，坐于柩侧，藉以荐席，如在殡宫。乃代哭，如未殡之前。并温公《书仪》。按：《仪礼·士丧礼》"代哭"，《注》："防其以死伤生，使之更哭，不绝声而已。"

  按：《仪礼》启殡，"夙兴，设盥于祖庙门外。陈鼎皆如殡，东方之馈亦如之。"是陈鼎及馈皆在庙，而不在殡所也。"迁于祖，正柩于两楹间，质明，乃奠如初。升降自西阶。"《注》："谓迁祖奠。"是行奠礼在朝庙之时，而不在启殡之时也。然启殡动柩，略无奠祭，似于人情未尽，故温公《书仪》从《开元礼》设启奠，而朝祖之时不设迁祖奠。今且从《书仪》。今人无家庙。所谓影堂多迫隘，亦恐于行奠礼未便。

祖奠

  按：《仪礼·既夕礼》称奠者有四：葬前一日，柩"迁于祖，质明，乃奠如初"，所谓迁祖奠也。"日侧，乃载。布席，乃奠如初"者，所谓祖奠也。"宾赗者将命，兄弟赗奠可也"

者,《注》:"兄弟有服亲者,可且赗且奠,许其厚也。"所谓有服之亲奠也。葬日,"厥明,陈鼎馔,乃奠"者,所谓大遣奠也。则是葬前一日,先迁祖奠,次祖奠,次乃有服亲之奠。温公《书仪》亲宾奠乃在祖奠之前,似未合古。今移祖奠在亲宾奠之前。

执事者具祖奠酒馔如殷奠。其日晡时,礼,祖用日昃,谓过中时。今宜比夕奠差早,用晡时可也。主人以下卑幼皆立哭。并温公《书仪》。

按:《仪礼》:"有司请祖期,曰:'日侧。'主人入,祖乃载,踊无算,卒束袭。"《正义》云:"将行饮酒曰祖。死者将行亦曰祖。乡柩在堂北首,今下堂载于车。载柩讫,以物束棺,使不动也。"又《仪礼》:"商祝御柩,乃祖。"《注》:"还柩乡外,为行始。"若从古礼,奉柩下堂,载于车,则去出葬尚经一夕,恐亦难行。若全无所变,又非祖载之意。今参定:止用郑氏还柩乡外之说,修立如后。

役者入,妇人避退。役者举柩南首。新修。柩止在听事旧处,但改柩首乡外。祝帅执事者设酒馔于灵前。祝奠讫,退,北面跪告曰:"永迁之礼,灵辰不留。谨奉柩车,式遵祖道。"俯伏,兴。馀如朝夕奠仪。主人以下复位坐,代哭,以至于发引。

亲宾奠　赗赠

按:《仪礼》:"兄弟赗奠。"《注》:"有服亲。"《正义》云:"知非大功以上者,以大功以上有同财之义,无致赗奠之法。赗且奠,许其贰赗兼奠。"所知则赗而不奠。《正义》云:"车马曰赗。"知死者赠,知生者赗。《正义》云:"货财曰赙,玩好曰赠。"是古礼非有服亲不致奠。今恐有交契厚而难却者,故且从温公《书仪》。

宾客欲致奠于其家者,以饭床设茶与酒馔于其庭。暑则覆之以幄。将命者入白主人。主人绖杖降自西阶,待于阼阶下,西向。宾入,家人皆哭。宾叙立于馔南,北向东上。置桌子于宾北,炷香,浇茶,实酒于注,洗盏斟酒于其上。上宾进,烧香,退复位,与众宾皆再拜。上宾进,跪酹茶、酒,俯伏,兴。宾祝执祝辞出于上宾之右,西向读之曰:"维年月日,某官某谨以清酌庶羞,致于某官之灵。中间辞,临时请文士为之。尚飨!"祝兴。凡吉祭,祝出于左,东向。凶祭,出于右而西向。宾再拜,应哭者哭。进诣主人前,东向北上。上宾止主人哭,主人稽颡再拜,宾答拜。主人哭而入护丧,延宾坐于他所,茶汤送出如常仪。祝纳酒馔及祝辞于丧家。若奠于轝所经过者,设酒馔于道左右,或有幄,或无幄。附令敕:诸丧葬之家,只许祭于茔所,不得于街衢致祭。然亲宾祭于丧家大门之内,及郭门之外,亦非街衢也。望柩将至,宾烧香,酹茶、酒,祝拜哭。柩至少驻。主人诣奠所拜。宾哭,从柩而行。馀如上仪。奠于墓所,皆如在其家之仪。《既夕礼》:"摈者出请,若奠,入告。出,以宾入,将命如初。士受羊如受马。"然则古者但致奠具而已。汉氏以来,必设酒食沃酹。"徐稚每为诸公所辟,虽不就,有死丧,负笈赴吊。常于家豫炙鸡一只,以一两绵絮渍酒中,暴干以裹鸡。径到所赴冢隧外,以水渍绵,使有酒气。升米饭,白茅为藉,以鸡置前,酾酒毕,留谒则去,不见丧主。"然则奠贵哀诚,酒食不必丰腆也。自唐室中叶,藩镇强盛,不遵法度,竞其侈靡,始缚祭幄至高数丈,广数十步,作鸟兽、花木、舆马、仆徒、侍女,衣以缯绮,輴车过则尽焚之。祭食至百馀品,染以红绿,实不可食。流及民间,递相夸尚,有肴馔数百器者,曷若留以遗丧家为赙赠哉!其亲、宾赙赠皆如始死之仪,而不禭。《士丧礼》始死有吊,有禭,将葬有赗,有奠,有赙赠。知死者赗,知生者赙。赙赠皆用货财,但将命之辞异耳。《春秋传》讥赠死不及尸。尸谓未葬时也。然则自始死至葬,赙赠之礼皆可行也。并温公《书仪》。

陈器

轝夫陈器于门外,方相在前。丧葬,令四品以上用方相,七品以上用魌头。方相四目,魌头两目。魌音欺。温公《书仪》。

按:《周礼·方相氏》:"掌蒙熊皮,黄金四目,玄衣朱裳,执戈扬盾。大丧,先柩。及墓入圹,以戈击四隅,殴方良。"郑氏《注》:"如今魌头也。"又按:绍兴丧葬式,方相、魌头深青衣，即玄衣也。朱裳，执戈扬盾。古礼，方相氏乃狂夫四人。世俗乃用竹结缚为之，不应古制。今参定：魌头当使人服深青衣，朱裳，冠具，用世俗所造方相氏之冠。戴假面，黄金两目，即世俗所谓面具也。执戈扬盾。近胡文定公之葬，方相用人。

次志石。次椁。二物已在墓所，则不陈。温公《书仪》。

次明器。温公《书仪》。

　　按：绍兴丧葬格，七品明器二十事。《礼记·檀弓》："孔子曰：'之死而致死之不仁，而不可为也。之死而致生之不知，而不可为也。是故竹不成用，瓦不成味，木不成斫，琴瑟张而不平，竽笙备而不和，有钟磬而无簨簴，其曰明器，神明之也。'"是则古之所谓明器者，乃琴、瑟、竽、笙、钟、磬之属。又《礼记·檀弓》："涂车刍灵，《注》："束茅为人。"自古有之，明器之道也。"是刍灵亦明器之类也。《周礼·校人》："饰遣车之马，及葬，埋之。"郑氏《注》："埋之，则是马涂车之刍灵。"是则刍灵不惟束茅为人，亦束茅为马也。今参定：明器二十事，两琴、两瑟、两竽、两笙，琴、瑟、竽、笙依《三礼图》造，但略具琴、瑟、竽、笙之形，更不比校音律尺寸，乃合张而不平、备而不和之义。两钟、两磬、今法禁铜，并依《三礼图》特悬钟磬样，以铁铸之，但略具形制，不必校量制度。仍须斟量，不可太厚大，使一人之力可举者。刍灵四，束茅为人，用纸，依古士冠服。刍马四，束茅为马。共二十事。每事一人持之。刍灵、刍马，其下并用轴，令人牵之。涂车之制不可考。又所谓"竹不成用，瓦不成味，木不成斫"，亦无名物可考，故不复用。

次下帐。次上服。上服谓公服、靴、笏、幞头、腰带。温公《书仪》。

　　按：下帐、上服，古无其制。然《仪礼》陈器有燕器、从器、杖、笠之属，则亦可以义起。

次苞。但陈所用之苞。其脯俟遣奠毕，始苞之。温公《书仪》。

　　按：《仪礼·既夕礼》云："苞二。"《注》："所以裹奠羊豕之肉。"下记云："苇苞长三尺一编。"《三礼图》云："以苇长难用，截取三尺一道编之，用苞牲体，为便易也。"今参定：用二苞，其制并依《三礼图》。俟葬日遣奠毕，以裹羊豕之肉，各用桁舆之。桁之制在《三礼图》。

次筲。

按：《仪礼·既夕礼》云"筲三，黍、稷、麦。"《注》云："筲，畚种类也。其容盖与篡同一觳也。"《正义》云："畚器所以盛种。此筲与畚盛种同类，故举为况也。"又下记云："菅筲三，其实皆瀹。"音药。《注》云："米麦皆湛之以汤，未知神之所享，不用食道，所以为敬。"今参定：用三筲，其制并依《三礼图》。一盛黍，一盛稷，用粟代。一盛麦，并用汤略煮。亦各用桁舆之。

次甒三，醯、醢、屑。幂用疏布。《仪礼注》："甒，瓦器。其容亦盖一觳。屑，姜桂之屑也。觳者斛。"《三礼图》云："三豆成觳。"则觳受斗二升。

按：温公《书仪》止言醯、醢，不言屑，又不言所盛之物。今从《仪礼》。

次甒二，醴、酒。幂用功布。《仪礼注》："甒亦瓦器也。功布，灰治之布也。"甒，文甫反。其制在《三礼图》。

按：《仪礼》用二甒。温公《书仪》止用酒一斗，盛以瓶。今从《仪礼》。亦用桁舆之。按：《汉书》楚元王为穆生设醴，颜师古《注》："醴，甘酒也，少曲多米。"

次铭旌。温公《书仪》。

次功布。用《仪礼》新修。

按：《仪礼·既夕礼》："商祝执功布以御柩。"《注》："居柩车之前，若道有低仰倾亏，则以布为抑扬左右之节。"其制在《三礼图》。今从《仪礼》。功布，即起殡时所用拂拭之布也，至葬时揭之于竿。

次灵舆。葬日置魂帛于上，炷香其前，藏祠版于箱箧，置其后。返则置祠板于前，藏魂帛于箱箧。温公《书仪》。

今参定：只用世俗所结彩亭。

挽歌不用。

按：温公《书仪》："礼，望柩不歌，里有殡，不巷歌，岂可身挽柩车而更歌乎？况又歌者复非挽柩之人也。"今从《书仪》，不用。

次大轝。饰以画帷，二池，不振容。画荒，火三列，黼三列，素锦褚。纁纽二，玄纽二。齐，三采，三贝，鱼跃拂池。戴前纁后玄。轝两旁，黼翣一，画翣一，皆戴绥。

按：《丧大记》："饰棺，大夫画帷，二池，不振容。画荒，火三列，黼三列，素锦褚，纁纽二，玄纽二。齐，三采，三贝。黼翣二，画翣二，皆戴绥，鱼跃拂池。大夫戴前纁后玄，披亦如之。"《正义》曰："帷，柳车边障也。以白布为之。大夫画帷者，为云气。池，谓织竹为笼，衣以青布，挂著于柳上荒边爪端，象平生宫室有承霤也。荒，蒙也，谓柳车上覆，谓鳖甲也。在旁曰帷，在上曰荒，皆所以衣柳也。柳者，谓木材。将此帷、荒在外而衣覆之。振容者，振，动也；容，饰也。谓以绞缯为之，长丈馀，如幡。画幡上为雉，县于池下为容饰，车行则幡动，故曰振容。《杂记》曰：'大夫不揄绞，属于池下。'是不振容也。画荒者，为云气也。既云'画荒'，又云'火三列，黼三列'，火、黼既为三列，其处宽多宜在荒之中央，则知画宜在荒之外畔。'素锦褚'者，素锦，白锦也。褚，屋也。于荒下又用白锦以为屋也。'纁纽二、玄纽二'者，上盖与边墙相离，故又以纽连之，相著用四，以连四旁也，不并一色，故二为纁，二为玄也。'齐，三采'者，谓鳖甲上当中央，形圆如车盖，高三尺，径二尺馀。人君以五采缯衣，列行相次，故云五采也。'大夫齐三采'者，绛、黄、黑也。'三贝'者，连贝为三行，交络齐上也。齐上象车盖蕤，缝合杂采为之，形如瓜分，言齐既圆，上下缝合杂采，竖有限幅，如瓜内之子，以穰为分限也。缀贝落其上。'黼翣二，画翣二,皆戴绥'者,翣形似扇,以木为之,在路则障车,入椁则障柩也。汉礼翣以木为筐,广三尺,高二尺四寸,其形方,两角高,衣以白布,画云气,其馀各如其象,柄长五尺。'皆戴绥'者,翣角不圭,但用五采羽作绥,注于翣首,谓翣之两角。'鱼跃拂池'者,凡池必有鱼,故此车池县铜鱼于池下,若车行,则鱼跳跃上拂池也。'大夫戴前纁后玄',戴用帛系棺纽著柳骨也。穿戴于纽,以系柳骨。'披亦如之',披若牵,车登高则引前以防轩,车适下则引后以防翻,车欹左则引右,欹右则引左,使车不倾覆也。"今参定:今既不用车,则披无所用。此外悉遵古礼。惟省去三贝,恐难致也。铜鱼以铁鱼代,法所禁也。绍兴格,七品翣夫三十二人。据古礼用"黻翣二,画翣二",今绍兴格七品翣二,故减从今制。绋披在法虽有,据温公《书仪》"今人不以车载柩而用轝,则引披无所施",故不复用。

士葬仪

去魁头。

大轝帷、荒皆用白布,不画。去素锦褚。

一池在前。前纁纽二,后缁纽二。

揄绞。画揄雉于绞。揄,翟也,青质,挂于两旁,池下无之。

去鱼。画翣二。

馀如前仪。

遣奠

厥明,执事者具遣奠,亦如殷奠。温公《书仪》。增用羊、豕,各一边。新修。

  按:《仪礼·既夕礼》"苞二",《注》:"所以裹奠羊、豕之肉。"又《仪礼》云:"苞牲取下体。"温公《书仪》苞其脯,不应古制。今参定:奠礼增羊、豕以备苞之用。

輁夫纳大轝于听事前中庭。执事者彻祖奠。祝奉迁灵座，置旁侧。祝北面告曰："今迁柩就舆，敢告。"妇人避退。召轝夫迁柩，乃载。载，谓升柩于轝也。以新绁左右束柩于轝，乃以横木楔柩足两旁，使不得动摇。男子从柩哭，降视载。妇人犹哭于帷中。载毕，祝帅执事迁灵座于柩前，南向，乃设遣奠。惟妇人不在，馀如朝夕奠之仪。温公《书仪》。执事彻羊、豕，入于苞，置于桁。

按：《仪礼·既夕礼》"苞牲取下体"，《注》："取下体者，胫骨象行。"今恐临时断割为难，故全取苞之。

史执赗赠历立于柩左当肩，西向。祝在史右，南向。哭者相止，跪。读赗赠历毕，与祝皆退。《既夕礼》："书赗于方。"《注》："方，版也。"又曰："主人之史请读赗，执算从柩东当前东西面。不命毋哭，哭者相止也。唯主人、主妇哭。祝在右，南面，读书、释算则坐。必释算者，荣其多。"执事者彻遣奠。若柩自他所将归葬乡里，则但设酒果或脯醢，朝哭而行。至葬日之朝，乃行遣奠及读赗礼。祝奉魂帛，升灵舁，焚香。《既夕礼》："祖，还车不还器。祝取铭置于茵。二人还重在还。厥明，奠者出。甸人抗重，出自道，道左倚之。既葬，还埋重于所倚之处。"《开元礼》："将行，祝以腰舆诣灵座前昭告。少顷，腰舆退。掌事者先于宿所张吉凶二帷，凶帷在西，吉帷在东，南向。设灵座于吉帷下。至宿处，进酒脯之奠于柩东，又进常食于灵座。厥明，又进朝奠，然后行。"今兼取二《礼》。妇人盖头出帷，降阶，立哭。有守家不送葬者，哭于柩前，尽哀而归。卑幼则再拜，辞。并温公《书仪》。

在涂

柩行，自方相等皆前导。主人以下男女哭，步从，如从柩朝祖之叙。出门，以白幕夹障之。尊长乘车马在其后，无服之亲又在后，宾客又在其后，皆乘车马。无服之亲及宾客，或先待于墓及祭所。出郭，不送至墓者皆辞于柩前。卑幼亦乘车马。若郭门远，则步从三里所，可乘车马。涂中遇哀则哭，无常准。若墓远，经宿以上，则每舍设灵座于柩前，设酒果脯醢，为夕哭之奠。夜必有亲戚宿其旁，守卫之。明旦将行，朝奠亦如之。馆舍迫隘，则设灵座于柩之旁侧，随地之宜。并温公《书仪》。

及墓

掌事者先张灵幄于墓道西，设椅桌，又设亲戚宾客之次，男女各异。温公《书仪》。又于墓西设妇人幄，蔽以帘帷。新修。

> 按：温公《书仪》："又于羡道之西设妇人幄。"南方悬棺而葬，无羡道，故改云"墓西"。后言"羡道"、"埏道"者仿此。

柩将及墓，亲戚皆下车马，步进灵帷前。祝奉祠版箱及魂帛置椅上。设酒果脯醢之奠于其前，巾之。大舆至墓道，舁夫下柩，举之趣圹。主人以下哭，步从。温公《书仪》。掌事者设席于墓南。新修。舁夫置柩于席上，北首，乃退。掌事者陈明器、下帐、上服、苞、筲、甒、醢、酒，用饭床于圹东南北上，铭旌施于柩上。宾客送至墓者皆拜，辞，先归。至是上下可以具食，既食而窆。主人拜宾客，宾客答拜。并温公《书仪》。

下棺

主人及诸丈夫立于墓东，西向；主妇及诸妇人立于墓西幄内，东向，皆北上。新修。以服之重轻及尊卑长幼为叙，立哭。舁夫束棺，乃窆。诸子辍哭，视窆。既窆，掌事者置上服、铭旌于柩上。勿以金玉珍玩入圹中，为亡者之累。主人赠用制币玄𫄸束，置柩旁，再拜稽颡。在位者皆哭尽哀。《既夕礼注》："丈八尺曰制，二制合之。束，十制五合。"《疏》："玄𫄸之率，玄居三，𫄸居二。"或家贫不能备玄𫄸束，则随家所有之帛为赠币，虽一制可也。匠以砖塞圹门，在位者皆还次。温公《书仪》。掌事者设志石于圹中。新修。

> 按：《仪礼·既夕礼》："乃窆。藏器于旁，加见。藏苞、筲于旁。"温公《书仪》："掌事者设志石，藏明器、下帐、苞、筲、甒、醢、酒于便房，以版塞其门。"今南方土虚，若

于圹中穿便房,则圹中太宽,恐有摧覆之患,故不穿便房,但设志石于圹中。其馀明器之属,于圹外别穿地瘗之,可也。苞、筲、醯、醢虽占地不多,所以不置圹中者,恐或致患。
遂掩圹实土。新修。亲戚一人监视之,至于成坟。温公《书仪》。

祭后土

《既夕礼》无之。《檀弓》曰:"有司以几筵舍奠于墓左。"《注》:"为父母形体在此,礼其神也。"今从《开元礼》。

掌事者先于墓左除地为祭所,置椅桌祭具等。既塞圹门,告者吉服。亦择亲宾为之。祝及执事者俱入行事。惟改祝辞"某官姓名营建宅兆"为"某官封谥亡者也。窆兹幽宅",馀皆如初卜宅兆、祭后土之仪。并温公《书仪》。

题虞主

执事者置桌子,设香炉、酒盏、注于灵座前,置盥盆、帨巾于灵座西南。又置桌子于东南,西向,设笔砚墨于其上。主人立于灵座前,北向。祝盥手,出祠版,卧置砚桌子上,藉以褥。使善书者西向立,题之。祝奉祠版,立置灵座魂帛前,藉以褥。祝炷香,斟酒酹之讫,执辞跪于灵座东南,西向,读之曰:"孤子某,敢昭告于先考某官,形归窀穸,神返室堂。虞主既成,伏惟尊灵,舍旧从新,是凭是依。"怀辞兴,复位。主人再拜,哭,尽哀止。祝藏魂帛于箱箧。灵舁上,乃奉祠版,韬藉匣之,置其前,炷香。执事者彻灵座,遂行。并温公《书仪》。

> 按:温公《书仪》以祠版代主。若欲从古制作主,其制具《伊川集》、《杂记》。祭称孝子、孝孙,丧称哀子、哀孙,是丧礼不分父母,皆称哀子也。

反哭

灵舁发行,亲戚以叙从哭,如来仪。出墓门,尊长乘车马。

去墓百步许，卑幼亦乘车马，徐行，勿疾驱。《既夕礼》："卒窆而归，不驱。"《注》："孝子往如慕，返如疑，为亲之在彼。"哀至则哭。

及家，望门俱哭。掌事者先设灵座于殡宫，灵舆至，祝奉祠版，匣置灵座出祠。版前，藉以褥。主人以下，及门，下车马，哭。入至听事。主人升自西阶，丈夫从升，如柩在听事之位。立哭，尽哀止。《既夕礼》："反哭。入升自西阶，东面。众主人堂下，东面北上。"《注》："西阶东面，反诸其所作也。反哭者，于其祖庙，不于阼阶西面，西方神位。"又曰："妇人入，丈夫踊，升自阼阶。"《注》："辟主人也。"又曰："主妇入于室，踊，出即位，及丈夫拾踊三。"《注》："入于室，反诸其所养也。出即位，堂上西面也。拾，更也。"古今堂室异制。又祖载不在庙中，故但反哭于听事，如昨日柩在听事之位，反诸其所作也。妇人先入，立哭于堂，如在殡之位，尽哀止。亦反诸其所养也。执事者彻帘帷。妇人已入故也。宾客有吊者，此谓不吊于墓所者。《檀弓》曰："反哭之吊也，哀之至也。反而亡焉，失之矣，于是为甚。殷既窆而吊。周反哭而吊。孔子从周。"宾客有亲密者，既窆先归，待反哭而吊。主人拜之，宾客答拜。主人入，诣灵座，与亲戚皆立哭，如在殡之位，尽哀止。《开元礼》："主人以下，到第，从灵舆入，即哭于灵座。"今从《既夕礼》。宗族小功以下可以归，大功异居者亦可以归。温公《书仪》。

虞祭

柩既入圹，掌事者先归，具虞馔。如朔奠。是日虞。《檀弓》曰："日中而虞。葬日虞，弗忍一日离也。"《注》："弗忍其无所归。"或墓远，不能及日中，但不出葬日皆可也。主人以下皆沐浴。或已晚，不暇沐浴，但略自澡洁可也。执事者设盥盆、帨巾各二于西阶西南，东上。帨，手巾也。其东，盆有台；架，在盆北，主人以下亲戚所盥也。其西无台、架，执事者所盥也。设酒一瓶于灵座东南，置开酒刀子、拭布于旁。旁置桌子，上设注子及盏一。别置桌子于灵座前，设蔬果、匕箸、茶酒盏、酱楪、香炉。主人及诸子倚杖于堂门外，与有服之亲皆入。尊长处坐哭，如反哭位。卑幼立哭于灵座前。斩衰为一列，最在前。齐衰以下，以次各为一列。无服之亲又为一列。丈夫处左，西上；妇人处右，东上，各以昭穆长幼为叙，皆北向。婢妾在妇人之后。顷之，祝止哭者。主人降自西阶，盥手，帨手。诣灵座前，焚香，再拜，退复位。及执事者，皆盥手，帨手。执事者一人升，开酒，拭瓶口，实酒于注，取盏斟酒，西向酹之。祝帅馀执事者奉馔设于灵座前。主人进，诣酒注所，北向。执事者一人取灵座前酒盏，立于主人之左。主人左执盏，右执注，斟酒，授执事者，置灵座前。主人进诣灵座前。执事者取酒盏授主人，主人跪酹。执事者受盏，俯伏，兴，少退立。祝执辞出主人之右，西向，跪读之曰："维年月朔日，温公《书仪》。哀子某、哀显相，夙兴夜处，不宁，丧祭称哀显相，助祭者也。显，明也。相，助也。《诗》云："于穆清庙，肃雍显相。"不宁，悲思不安。敢用洁牲刚鬣、豕曰刚鬣。嘉荐普淖、嘉荐，菹醢也。普淖，黍稷也。普，大也。淖，和也。德能大和，乃有黍稷，故以为号云。明齐溲酒，明齐，新水也。言以新水溲酿此酒也。《郊牲牲》曰："明水涚齐，贵新也。"或曰："当为明视，谓兔腊也。"今文曰"明粢"。粢，稷也。皆非其次。今文"溲"为"醙"。哀荐祫事，始虞谓之祫事者，主欲其合先祖也。以与先祖合为安。今文曰"古事"。适尔皇祖某官飨。"并《仪礼》。惟改"某甫"为"某官"。

按：温公《书仪》参用《开元礼》祝辞，今改从古。又《书仪》虽举洁牲、嘉荐、普淖等名，而不设其物，义亦未安。今参定：于常祭食之外，增豕一笾、醢一盘、黍稷共一盘，稷以粟代。以应刚鬣、嘉荐、普淖之名。明齐溲酒，祭奠固自用酒，不必更设。"香合"，郑氏《注》以为"盖记者误"，故不复用。

祝兴。主人哭，再拜，退复位，哭止。主妇亚献。亲戚一人，或男或女，终献。不焚香，不读祝，妇人不跪，既酹，四拜。此其异于丈夫。馀皆如初献之仪。《士虞礼》："主人洗废爵，酌酒酳尸。"《注》："爵无足曰废爵。酳，安食也。"又曰："主妇洗足爵，酌亚献尸。宾长洗繶爵，三献。"《注》："繶爵，口足之间有篆文弥饰。"《开元礼》止有主人一献，今从古。酳音胤。缯,于立切。毕,执事者别斟酒,满。沥去茶,清,以汤斟之。主人以下皆出,祝阖门。主人立于门左,卑幼丈夫在其后;主妇立于门右,卑幼妇人在其后,皆东向。尊长休于他所。卑幼亦可更代休于他所,常留二人在门左右。如食间,祝立于门外,北向,告启门三,乃启门。主人以下皆入,就位。祝立于主人之右,西向,告利成,敛祠版,韬藉匣之,置灵座。主人以下皆哭。应拜者再拜,尽哀止,出就次。执事者彻馔。《士虞礼》:"祝反入,彻设于西北隅,如其设也。几在南,厞用席。"《注》:"改设馔者,不知鬼神之节,改设之,庶几歆飨,所以为厌饫也。厞,隐也。于厞隐之处,从其幽暗。"又曰:"赞阖牖户。"《注》:"鬼神常居幽暗,或者远人乎?赞,佐食者。"又曰:"无尸,则礼及荐馔皆如初。主人哭,出复位。祝阖牖户。如食间,祝升止哭。声三,启户。"《注》:"声,噫歆也。将启户,警觉神也。"又曰:"祝出户,西面,告利成,皆哭。"《注》:"利,犹养也。成,毕也。言养礼毕也。"厞,扶未切。祝取魂帛,帅执事者埋于屏处洁地。《既夕礼》:"甸人抗重,出自道,道左倚之。"《杂记》:"重既虞而埋之。"《注》:"所倚处埋之。"今魂帛以代重,故既虞有主亦埋之。

遇柔日再虞。质明,祝出祠版,置灵座。主人以下行礼,改祝辞云:"奄及再虞。"又曰:"哀荐虞事。"馀皆如初虞之仪。《士虞礼》:"再虞用柔日。三虞卒哭用刚日。"《注》:"丁日葬,己日再虞,庚日三虞,壬日卒哭。"葬用丁亥是柔日,然则古人皆用柔日邪?今葬日既不拘刚、柔日,但于葬日即虞,后遇柔日再虞,又遇刚日即三虞,又遇刚日即卒哭。凡甲、丙、戊、庚、壬为刚日,乙、丁、己、辛、癸为柔日。

遇刚日三虞。改祝词云:"奄及三虞。"又云:"哀荐成事。"馀如再虞。

卒哭

三虞后遇刚日,设卒哭祭。其日夙兴,执事者具馔如时祭,陈之于盥帨之东。用桌子,蔬果各五品,脍、今细生肉。炙、今炙肉。羹、今炒肉。轩、今白肉。脯、今干脯。醢、今肉酱。庶羞、如薄饼、油饼、胡饼、蒸饼、枣糕、环饼、捻头馎饨。米食,谓黍、稷、稻、粱、粟,所谓饭及粢糕、团粽之类。共不过十五品。若家贫或乡土异宜，或一时所无不能办此，则各随所有。蔬、果、肉、面、米食，各得数品可也。器用平日饮食器。虽有金银，无用。设玄酒一瓶。以井花水充之。于酒瓶之西，主人既焚香，帅众丈夫降自西阶，众丈夫盥手，以次奉肉食升，设灵座前蔬果之北。主妇帅众妇女降自西阶，盥手，帨手，以次奉面食米食，设于肉食之北。主人既初献，祝出主人之左，东向，跪读祝词，改虞祭祝词云："奄及卒哭。"又云："哀荐成事，来日跻祔于祖考某官。"妣云"祖妣某封某氏"。既启门，祝立于西阶上，东向，告利成。馀皆如三虞之仪。《既夕礼》始虞之下云："犹朝夕哭，不奠。三虞，卒哭。"《注》："卒哭，三虞之后祭名。始朝夕之间，哀至则哭。至此，祭止也，朝夕哭而已。"《檀弓》曰："是日也，以虞易奠。"然则既虞，斯不奠矣。今人或有犹朝夕馈食者，各从其家法。至小祥，止朝夕哭。惟朔望，未除服者馈食会哭。大祥而外，无哭者。禫而内无哭者。《檀弓》又曰："卒哭曰成事。是日也，以吉祭易丧祭。"今具馔如时祭，读祝于主人之左之类，是渐之吉祭也。

祔

《檀弓》曰："商人练而祔，周卒哭而祔。孔子善商。"《注》："期而神之人情。"《开元礼》既禫而祔。按《士虞礼》始虞祝词云："适尔皇祖某甫。"告之以適皇祖，所以安之，故置于此。

卒哭之来日，祔于曾祖考。妣则祔于曾祖妣。《丧服小记》曰："士大夫不得祔于诸侯，祔于诸祖父之为士大夫者。其妻祔于诸祖姑。妾祔于妾祖姑，亡则中一以上而祔。祔必以其昭穆。"《注》："中，犹间也。"曾祖考、曾祖妣皆以主人言之。内外夙兴。掌事者具馔三分，妣则具馔二分。《杂记》曰："男子祔于王父则配，女子祔于王母不配。"《注》："配谓并祭。王母不配，则不祭王父也。有事于尊者可以及卑，有事于卑者不敢援尊。祭馔如一，祝词异，不言以某妃配某氏耳。"如时祭。设曾祖考妣坐于影堂，南向。影堂窄，则设坐于他所。妣则但设祖妣坐。设亡者坐于其东南，西向。各有椅桌。设盥盆、帨巾于西阶下。设承祠版桌子于西方，火炉、汤瓶、火筯在其东。其日夙兴，设玄酒、瓶、盏、注、桌子于东方。设香桌于中央，置香炉，炷香于其上。质明，主人以下各服其服，哭于灵座前。祝奉曾祖考、妣祠版匣，置承祠版桌子上。出祠版，置于座，藉以褥。次诣灵座，奉祠版匣，诣影堂。主人以下哭从，如从柩之叙。至影堂前，止哭。祝奉祠版，置于座，藉以褥。主人及诸子倚杖于阶下，与有服之亲尊长卑幼皆立于庭，曾祖考、妣在焉，故尊长不敢坐。前无庭，则立于曾祖考位前。以服重轻为列。丈夫处左，西上。妇人处右，东上。左右皆据曾祖考、妣言之。各以昭穆长幼为叙，皆北向。婢妾在妇人之后。位定，俱再拜。参曾祖考、妣。其进馔，先诣曾祖考、妣前设之，次诣亡者前设之。主人先诣曾祖考、妣前，北向，跪酹酒，俯伏，兴，少退立。祝执词出主人之左，东向，跪读曰："惟某年月日，温公《书仪》。孝子某、孝显相，夙兴夜处，小心畏忌，不惰其身，不宁，用柔毛、嘉荐、普淖、明齐、溲酒，適尔皇祖某官，以跻祔尔孙某官。尚飨！"《仪礼》。惟改"某甫"为"某官"。

按：温公《书仪》祝辞："適于曾祖考某官，跻祔孙某官。"《仪礼》止称"祖"，盖自所祔之亡者言之则祖也，故其文云："適尔皇祖某甫，以跻祔尔孙某甫。"上称"祖"，下称"孙"，于辞为顺。《书仪》称"曾祖"，为奉祭之人言也。然既云"曾祖"，则不得云"孙"，今改从《仪礼》。《仪礼》祝辞云："用尹祭。"郑氏《注》："尹祭，脯也。"大夫、士祭无云脯者，亦记者误，故削去。《仪礼》祝辞不称牲号，今从《书仪》，有"柔毛"。

祝兴。主人再拜，不哭。次诣亡者前，东向，跪酹酒，俯伏，兴，少退。祝读曰："维年月日，孝子某敢用柔毛、嘉荐、普淖、明齐、溲酒，哀荐祔事于先考某官、適祖考某官。尚飨！"祝兴，降复位。主人再拜，不哭，降复位。亚献、终献皆如主人仪，惟不读祝。祝阖门。主人以下出，侍立于门左右，不哭。如食间，祝告启门三，乃启门。主人以下各就位。祝东向，告利成。主人以下不哭，皆再拜，辞神。祝先纳曾祖考、妣祠版于匣，奉置故处。次纳亡者祠版于匣，奉之还灵座。主人以下哭从，如来仪。至灵座置之,哭,尽哀止。

如作虞主,凡《书仪》称祠版处并是虞主。卒哭祭、祔祭亦当如虞祭,增祝辞内所称物。

朝夕奠

成服之后,朝夕设奠。朝奠日出,夕奠逮日。逮日,谓尚有日色时。如平日朝晡之食,加酒果。

右温公《书仪》。按:《仪礼》:"燕养、馈、羞、汤沐之馔如它日。"《注》:"燕养,平常所用供养也。馈,朝夕食也。羞,四时之珍异。汤沐,所以洗去汗垢。《内则》曰:'三日具沐,五日具浴。'孝子不忍一日废其事亲之礼。"又按:《仪礼》:"朝夕哭,不辟子、卯。"《注》:"既殡之后,朝夕及哀至乃哭。子、卯,桀、纣亡日,凶事不辟,吉事阙焉。"又按:《杂记》:"朝夕哭,不帷。"今参定:自成服之后,每日日出时设朝奠,晚尚有日色时设夕奠,只用常日饮食加酒果。遇有四时之物,随朝、夕奠设之。每奠则哭,哀至则哭,不在朝、夕两奠之限。每奠则必褰帷幔。按:《礼记注》:"缘孝子心欲见棺也。奠既毕,复垂之,鬼神尚幽暗也。"每三日具沐汤,五日具浴汤,并设于灵座之侧。每遇辰日,哭如常。按:古礼不辟子、卯,则世俗所辟辰日,亦不当避。每朝夕、奠,主人以下各服其服,入就位。尊长坐哭,卑幼立哭。祝帅执事者盥手,设馔于灵前,止哭。祝洗盏,斟酒,奠之,复位。皆再拜,哭尽哀,归次。尊长不拜。

朔奠 望奠 荐新奠

右温公《书仪》。按:《仪礼》:"朔月,奠用特豚、鱼、腊,陈三鼎,如初。东方之馈亦如之。无笾,有黍、稷。用瓦敦,有盖,当笾位。"《注》:"朔月,月朔日也。"又《仪礼》:"月半不殷奠。"《注》:"殷,盛也。士月半不复如朔盛奠,下尊者。"又

《仪礼》："有荐新，如朔奠。"《注》："荐五谷若果物新出者。"又《仪礼》："朔月奠，皆如朝、夕奠之仪。"

今参定：每遇朔日，设盛馔，拜、哭、奠酒并如朝、夕奠之仪。《仪礼》所载鼎俎牲牢，古今异宜，但从温公《书仪》。望日，如朝官以上，亦设盛馔，如朔奠之仪。按：《仪礼注》"士月半不复如朔望奠"，则大夫月半当设盛馔奠。以官品论之，官称大夫者可比古天子之大夫。至于朝官，虽卑于古天子之大夫，然亦比类古天子之元士。《礼》："天子之元士视附庸。"元士尚可比附庸之君，则尊于诸侯之大夫矣。《仪礼》所谓大夫，盖通天子、诸侯而言。诸侯之大夫月半可设盛馔，则今之朝官月半亦可设盛馔也。

如遇荐五谷，谓麦熟时则荐麦之类。或荐时果新出者，亦设盛馔，如朔、望奠之仪。盛馔随力为之，但加于常，即为盛馔。

右太史在严陵为潘叔度定此仪，今附见于《葬仪》之后。

家范四　祭礼

庙制

《王制》："士一庙。"《祭法》："适士二庙一坛。官师一庙。"王肃曰："官师，中下士也。"横渠先生曰："今为士者，而其庙设三世几筵。士当一庙，而设三世，似是只于祢庙而设祖与曾祖位也。便使庶人，亦须祭及三代。"《政和五礼新仪》："文武升朝官，祭三世。"兄弟同居则合享，异居则分祭。杜祁公、韩魏公、司马温公、横渠张先生祭仪祀曾祖、祖、考三世。

伊川先生《祭说》："家有庙，古者，庶人祭于寝，士、大夫祭于庙。庶人无庙，可立影堂。庙中异位，祖居中，左右以昭穆次序，皆夫妇自相配为位。舅、妇不同坐也。庙必有主。"徐邈云："《左传》称孔悝反祏。又《公羊》：'大夫闻君之丧，摄主而往。'《注》：'义以为摄敛神主而已，不暇待祭也。'皆大夫有主之文。大夫以下不云尺寸，虽有主，无以知其形制，然推义谓亦应有。按：丧之铭旌，题别亡者，设重于庭，亦有所凭。祭必有尸，想象乎存。此皆自天子及士并有其礼，但制度降杀为殊，何至于主唯侯王而已！礼言'重，主道也。'理重则立主。今大夫、士有重，亦宜有主。主以纪别座位，有尸无主，何以为别？将表称号题祖考，何可无主？今按经传，未见大夫、士无主之义。有者为长。"庙制载在经史者，祏、祒、户、牖、碑、爨之属，品节甚众，今皆未能具。谨仿《王制》"士一庙"之义，于所居之左，盖祠堂一间两厦，面势随地之宜，亦未能如古。以为藏主时祀之地，存家庙之名，以名祠堂，使子孙不忘古焉。

祭用仲月

司马温公《祭仪》："《王制》：'大夫、士有田则祭，无田则荐。'《注》：'祭以首时，荐以仲月。'今国家唯享太庙用孟月，自六庙、濮王庙皆用仲月。以此，私家不敢用孟月。"

祭日

唐范传式《时飨仪》："春分、夏至、秋分、冬至，国用四孟，家用四仲。"唐郑正则《祠享仪》云："《仪礼》及《开元礼》四仲月祭享，皆以卜筮择日。士人多游宦远方，或僻居村间，无蓍龟处即取分、至，亦不失《礼经》之意。"司马温公《祭仪》云："孟诜《家祭仪》用二分、二至。"

横渠说："祭用分、至，取其阴阳往来，又取其气之中，又贵其时之均。"古者，祭必卜日。今以未习卜筮之法，止依范氏、孟氏家祭仪、横渠《祭说》，用二分、二至。

陈设

前期一日，主人帅众丈夫及执事者洒扫祭所，涤濯祭器，设椅桌。以上温公《祭仪》。韩魏公《家祭式》云："供床座椅代设席。"孙日用《仲享仪》云："或有人家，往往以床椅设祭。"盖其床椅，凶祭；席地，吉祭。今既从俗，故不取此说。曾祖考、妣居中，祖考、妣居东，考、妣居西。以广汉张氏《祭仪》参定。温公《祭仪》云："考、妣并位，皆南向西上。"古者，祭于室中，故神座东向。自后汉以来，公私庙皆同堂异室，南向西上。所以立西上者，神道尚右故也。今以地势不便，止从张氏《仪》。主妇主人之妻也。

礼，舅没则姑老不与于祭。主人、主妇必使长男及妇为之。若自欲预祭，则特位于主妇之前。参神毕，升立于酒壶之北，监视礼仪。或老病不能久立，则休于他所，候受胙，复来受胙辞神而已。**帅众妇女涤釜鼎，具祭馔。**往岁，士大夫家妇女皆亲造祭馔。近日，妇女骄倨，鲜肯入庖厨。凡事父母舅姑，虽有使令之人，必身亲之，所以致其孝恭。今纵不能亲执刀匕，亦须监视庖厨，务令精洁。未祭之物勿令人先食，及为猫犬及鼠所盗污。《开元礼》六品以下祭，亦有省牲、陈祭器等仪。按：士大夫家祭其先者，未必皆杀牲。又甒、篚、笾、豆、鼎、俎、罍、洗皆非私家所有，今但别置碗楪等器，专供祭祀。平时收贮，勿供它用。**设盥盆有台于阼阶东南，帨巾有架在其北。**盥，濯手也。帨，手巾也。此主人以下亲戚所盥。无阼阶，则以阶之东偏为阼阶，西偏为西阶。**又设盥盆，帨巾无台架者于其东。**此执事者所盥。《少牢馈食礼》："设洗于阼阶东南。设罍水于洗东，有枓。设篚于洗西南。"执罍者酌水，执洗者取盘承水，主人盥手，执樽受巾，遂进爵。主人诣酒樽所，执樽者举幂。私家乏人，或恐难备，今但设盥盆、帨巾，使自盥手，帨手，以从简易。以上温公《祭仪》。设香案于庙中，置香炉、香合于其上，束茅于香案前地上。设酒架于东阶上，别以桌子设酒注一、酒盏盘一、匙一、盘一、匙巾一于其东，对设一桌于西阶上，以置祝版。设火炉、汤瓶、香匙、火匙于阶下。以上朱氏《祭仪》。

三献

主人为初献，亚、终二献以诸弟为之。以韩魏公《祭仪》修。唐郑正则《祭仪》云："《祭统》云：'国君取夫人之辞曰：请君之玉女，与寡人共有敝邑，事宗庙社稷。此求助之本也。夫祭也者，必夫妇亲之，所以备内外之官。'《礼器》云：'卿大夫从君，命妇从夫人，洞洞乎其敬也，属属乎其忠也。'故周南之诗，王后采荇菜以备庶物，事宗庙也。诸侯夫人采蘩，大夫妻采苹，皆为助祭，尽敬也。《礼器》云：'君亲制祭，夫人荐盎。君亲割牲，夫人荐酒。'《仪礼》：'被锡衣侈袂，荐自东房。韭菹醓醢，坐奠于筵前。'又云：'主妇房中出，酌，拜献尸。'辄考详：宜以主妇为亚献，庶合《礼经》之义。"孟冯翊云："主妇为亚献，长子为终献。自晋以来，妇不复与献也。"

祭馔

果六品。醢、酱、蔬共六品。馒头、米食、鱼、肉、羹、饭共六品。以朱氏《祭仪》参定。唐郑正则《祭仪》云:"《开元礼》:'五品以上牲用少牢,六品以下至庶人用特牲。'贺循云:'宗子为士,庶子为大夫,则以大夫之牲祭于宗子之家。其食准礼,皆用右胖之上体。'欧阳秘监云:'谓前脚三节三段,又取横脊、正脊、正胁、代胁各二骨载之俎。'谨详此。时人不识,亦非先尊平生所食,若用之,失礼之变。辄以随时之义,造今之祭食,实之盘盂,谓合缘情之礼也。"伊川程氏《祭仪》云:"交神明之意,当在事生之后,则可以尽孝爱而得其享。全用古事,恐神不享。"范氏《祭仪》曰:"反本修古,不敢用亵味,而贵多品,交于神明之义也。鼎、俎、笾、豆、簠、簋、登、铏、爵、坫,古者存没通用。后世燕器从便,唯国家祭祀则用古器。或谓生不用而祭用之,恐祖考不安。祖禹以为不然。昔三代之时,皆有所尚,而亦兼用前代之礼,故鲁兼四代服器。孔子曰:'行夏之时,乘商之辂,服周之冕。'此其意也。醴酒之美,玄酒之尚,贵五味之本,亦犹冠礼始冠缁布之冠。太古之礼存而不废,以明礼之所起,不敢忘其初也。后世去圣久远,典礼废坏,士大夫祭祀之礼不出于委巷,则出于夷狄。牲牢器皿,无所法象。所谓燕器者,出于人情所便,非圣制也。若遂略去古礼,一切从俗,则先王之法不可复见。君子不宜以所贱事亲,犹须存之。"今以庙制未备,未能如礼。然范氏之论,学者所当知也。

致斋

《唐书·志》:"凡时享,散斋二日于正寝,致斋一日于庙。子孙陪者,斋一宿于家。"

韩魏公《家祭式》:"祭前一日三献,及执事者清斋一日于别室。弟侄子孙之不献者及主妇亦如之。诸与祭者,并沐浴改服。"出贾氏《家荐仪》。周元阳《祭录》云:"秦、汉以来,公卿大夫皆用士礼,盖以职事荐委与古不同,故王公将祭,皆斋一日。"今从周、贾二家之说,囷时俗也。

今庙制未具三献。执事者并致斋于外,会宿于书室,诸与祭者并沐浴改服。

质明，主人以下皆盛服，盥手，入庙，升自阼阶。焚香告曰："孝孙某，今以仲春之祭，夏、秋、冬各随时。敢请皇曾祖考某官府君、皇曾祖妣某封某氏、皇祖考某官府君、皇祖妣某封某氏、皇考某官府君、皇妣某封某氏诸位神主出就神座，恭伸奠献。"乃搢笏启椟。主妇盥手，升自西阶。主人奉诸祖考神主就位，主妇奉诸祖妣神主就位。主人降自阼阶，主妇降自右阶，向庙主与在位皆再拜。此参神也。主人升，搢笏焚香，少退立。执事者一人开酒，取巾拭瓶口，实酒于樽，一人取盘盏立于主人之左，一人执樽立于主人之右。主人跪，执事者亦跪。主人受樽，斟酒于盏，以樽授执事者。取盘盏，灌之茅束之上。俯伏，兴，再拜，复位。此降神也。古之祭者，不知神之所在，故灌用郁鬯，臭阴达于渊泉；萧合黍稷，臭阳达于墙屋，所以广求神也。今此礼既难行于士民之家，故但焚香酹酒以代之。众丈夫盥手，帨手，主人帅之，脱笏，奉肉食。主人升自阼阶，众丈夫升自右阶，以次设于曾祖考妣、祖考妣、考妣神座前。降，执笏，复位。众妇女盥手，帨手，主妇帅之，奉面食米食羹饭，设于神座前。主人升自阼阶，诣酒樽所。执事者一人奉曾祖考以下酒盏，一人奉曾祖妣以下酒盏，就主人所。主人搢笏，执樽，以次斟酒。执事者奉之，徐行，反置故处。主人出笏，诣曾祖考、妣神座前，北向。执事者一人奉曾祖考酒盏立于主人之左，一人奉曾祖妣酒盏立于主人之右。搢笏，跪，取曾祖考、妣酒酹之，授执事者盏，返故处。主人出笏，俯伏，兴，少退立。祝怀辞出主人之左，东向，搢笏，出辞，跪读之。祝卷辞怀之，执笏。主人再拜。次诣祖考、妣以下神座，皆如曾祖考、妣之仪。献毕，祝及主人皆降，复位。此初献也。亚献、终献升自西阶、斟酒皆如上仪，唯不读祝。三献毕，主人升自阼阶，执樽，遍就斟酒，盏皆满，退立于香桌之侧。主妇升自西阶，执匕投饭中，西柄，正箸，立于香桌之侧。主人再拜，主妇四拜，退复位。此侑食也。《少牢馈食礼》："七饭。尸告饱，祝西面于主人之南，独侑不拜。侑曰:'皇尸未实侑。'"侑,劝也。又曰:"尸又食,上佐食,举尸牢肩。尸不饭,告饱。主人不言,拜侑。"又《注》:"祝言而不拜,主人不言而拜,亲疏之宜。"今主人斟酒,主妇设匙、正筯而拜,亦不言侑食之意也。司马氏《祭仪》至此,"祝阖门。于门左,众丈夫在其后。主妇立于门右,众妇女在其后。如食间,祝升,当门外,北向,告启门三,乃启门。"此阳厌也。《特牲馈食》曰:"尸谡。"《注》:"谡,起也。"又曰:"佐食彻豆荐俎,敦设于西北隅,几在南厞,用筵纳一尊。佐食阖牖户,降。"《注》:"厞,隐也。不知神之所在,或诸远人乎尸谡,而改馔为幽暗,所以为厌饫。此所谓当室之白为阳厌,尸未入之前为阴厌。"《祭义》曰:"祭之日,入室,僾然必有见乎其位。周还出户,肃然必有闻乎其容声。出户而听,忾然必有闻乎其叹息之声。"郑曰:"无尸者阖户,若食间。"此则孝子广求其亲,庶或享之,忠爱之至也。今既无尸,故须设此仪。若老弱羸病不能久立,则更休他所。常留亲者一两人,侍立于门外可也。司马氏又有饮福、受胙仪,云:"主人入就席,西向立。祝升自西阶,就曾祖位前,搢笏,举酒盏,徐行,诣主人之右,南向,授主人。主人搢笏,跪,受祭酒,啐酒。执事者授器以器。祝受器,取匙,抄诸位之黍各少许,置器中。祝执黍行,诣主人之左,北向,嘏于主人曰:'祖考命工祝承致多福于汝孝孙。来,汝孝孙,使汝受禄于天,宜稼于田,眉寿永年。勿替。'引之主人,置酒于席前,执笏,俯伏,兴,再拜。搢笏,跪受黍,尝之,实于左袂。执事者一人立于主人之右,主人授执事者器,挂袂于手指,取酒啐饮。执事者一人立于主人之右,受盏置酒注旁。一人立于主人之左,执盘置地。主人写袂中之黍于盘,执事者受以出。主人执笏,俯伏,兴,立于东阶上,西向。于主人之受黍也,祝执笏退立。于是在位者皆再拜,主人不拜。"韩魏公《祭仪》云:"饮福受胙之礼,私家久已不行。今但以祭馀酒馔,命亲属长幼分食之可也。"今庙制未备,未举行。主人帅执事者皆进彻。酒盏不酹者,及注中馀酒,皆入于壶,封之,所谓福酒。执事者彻祭馔,返于厨。祝告神曰:"礼毕。"主人乃再拜退。已上并以司马氏、横渠张氏、朱氏祭仪参定。

同祭

唐范传式《时飨仪》云:"若诸院兄弟同祭,则于祖座之东,依伯父、叔父次第设兄弟通行三献之礼,而祝文则各以其嗣为祭主,位版亦如之。初祭之时,主人之长行初献之礼,至祢坐而止。其叔父之座,则以从父弟行初献。"吕和叔云:"开、宝礼虽有共庙异室之文,止祭其适祖、适考。又其数世同居者,其旁支子孙亦有爵,欲祭其所出之祖父,不知当系何所设祭。若并许立庙,则似逾制。若今钱氏、曹氏之类,一家必须立十馀庙,若止祭于寝,则大祖下别子亦有为公相者。考于礼制,止有殇与无后从祖祔食之文,则支子有后者各有位庙可知。今既不可逾制创庙,则从父以上之兄弟聚居者,虽共立庙,一以祭其适祖,而兄弟中承适者,又宜于其位各虚一堂,以祭其所出。其不承适者之夫妇死,或庶母死,则亦于其位虚一堂,容其子孙祭之。若遇合祭,则并祭于祖庙。或贫不能办所虚之堂及无爵者,虽止祭于寝,亦可也。"

二祀

《祭法》:"适士立二祀,曰门曰行。庶士、庶人立一祀,或立户,或立灶。"《白虎通》云:"户一祀,灶二祀。"郑氏《月令》云:"祀门之礼,北面设主于左枢。"

吕和叔《乡仪》云:"士大夫止当祭五祀耳。山川百神,皆国家所行,不可得而祀。近世流俗,妄行祭祷,黩慢莫甚,岂有受福之礼?"

诸儒论祀行多不同,今兼用庶士之礼,以灶代行。门,设酒馔于门内左枢之前;灶,设酒馔于灶前,遣子弟一人行礼。

祝文

维某年岁次某甲子、月某甲子日某甲子,孝曾孙祖曰孝孙,父曰孝子。具位某,敢用清酌庶羞,荐岁事于曾祖考某官,曾祖妣某封某氏配。尚飨!

(录自宋吕乔年刻、元明递修《东莱吕太史集》)

袁氏世范

袁　采

卷一　睦亲

性不可以强合

人之至亲,莫过于父子兄弟。而父子兄弟有不和者,父子或因于责善,兄弟或因于争财。有不因责善、争财而不和者,世人见其不和,或就其中分别是非而莫名其由。盖人之性,或宽缓,或褊急,或刚暴,或柔懦,或严重,或轻薄,或持检,或放纵,或喜闲静,或喜纷拏,或所见者小,或所见者大,所禀自是不同。父必欲子之强合于己,子之性未必然;兄必欲弟之性合于己,弟之性未必然。其性不可得而合,则其言行亦不可得而合。此父子兄弟不和之根源也。况凡临事之际,一以为是,一以为非,一以为当先,一以为当后,一以为宜急,一以为宜缓,其不齐如此。若互欲同于己,必致于争论,争论不胜,至于再三,至于十数,则不和之情自兹而启,或至于终身失欢。若悉悟此理,为父兄者通情于子弟,而不责子弟之同于己;为子弟者,仰承于父兄,而不望父兄惟己之听,则处事之际,必相和协,无乖争之患。孔子曰:"事父母,几谏,见志不从,又敬不违,劳而无怨。"此圣人教人和家之要术也,宜孰思之。

人必贵于反思

人之父子,或不思各尽其道,而互相责备者,尤启不和之渐也。若各能反思,则无事矣。为父者曰:"吾今日为人之父,盖前日尝为人之子矣。凡吾前日事亲之道,每事尽善,则为子者得于见闻，不待教诏而知效。倘吾前日事亲之道有所未善，将以责其子，得不有愧于吾心！"为子者曰："吾今日为人之子，则他日亦当为人之父。今父之抚育我者如此，畀付我者如此，亦云厚矣。他日吾之待其子，不异于吾之父，则可以俯仰无愧。若或不及，非惟有负于其子，亦何颜以见其父？"然世之善为人子者，常善为人父，不能孝其亲者，常欲虐其子。此无他，贤者能自反，则无往而不善；不贤者不能自反，为人子则多怨，为人父则多暴。然则自反之说，惟贤者可以语此。

父子贵慈孝

慈父固多败子，子孝而父或不察。盖中人之性，遇强则避，遇弱则肆。父严而子知所畏，则不敢为非；父宽则子玩易，而恣其所行矣。子之不肖，父多优容；子之愿悫，父或责备之无已。惟贤智之人即无此患。至于兄友而弟或不恭，弟恭而兄不友；夫正而妇或不顺，妇顺而夫或不正，亦由此强即彼弱，此弱即彼强，积渐而致之。为人父者，能以他人之不肖子喻己子；为人子者，能以他人之不贤父喻己父，则父慈而子愈孝，子孝而父亦慈，无偏胜之患矣。至如兄弟、夫妇，亦各能以他人之不及者喻之，则何患不友、恭、正、顺者哉！

处家贵宽容

自古人伦，贤否相杂。或父子不能皆贤，或兄弟不能皆令，或夫流荡，或妻悍暴，少有一家之中无此患者，虽圣贤亦无如之何。譬如身有疮痍疣赘，虽甚可恶，不可决去，惟当宽怀处之。能知此理，则胸中泰然矣。古人所以谓父子、兄弟、夫妇之间人所难言者如此。

父兄不可辩曲直

子之于父，弟之于兄，犹卒伍之于将帅，胥吏之于官曹，奴婢之于雇主，不可相视如朋辈，事事欲论曲直。若父兄言行之失，显然不可掩，子弟止可和颜几谏。若以曲理而加之，子弟尤当顺受，而不当辩。为父兄者又当自省。

人贵能处忍

人言居家久和者，本于能忍。然知忍而不知处忍之道，其失尤多。盖忍或有藏蓄之意。人之犯我，藏蓄而不发，不过一再而已。积之既多，其发也，如洪流之决，不可遏矣。不若随而解之，不置胸次。曰："此其不思尔。"曰："此其无知尔。"曰："此其失误尔。"曰："此其所见者小尔。"曰："此其利害宁几何？"不使之入于吾心，虽日犯我者十数，亦不至形于言而见于色，然后见忍之功效为甚大，此所谓善处忍者。

亲戚不可失欢

骨肉之失欢，有本于至微而终至不可解者。止由失欢之后，各自负气，不肯先下尔。朝夕群居，不能无相失。相失之后，有一人能先下气，与之话言，则彼此酬复，遂如平时矣。宜深思之。

家长尤当奉承

兴盛之家，长幼多和协，盖所求皆遂，无所争也。破荡之家，妻孥未尝有过，而家长每多责骂者，衣食不给，触事不谐，积忿无所发，惟可施于妻孥之前而已。妻孥能知此，则尤当奉承。

顺适老人意

年高之人，作事有如婴孺，喜得钱财微利，喜受饮食、果实小惠，喜与孩童玩狎。为子弟者能知此，而顺适其意，则尽其欢矣。

孝行贵诚笃

人之孝行，根于诚笃，虽繁文末节不至，亦可以动天地、感鬼神。尝见世人有事亲不务诚笃，乃以声音笑貌缪为恭敬者，其不为天地鬼神所诛则幸矣，况望其世世笃孝而门户昌隆者乎？苟能知此，则自此而往，凡与物接，皆不可不诚，有识君子，试以诚与不诚者较其久远，效验孰多？

人不可不孝

人当婴孺之时，爱恋父母至切。父母于其子婴孺之时，爱念尤厚，抚育无所不至。盖由气血初分，相去未远，而婴孺之声音笑貌自能取爱于人。亦造物者设为自然之理，使之生生不穷。虽飞走微物亦然，方其子初脱胎卵之际，乳饮哺啄必极其爱。有伤其子，则护之不顾其身。然人于既长之后，分稍严而情稍疏。父母方求尽其慈，子方求尽其孝。飞走之属稍长则母子不相识认，此人之所以异于飞走也。然父母于其子幼之时，爱念抚育，有不可以言尽者。子虽终身承颜致养，极尽孝道，终不能报其少小爱念抚育之恩，况孝道有不尽者。凡人之不能尽孝道者，请观人之抚育婴孺，其情爱如何，终当自悟。亦由天地生育之道，所以及人者至广至大，而人之回报天地者何在？有对虚空焚香跪拜，或召羽流斋醮上帝，则以为能报天地，果足以报其万分之一乎？况又有怨咨于天地者，皆不能反思之罪也。

父母不可妄憎爱

人之有子，多于婴孺之时爱忘其丑。恣其所求，恣其所为，无故叫号，不知禁止，而以罪保母。陵轹同辈，不知戒约，而以咎他人。或言其不然，则曰小未可责。日渐月渍，养成其恶，此父母曲爱之过也。及其年齿渐长，爱心渐疏，微有疵失，遂成憎怒，摭其小疵，以为大恶。如遇亲故，装饰巧辞，历历陈数，断然以大不孝之名加之。而其子实无他罪，此父母妄憎之过也。爱憎之私，多先于母氏，其父若不知此理，则徇其母氏之说，牢不可解。为父者须详察此。子幼必待以严，子壮无薄其爱。

子弟须使有业

人之有子,须使有业。贫贱而有业,则不至于饥寒;富贵而有业,则不至于为非。凡富贵之子弟,耽酒色,好博弈,异衣服,饰舆马,与群小为伍,以至破家者,非其本心之不肖,由无业以度日,遂起为非之心。小人赞其为非,则有铺啜钱财之利,常乘间而翼成之。子弟痛宜省悟。

子弟不可废学

大抵富贵之家教子弟读书,固欲其取科第及深究圣贤言行之精微。然命有穷达,性有昏明,不可责其必到,尤不可因其不到而使之废学。盖子弟知书,自有所谓无用之用者存焉。史传载故事,文集妙词章,与夫阴阳、卜筮、方技、小说,亦有可喜之谈,篇卷浩博,非岁月可竟。子弟朝夕于其间,自有资益,不暇他务。又必有朋旧业儒者,相与往还谈论,何至饱食终日,无所用心,而与小人为非也。

教子当在幼

人有数子,饮食、衣服之爱不可不均一;长幼尊卑之分,不可不严谨;贤否是非之迹,不可不分别。幼而示之以均一,则长无争财之患;幼而教之以严谨,则长无悖慢之患;幼而有所分别,则长无为恶之患。今人之于子,喜者其爱厚,而恶者其爱薄。初不均平,何以保其他日无争?少或犯长,而长或陵少,初不训责,何以保其他日不悖?贤者或见恶,而不肖者或见爱,初不允当,何以保其他日不为恶?

父母爱子贵均

人之兄弟不和而至于破家者,或由于父母憎爱之偏,衣服饮食,言语动静,必厚于所爱而薄于所憎。见爱者意气日横,见憎者心不能平。积久之后，遂成深仇。所谓爱之，适所以害之也。苟父母均其所爱，兄弟自相和睦，可以两全，岂不甚善！

父母常念子贫

父母见诸子中有独贫者，往往念之，常加怜恤，饮食衣服之分或有所偏私，子之富者或有所献，则转以与之。此乃父母均一之心。而子之富者或以为怨，此殆未之思也，若使我贫，父母必移此心于我矣。

子孙当爱惜

人之子孙，虽见其作事多拂己意，亦不可深憎之。大抵所爱之子孙未必孝，或早夭，而暮年依托及身后葬祭，多是所憎之子孙。其他骨肉皆然。请以他人已验之事观之。

父母多爱幼子

同母之子，而长者或为父母所憎，幼者或为父母所爱，此理殆不可晓。窃尝细思其由，盖人生一二岁，举动笑语自得人怜，虽他人犹爱之，况父母乎？才三四岁至五六岁，恣性啼号，多端乖劣，或损动器用，冒犯危险，凡举动言语皆人之所恶。又多痴顽，不受训诫，故虽父母亦深恶之。方其长者可恶之时，正值幼者可爱之日，父母移其爱长者之心而更爱幼者，其憎爱之心从此而分，遂成迤逦。最幼者当可恶之时，下无可爱之者，父母爱无所移，遂终爱之，其势或如此。为人子者，当知父母爱之所在，长者宜少让，幼者宜自抑。为父母者又须觉悟，稍稍回转，不可任意而行，使长者怀怨，而幼者纵欲，以致破家。

祖父母多爱长孙

父母于长子多不之爱，而祖父母于长孙常极其爱。此理亦不可晓，岂亦由爱少子而迁及之耶？

舅姑当奉承

凡人之子，性行不相远，而有后母者，独不为父所喜。父无正室而有宠婢者亦然。此固父之昵于私爱，然为子者要当一意承顺，则天理久而自协。凡人之妇，性行不相远，而有小姑者独不为舅姑所喜。此固舅姑之爱偏，然为儿妇者要当一意承顺，则尊长久而自悟。或父或舅始终于不察，则为子为妇无可奈何，加敬之外，任之而已。

同居贵怀公心

兄弟子侄同居至于不和，本非大有所争。由其中有一人设心不公，为己稍重，虽是毫末，必独取于众，或众有所分，在己必欲多得。其他心不能平，遂启争端，破荡家产。驯小得而致大患。若知此理，各怀公心，取于私则皆取于私，取于公则皆取于公。众有所分，虽果实之属，直不数十金，亦必均平，则亦何争之有！

同居长幼贵和

兄弟子侄同居，长者或恃其长，陵轹卑幼。专用其财，自取温饱，因而成私。簿书出入不令幼者预知，幼者至不免饥寒，必启争端。或长者处事至公，幼者不能承顺，盗取其财，以为不肖之资，尤不能和。若长者总持大纲，幼者分干细务，长必幼谋，幼必长听，各尽公心，自然无争。

兄弟贫富不齐

兄弟子侄贫富厚薄不同，富者既怀独善之心，又多骄傲，贫者不生自勉之心，又多妒嫉，此所以不和。若富者时分惠其馀，不恤其不知恩；贫者知自有定分，不望其必分惠，则亦何争之有！

分析财产贵公当

朝廷立法,于分析一事非不委曲详悉,然有果是窃众营私,却于典卖契中,称系妻财置到,或诡名置产,官中不能尽行根究。又有果是起于贫寒,不因祖父资产自能奋立,营置财业。或虽有祖宗财产,不因于众,别自殖立私财,其同宗之人必求分析。至于经县、经州、经所在官府累十数年,各至破荡而后已。若富者能反思,果是因众成私,不分与贫者,于心岂无所慊!果是自置财产,分与贫者,明则为高义,幽则为阴德,又岂不胜如连年争讼,妨废家务,必资备裹粮,与嘱托吏胥,贿赂官员之徒废耶?贫者亦宜自思,彼实窃众,亦由辛苦营运以至增置,岂可悉分有之?况实彼之私财,而吾欲受之,宁不自愧?苟能知此,则所分虽微,必无争讼之费也。

同居不必私藏金宝

人有兄弟子侄同居,而私财独厚,虑有分析之患者,则买金银之属而深藏之,此为大愚。若以百千金银计之,用以买产,岁收必十千。十馀年后,所谓百千者,我已取之,其分与者皆其息也,况百千又有息焉!用以典质营运,三年而其息一倍,则所谓百千者我已取之,其分与者皆其息也,况又三年再倍,不知其多少,何为而藏之箧笥,不假此收息以利众也!余见世人有将私财假于众,使之营家久而止取其本者,其家富厚,均及兄弟子侄,绵绵不绝,此善处心之报也。亦有窃盗众财,或寄妻家,或寄内外姻亲之家,终为其人用过,不敢取索及取索而不得者多矣。亦有作妻家、姻亲之家置产,为其人所掩有者多矣。亦有作妻名置产,身死而妻改嫁,举以自随者亦多矣。凡百君子,幸详鉴此,止须存心。

分业不必计较

兄弟同居,甲者富厚,常虑为乙所扰。十数年间,或甲被破坏，而乙乃增进；或甲亡而其子不能自立，乙反为甲所扰者有矣。兄弟分析，有幸应分人典卖，而己欲执赎，则将所分田产丘丘段段平分，或以两旁分与应分人，而己分处中，往往应分人未卖而己分先卖，反为应分人执邻取赎者多矣。有诸父俱亡，作诸子均分，而无兄弟者分后独昌，多兄弟者分后浸微者；有多兄弟之人不愿作诸子均分而兄弟各自昌盛，胜于独据全分者；有以兄弟累众而己累独少，力求分析而分后浸微，反不若累众之人昌盛如故者；有以分析不平，屡经官求再分，而分到财产随即破坏，反不若被论之人昌盛如故者。世人若知智术不胜天理，必不起争讼之心。

兄弟贵相爱

兄弟义居，固世之美事。然其间有一人早亡，诸父与子侄其爱稍疏，其心未必均齐。为长而欺瞒其幼者有之，为幼而悖慢其长者有之。顾见义居而交争者，其相疾有甚于路人。前日之美事，乃甚不美矣。故兄弟当分，宜早有所定。兄弟相爱，虽异居异财，亦不害为孝义。一有交争，则孝义何在？

众事宜各尽心

兄弟子侄有同门异户而居者，于众事宜各尽心，不可令小儿、婢仆有扰于众。虽是细微，皆起争之渐。且众之庭宇，一人勤于扫洒，一人全不知顾，勤扫洒者已不能平，况不知顾者又纵其小儿婢仆，常常狼藉，且不容他人禁止，则怒詈失欢多起于此。

同居相处贵爱

同居之人，有不贤者非理相扰，若间或一再，尚可与辩。至于百无一是，且朝夕以此相临，极为难处。同乡及同官亦或有此，当宽其怀抱，以无可奈何处之。

友爱弟侄

父之兄弟,谓之伯父、叔父;其妻,谓之伯母、叔母。服制减于父母一等者,盖谓其抚字教育有父母之道,与亲父母不相远。而兄弟之子谓之犹子,亦谓其奉承报孝,有子之道,与亲子不相远。故幼而无父母者,苟有伯叔父母,则不至于无所养;老而无子孙者,苟有犹子,则不至于无所归。此圣王制礼立法之本意。今人或不然,自爱其子,而不顾兄弟之子。又有因其无父母,欲兼其财,百端以扰害之,何以责其犹子之孝!故犹子亦视其伯叔父母如仇雠矣。

和兄弟教子善

人有数子,无所不爱,而为兄弟则相视如仇雠,往往其子因父之意遂不礼于伯父、叔父者。殊不知己之兄弟即父之诸子,己之诸子,即他日之兄弟。我于兄弟不和,则己之诸子更相视效,能禁其不乖戾否?子不礼于伯叔父,则不孝于父亦其渐也。故欲吾之诸子和同,须以吾之处兄弟者示之。欲吾子之孝于己,须以其善事伯叔父者先之。

背后之言不可听

凡人之家,有子弟及妇女好传递言语,则虽圣贤同居,亦不能不争。且人之作事,不能皆是,不能皆合他人之意,宁免其背后评议?背后之言,人不传递,则彼不闻知,宁有忿争?惟此言彼闻,则积成怨恨。况两递其言,又从而增易之,两家之怨至于牢不可解。惟高明之人,有言不听,则此辈自不能离间其所亲。

同居不可相讥议

同居之人或相往来,须扬声曳履使人知之,不可默造。虑其适议及我,则彼此惭愧,进退不可。况其间有不晓事之人,好伏于幽暗之处,以伺人之言语。此生事兴争之端,岂可久与同居。然人之居处,不可谓僻静无人,而辄讥议人,必虑或有闻之者。俗谓:"墙壁有耳。"又曰:"日不可说人,夜不可说鬼。"

妇女之言寡恩义

人家不和,多因妇女以言激怒其夫及同辈。盖妇女所见不广不远,不公不平。又其所谓舅姑、伯叔、妯娌皆假合,强为之称呼,非自然天属。故轻于割恩,易于修怨。非丈夫有远识,则为其役而不自觉,一家之中乖变生矣。于是有亲兄弟子侄隔屋连墙,至死不相往来者;有无子而不肯以犹子为后,有多子而不以与其兄弟者;有不恤兄弟之贫,养亲必欲如一,宁弃亲而不顾者;有不恤兄弟之贫,葬亲必欲均费,宁留丧而不葬者。其事多端,不可概述。亦尝见有远识之人,知妇女之不可谏诲,而外与兄弟相爱常不失欢,私救其所急,私周其所乏,不使妇女知之。彼兄弟之贫者,虽深怨其妇女,而重爱其兄弟。至于当分析之际,不敢以贫故而贫爱其兄弟之财者,盖由见识高远之人不听妇女之言,而先施之厚,因以得兄弟之心也。

婢仆之言多间斗

妇女之易生言语者,又多出于婢妾之间。婢妾愚贱,尤无见识,以言他人之短失为忠于主母。若妇女有见识,能一切勿听,则虚伪之言不复敢进;若听之信之,从而爱之,则必再言之,又言之。使主母与人遂成深雠,为婢妾者方洋洋得志。非特婢妾为然,奴隶亦多如此。若主翁听信,则房族、亲戚、故旧皆大失欢,而善良之仆佃皆翻致诛责矣。

亲戚不宜频假贷

房族、亲戚、邻居,其贫者才有所阙,必请假焉。虽米、盐、酒、醋,计钱不多,然朝夕频频,令人厌烦。如假借衣服、器用,既为损污,又因以质钱。借之者历历在心,日望其偿;其借者非惟不偿,以行行常自若,且语人曰:"我未尝有纤毫假贷于他。"此言一达,岂不招怨怒。

亲旧贫者随力周济

应亲戚故旧有所假贷,不若随力给与之。言借,则我望其还,不免有所索。索之既频,而负偿冤主反怒曰:"我欲偿之,以其不当频索。"则姑已之。方其不索,则又曰:"彼不下气问我,我何为而强还之?"故索亦不偿,不索亦不偿,终于交怨而后已。盖贫人之假贷,初无肯偿之意,纵有肯偿之意,亦何由得偿?或假贷作经营,又多以命穷计绌而折阅。方其始借之时,礼甚恭,言甚逊,其感恩之心可指日以为誓。至他日责偿之时,恨不以兵刃相加。凡亲戚故旧,因财成怨者多矣。俗谓"不孝怨父母,欠债怨财主"。不若念其贫,随吾力之厚薄,举以与之。则我无责偿之念,彼亦无怨于我。

子孙常宜关防

子孙有过,为父祖者多不自知,贵宦尤甚。盖子孙有过,多掩蔽父祖之耳目。外人知之,窃笑而已,不使其父祖知之。至于乡曲贵宦,人之进见有时,称道盛德之不暇,岂敢言其子孙之非!况又自以子孙为贤,而以人言为诬,故子孙有弥天之过而父祖不知也。间有家训稍严,而母氏犹有庇其子之恶,不使其父知之。富家之子孙不肖,不过耽酒、好色、赌博、近小人,破家之事而已。贵宦之子孙不止此也。其居乡也。强索人之酒食,强贷人之钱财,强借人之物而不还,强买人之物而不偿。亲近群小,则使之假势以凌人;侵害善良,则多致饰词以妄讼。乡人有曲理犯法事,认为己事,名曰担当;乡人有争讼,则伪作父祖之简,干恳州县,求以曲为直;差夫借船,放税免罪,以其所得为酒色之娱。殆非一端也。其随侍也,私令市贾买物,私令吏人买物,私托场务买物,皆不偿其直;吏人补名,吏人免罪,吏人有优润,皆必责其报;典卖婢妾,限以低价,而使他人填赔;或同院子游狎,或干场务放税。其他妄有求觅,亦非一端,不恤误其父祖陷于刑辟也。凡为人父祖者,宜知此事,常关防,更常询访,或庶几焉。

子弟贪缪勿使仕宦

子弟有愚缪贪污者,自不可使之仕宦。古人谓治狱多阴德,子孙当有兴者,谓利人而人不知所自则得福。今其愚缪,必以狱讼事悉委胥辈,改易事情,庇恶陷善,岂不与阴德相反?古人又谓我多阴谋,道家所忌,谓害人而人不知所自则得祸。今其贪污,必与胥辈同谋,货鬻公事,以曲为直,人受其冤无所告诉,岂不谓之阴谋!士大夫试历数乡曲三十年前宦族,今能自存者仅有几家?皆前事所致也。有远识者必信此言。

家业兴替系子弟

同居父兄子弟,善恶贤否相半,若顽狠刻薄不惜家业之人先死,则其家兴盛未易量也;若慈善长厚勤谨之人先死,则其家不可救矣。谚云:"莫言家未成,成家子未生;莫言家未破,破家子未大。"亦此意也。

养子长幼宜异

贫者养他人之子当于幼时。盖贫者无田宅可养暮年,惟望其子反哺,不可不自其幼时衣食抚养以结其心;富者养他人之子当于既长之时。令世之富人养他人之子,多以为讳故,欲及其无知之时抚养,或养所出至微之人。长而不肖,恐其破家,方议逐去,致有争讼。若取于既长之时,其贤否可以粗见,苟能温淳守己,必能事所养如所生,且不致破家,亦不致兴讼也。

子多不可轻与人

多子固为人之患，不可以多子之故轻以与人。须俟其稍长，见其温淳守己，举以与人，两家获福。如在襁褓，即以与人，万一不肖，既破他家，必求归宗往往兴讼，又破我家，则两家受其祸矣。

养异姓子有碍

养异姓之子，非惟祖先神灵不歆其祀，数世之后，必与同姓通婚姻者，律禁甚严。人多冒之，至启争讼。设或人不之告，官不之治，岂可不思理之所在？江西养子，不去其所生之姓，而以所养之姓冠于其上，若复姓者。虽于经律无见，亦知恶其无别如此。

立嗣择昭穆相顺

同姓之子，昭穆不顺亦不可以为后。鸿雁微物，犹不乱行，人乃不然，至于叔拜侄，于理安乎？况启争端。设不得已，养弟养侄孙以奉祭祀，惟当抚之如子，以其财产与之。受所养者，奉所养如父。如古人为嫂制服，如今世为祖承重之意，而昭穆不乱，亦无害也。

庶孽遗腹宜早辨

别宅子、遗腹子宜及早收养教训，免致身后论讼。或已习为愚下之人方欲归宗，尤难处也。女亦然，或与杂滥之人通私，或婢妾因他事逐去，皆不可不于生前早有辨明。恐身后有求归宗而暗昧不明，子孙被其害者。

三代不可借人用

世有养孤遗子者，及长，使为僧、道，乃从其姓，用其三代。有族人出家而借用有荫人三代，此虽无甚利害，然有还俗求归宗者，官以文书为验，则不可断，以为非。此不可不防微也。

收养义子当绝争端

贤德之人，见族人及外亲子弟之贫，多收于其家，衣食教抚如己子。而薄俗乃有贪其财产，于其身后，强欲承重，以为某人尝以我为嗣矣。故高义之事使人病于难行。惟当于平昔别其居处。明其名称。若己嗣未立，或他人之子弟年居己子之长，尤不可不明嫌疑于平昔也。娶妻而有前夫之子，接脚夫而有前妻之子，欲抚养不欲抚养，尤不可不早定，以息他日之争。同入门及不同入门，同居及不同居，当质之于众，明之于官，以绝争端。若义子有劳于家，亦宜早有所酬。义兄弟有劳有恩，亦宜割财产与之，不可拘文而尽废恩义也。

孤女财产随嫁分给

孤女有分，必随力厚嫁。合得田产，必依条分给。若吝于目前，必致嫁后有所陈诉。

孤女宜早议亲

寡妇再嫁，或有孤女年未及嫁，如内外亲姻有高义者，宁若与之议亲，使鞠养于舅姑之家，俟其长而成亲。若随母而归义父之家，则嫌疑之间多不自明。

再娶宜择贤妇

中年以后丧妻，乃人之大不幸。幼子稚女无与之抚存，饮食衣服，凡闺门之事无与之料理，则难于不娶。娶在室之人，则少艾之心，非中年以后之人所能御。娶寡居之人。或是不能安其室者，亦不易制。兼有前夫之子，不能忘情，或有亲生之子，岂免二心！故中年再娶为尤难。然妇人贤淑自守，和睦如一者，不为无人，特难值耳。

妇人不必预外事

妇人不预外事者，盖谓夫与子既贤，外事自不必预。若夫与子不肖，掩蔽妇人之耳目，何所不至？今人多有游荡、赌博，至于鬻田园，甚至于鬻其所居，妻犹不觉。然则夫之不贤而欲求预外事，何益也？子之鬻产必同其母而伪书契字者有之。重息以假贷而兼并之人，不惮于论讼，贷茶、盐以转货，而官司责其必偿，为母者终不能制。然则子之不贤而欲求预外事，何益也？此乃妇人之大不幸，为之奈何？苟为夫能念其妻之可怜，为子能念其母之可怜，顿然悔悟，岂不甚善！

寡妇治生难托人

妇人有以其夫蠢懦，而能自理家务，计算钱谷出入，人不能欺者；有夫不肖而能与其子同理家务，不致破荡家产者；有夫死子幼而能教养其子，孰睦内外姻亲，料理家务至于兴隆者，皆贤妇人也。而夫死子幼，居家营生最为难事。托之宗族，宗族未必贤；托之亲戚，亲戚未必贤。贤者又不肯预人家事。惟妇人自识书算，而所托之人衣食自给，稍识公义，则庶几焉。不然，鲜不破家。

男女不可幼议婚

人之男女，不可于幼小时便议婚姻。大抵女欲得托，男欲得偶，若论目前，悔必在后。盖富贵盛衰，更迭不常。男女之贤否，须年长乃可见。若早议婚姻，事无变易，固为甚善，或昔富而今贫，或昔贵而今贱，或所议之婿流荡不肖，或所议之女很戾不检。从其前约则难保家，背其前约则为薄义，而争讼由之以兴，可不戒哉！

议亲贵人物相当

男女议亲,不可贪其阀阅之高,资产之厚。苟人物不相当,则子女终身抱恨,况又不和而生他事者乎?

婚娶当父母择配偶

有男虽欲择妇,有女虽欲择婿,又须自量我家子女如何。如我子愚痴庸下,若娶美妇,岂特不和,或有他事;如我女丑拙很妒,若嫁美婿,万一不和,卒为其弃出者有之。凡嫁娶因非偶而不和者,父母不审之罪也。

媒妁之言不可信

古人谓"周人恶媒",以其言语反复。给女家则曰男富,给男家则曰女美,近世尤甚。给女家则曰:男家不求备礼,且助出嫁遣之资;给男家则厚许其所迁之贿,且虚指数目。若轻信其言而成婚,则责恨见欺,夫妻反目,至于仳离者有之。大抵嫁娶固不可无媒,而媒者之言不可尽信。如此,宜谨察于始。

因亲结亲尤当尽礼

人之议亲,多要因亲及亲,以示不相忘,此最风俗好处。然其间妇女无远识,多因相熟而相简,至于相忽,遂至于相争而不和,反不若素不相识而骤议亲者。故凡因亲议亲,最不可托熟阙其礼文,又不可忘其本意,极于责备,则两家周致,无他患矣。故有侄女嫁于姑家,独为姑氏所恶;甥女嫁于舅家,独为舅妻所恶;姨女嫁于姨家,独为姨氏所恶。皆由玩易于其初,礼薄而怨生,又有不审于其初之过者。

女子可怜宜加爱

嫁女须随家力,不可勉强。然或财产宽馀,亦不可视为他人,不以分给。今世固有生男不得力而依托女家,及身后葬祭皆由女子者,岂可谓生女之不如男也!大抵女子之心最为可怜,母家富而夫家贫,则欲得母家之财以与夫家;夫家富而母家贫,则欲得夫家之财以与母家。为父母及夫者,宜怜而稍从之。及其有男女嫁娶之后,男家富而女家贫,则欲得男家之财以与女家;女家富而男家贫,则欲得女家之财以与男家。为男女者,亦宜怜而稍从之。若或割贫益富,此为非宜,不从可也。

妇人年老尤难处

人言"光景百年,七十者稀",为其倏忽易过。而命穷之人,晚景最不易的过,大率五十岁前过二十年如十年,五十岁后过十年不啻二十年。而妇人之享高年者,尤为难过。大率妇人依人而立,其未嫁之前,有好祖不如有好父,有好父不如有好兄弟,有好兄弟不如有好侄;其既嫁之后,有好翁不如有好夫,有好夫不如有好子,有好子不如有好孙。故妇人多有少壮享富贵而暮年无聊者,盖由此也。凡其亲戚,所宜矜念。

收养亲戚当虑后患

人之姑、姨、姊、妹及亲戚妇人,年老而子孙不肖,不能供养者,不可不收养。然又须关防,恐其身故之后,其不肖子孙却妄经官司,称其人因饥寒而死,或称其人有遗下囊箧之物。官中受其牒,必为追证,不免有扰。须于生前令白之于众,质之于官,称身外无馀物,则免他患。大抵要为高义之事,须令无后患。

分给财产务均平

父祖高年,怠于管干,多将财产均给子孙。若父祖出于公心,初无偏曲,子孙各能戮力,不事游荡,则均给之后,既无争讼,必至兴隆。若父祖缘有过房之子,缘有前母后母之子,缘有子亡而不爱其孙,又有虽是一等子孙,自有憎爱,凡衣食财物所及,必有厚薄,致令子孙力求均给,其父祖又于其中暗有轻重,安得不起他日争端!若父祖缘其子孙内有不肖之人,虑其侵害他房,不得已而均给者,止可逐时均给财谷,不可均给田产。若均给田产,彼以为己分所有,必邀求尊长立契典卖,典卖既尽,窥觎他房,从而婪取,必至兴讼,使贤子贤孙被其扰害,同于破荡,不可不思。大抵人之子孙或十数人皆能守己,其中有一不肖,则十数均受其害,至于破家者有之。国家法令百端,终不能禁;父祖智谋百端,终不能防。欲保延家祚者,鉴他家之已往,思我家之未来,可不修德熟虑,以为长久之计耶？

遗嘱公平维后患

遗嘱之文,皆贤明之人为身后之虑。然亦须公平,乃可以保家。如劫于悍妻黠妾,因于后妻爱子中有偏曲厚薄,或妄立嗣,或妄逐子,不近人情之事,不可胜数,皆所以兴讼破家也。

遗嘱之文宜预为

父祖有虑子孙争讼者,常欲预为遗嘱之文,而不知风烛不常,因循不决,至于疾病危笃,虽中心尚了然,而口不能言,手不能动,饮恨而死者多矣。况有神识昏乱者乎!

置义庄不若置义学

置义庄以济贫族,族久必众,不惟所得渐微,不肖子弟得之不以济饥寒。或为一醉之适,或为一掷之娱,致有以其合得券历预质于人,而所得不其半者,此为何益？若其所得之多,饱食终日,无所用心,扰暴乡曲,紊烦官司而已。不若以其田置义学及依寺院置度僧田,能为儒者择师训之,既为之食,且有以周其乏。质不美者,无田可养,无业可守,则度以为僧。非惟不至失所狼狈,辱其先德,亦不至生事扰人,紊烦官司也。

卷二 处己

人之智识有高下

人之智识固有高下，又有高下殊绝者。高之见下，如登高望远，无不尽见；下之视高，如在墙外欲窥墙里。若高下相去差近，犹可与语；若相去远甚，不如勿告，徒费舌颊尔。譬如弈棋，若高低止较三五着，尚可对弈；国手与未识筹局之人对弈，果如何哉？

处富贵不宜骄傲

富贵乃命分偶然，岂宜以此骄傲乡曲？若本自贫窭，身致富厚；本自寒素，身致通显，此虽人之所谓贤，亦不可以此取尤于乡曲。若因父祖之遗资而坐飨肥浓，因父祖之保任而驯致通显，此何以异于常人？其间有欲以此骄傲乡曲，不亦羞而可怜哉？

礼不可因人轻重

世有无知之人，不能一概礼待乡曲。而因人之富贵贫贱设为高下等级，见有资财、有官职者则礼恭而心敬。资财愈多，官职愈高，则恭敬又加焉。至视贫者、贱者，则礼傲而心慢，曾不少顾恤。殊不知彼之富贵非吾之荣，彼之贫贱非我之辱，何用高下分别如此！长厚有识君子必不然也。

穷达自两途

操履与升沉，自是两途。不可谓操履之正，自宜荣贵；操履不正，自宜困厄。若如此，则孔、颜应为宰辅，而古今宰辅达官，不复小人矣。盖操履自是吾人当行之事，不可以此责效于外物。责效不效，则操履必怠，而所守或变，遂为小人之归矣。今世间多有愚蠢而享富厚、智慧而居贫寒者，皆自有一定之分，不可致诘。若知此理,安而处之,岂不省事?

世事更变皆天理

世事多更变,乃天理如此。今世人往往见目前稍稍乐盛,以为此生无足虑,不旋踵而破坏者多矣。大抵天序十年一换甲,则世事一变。今不须广论久远,只以乡曲十年前、二十年前比论目前,其成败兴衰何尝有定势!世人无远识,凡见他人兴进及有如意事则怀妒,见他人衰退及有不如意事则讥笑。同居及同乡人最多此患。若知事无定势,则自虑之不暇,何暇妒人笑人哉!

人生劳逸常相若

膺高年享富贵之人,必须少壮之时尝尽艰难,受尽辛苦,不曾有自少壮享富贵安逸至老者。早年登科及早年受奏补之人,必于中年龃龉不如意,却于暮年方得荣达。或仕宦无龃龉,必其生事窘薄,忧饥寒,虑婚嫁。若早年宦达,不历艰难辛苦,及承父祖生事之厚,更无不如意者,多不获高寿。造物乘除之理类多如此。其间亦有始终享富贵者,乃是有大福之人,亦千万人中间有之,非可常也。今人往往机心巧谋,皆欲不受辛苦,即享富贵至终身。盖不知此理,而又非理计较,欲其子孙自小安然享大富贵,尤其蔽惑也,终于人力不能胜天。

贫富定分任自然

富贵自有定分。造物者既设为一定之分,又设为不测之机,役使天下之人,朝夕奔趋,老死而不觉。不如是,则人生天地间全然无事,而造化之术穷。然奔趋而得者,不过一二;奔趋而不得者,盖千万人。世人终以一二者之故,至于劳心费力。老死无成者多矣。不知他人奔趋而得,亦其定分中所有者。若定分中所有,虽不奔趋,迟以岁月,亦终必得。故世有高见远识超出造化机关之外,任其自去自来者,其胸中平夷。无忧喜,无怨尤，所谓奔趋及相倾之事未尝萌于意间，则亦何争之有？前辈谓死生贫富生来注定。君子赢得为君子，小人枉了做小人。此言甚切，人自不知耳。

忧患顺受则少安

人生世间，自有知识以来，即有忧患不如意事。小儿叫号，皆其意有不平。自幼至少至壮至老，如意之事常少，不如意之事常多。虽大富贵之人，天下之所仰羡以为神仙，而其不如意处各自有之，与贫贱人无异，特所忧虑之事异尔。故谓之缺陷世界，以人生世间无足心满意者。能达此理而顺受之，则可少安。

谋事难成则永久

凡人谋事，虽日用至微者，亦须龃龉而难成，或几成而败，既败而复成。然后，其成也永久平宁，无复后患。若偶然易成，后必有不如意者。造物微机不可测度如此，静思之则见此理，可以宽怀。

性有所偏在救失

人之德性出于天资者，各有所偏。君子知其有所偏，故以其所习为而补之，则为全德之人。常人不自知其偏，以其所偏而直情径行，故多失。《书》言九德，所谓宽、柔、愿、乱、扰、直、简、刚、强者，天资也；所谓栗、立、恭、敬、毅、温、廉、塞、义者，习为也。此圣贤之所以为圣贤也。后世有以性急而佩韦、性缓而佩弦者，亦近此类。虽然，己之所谓偏者，苦不自觉，须询之他人乃知。

人行有长短

人之性行虽有所短，必有所长。与人交游，若常见其短，而不见其长，则时日不可同处；若常念其长，而不顾其短，虽终身与之交游可也。「译述」人的性格、品行中虽然有短处,也一定有长处。与人交往,如果经常注意别人的短处,而无视别人的长处,那么,就连一刻也难以与人相处。相反的,如果常想着别人的长处,而不去计较他的短处,就是一辈子相交下去也能和睦。

人不可怀慢伪妒疑之心

处己接物,而常怀慢心、伪心、妒心、疑心者,皆自取轻辱于人,盛德君子所不为也。慢心之人自不如人,而好轻薄人。见敌己以下之人,及有求于我者,面前既不加礼,背后又窃讥笑。若能回省其身,则愧汗浃背矣。伪心之人言语委曲,若甚相厚,而中心乃大不然。一时之间人所信慕,用之再三则踪迹露见,为人所唾去矣。妒心之人常欲我之高出于人,故闻有称道人之美者,则忿然不平,以为不然;闻人有不如人者,则欣然笑快,此何加损于人,只厚怨耳。疑心之人,人之出言,未尝有心,而反复思绎曰:"此讥我何事?此笑我何事?"则与人缔怨,常萌于此。贤者闻人讥笑,若不闻焉,此岂不省事?

人贵忠信笃敬

言忠信,行笃敬,乃圣人教人取重于乡曲之术。盖财物交加,不损人而益己,患难之际,不妨人而利己,所谓忠也。不所许诺。纤毫必偿,有所期约,时刻不易,所谓信也。处事近厚,处心诚实,所谓笃也。礼貌卑下,言辞谦恭,所谓敬也。若能行此,非惟取重于乡曲,则亦无入而不自得。然敬之一事,于己无损,世人颇能行之,而矫饰假伪,其中心则轻薄,是能敬而不能笃者,君子指为谀佞,乡人久亦不归重也。

厚于责己而薄于责人

忠、信、笃、敬,先存其在己者,然后望其在人者。如在己者未尽,而以责人,人亦以此责我矣。今世之人能自省其忠、信、笃、敬者盖寡,能责人以忠、信、笃、敬者皆然也。虽然,在我者既尽,在人者也不必深责。今有人能尽其在我者固善矣,乃欲责人之似己,一或不满吾意,则疾之已甚,亦非有容德者,只益贻怨于人耳!

处事当无愧心

今人有为不善之事,幸其人之不见不闻,安然自肆,无所畏忌。殊不知人之耳目可掩,神之聪明不可掩。凡吾之处事,心以为可,心以为是,人虽不知,神已知之矣。吾之处事,心以为不可,心以为非,人虽不知,神已知之矣。吾心即神,神即祸福,心不可欺,神亦不可欺。《诗》曰:"神之格思,不可度思,矧可射思。"释者以谓"吾心以为神之至也",尚不可得而窥测,况不信其神之在左右,而以厌射之心处之,则亦何所不至哉?

为恶祷神为无益

人为善事而未遂,祷之于神,求其阴助,虽未见效,言之亦无愧。至于为恶而未遂,亦祷之于神,求其阴助,岂非欺罔!如谋为盗贼而祷之于神,争讼无理而祷之于神,使神果从其言而幸中,此乃贻怒于神,开其祸端耳。

公平正直人之当然

凡人行己,公平正直,可用此以事神,而不可恃此以慢神;可用此以事人,而不可恃此以傲人。虽孔子亦以敬鬼神、事大夫、畏大人为言,况下此者哉!彼有行己不当理者,中有所慊,动辄知畏,犹能避远灾祸,以保其身。至于君子而偶罹于灾祸者,多由自负以召致之耳。

悔心为善之几

人之处事,能常悔往事之非,常悔前言之失,常悔往年之未有知识，其贤德之进，所谓长日加益，而人不自知也。古人谓行年六十，而知五十九之非者，可不勉哉！

恶事可戒而不可为

凡人为不善事而不成，正不须怨天尤人，此乃天之所爱，终无后患。如见他人为不善事、常称意者，不须多羡，此乃天之所弃。待其积恶深厚，从而殄灭之。不在其身，则在其子孙。姑少待之，当自见也。

善恶报应难穷诘

人有所为不善，身遭刑戮，而其子孙昌盛者，人多怪之，以为天理有误。殊不知此人之家，其积善多，积恶少，少不胜多，故其为恶之人身受其报，不妨福祚延及后人。若作恶多而享寿富安乐，必其前人之遗泽将竭，天不爱惜，恣其恶深，使之大坏也。

人能忍事则无争心

人能忍事，易以习熟，终至于人以非理相加，不可忍者，亦处之如常。不能忍事，亦易以习熟，终至于睚眦之怨深，不足较者，亦至交署争讼，期以取胜而后已，不知其所失甚多。人能有定见，不为客气所使，则身心岂不大安宁！

小人当敬远

人之平居，欲近君子而远小人者。君子之言，多长厚端谨，此言先入于吾心，及吾之临事，自然出于长厚端谨矣；小人之言多刻薄浮华，此言先入于吾心，及吾之临事，自然出于刻薄浮华矣。且如朝夕闻人尚气好凌人之言，吾亦将尚气好凌人而不觉矣；朝夕闻人游荡不事绳检之言，吾亦将游荡不事绳检而不觉矣。如此非一端，非大有定力，必不免渐染之患也。

老成之言更事多

老成之人,言有迂阔,而更事为多。后生虽天资聪明,而见识终有不及。后生例以老成为迂阔,凡其身试见效之言欲以训后生者,后生厌听而毁诋者多矣。及后生年齿渐长,历事渐多,方悟老成之言可以佩服,然已在险阻艰难备尝之后矣。

君子有过必思改

圣贤犹不能无过,况人非圣贤,安得每事尽善?人有过失,非其父兄,孰肯诲责;非其契爱,孰肯谏谕。泛然相识,不过背后窃议之耳。君子惟恐有过,密访人之有言,求谢而思改。小人闻人之有言,则好为强辩,至绝往来,或起争讼者有矣。

言语贵简当

言语简寡,在我,可以少悔;在人,可以少怨。

小人为恶不必谏

人之出言举事,能思虑循省,而不幸有失,则在可谏可议之域。至于恣其性情,而妄言妄行,或明知其非而故为之者,是人必挟其凶暴强悍以排人之议己。善处乡曲者,如见似此之人,非惟不敢谏诲,亦不敢置于言议之间,所以远侮辱也。尝见人不忍平昔所厚之人有失,而私纳忠言,反为人所怒,曰:"我与汝至相厚,汝亦谤我耶!"孟子曰:"不仁者,可与言哉?"

觉人不善知自警

不善人虽人所共恶,然亦有益于人。大抵见不善人则警惧,不至自为不善。不见不善人则放肆,或至自为不善而不觉。故家无不善人,则孝友之行不彰;乡无不善人,则诚厚之迹不著。譬如磨石,彼自销损耳,刀斧资之以为利。老子云:"不善人乃善人之资。"谓此尔。若见不善人而与之同恶相济,及与之争为长雄,则有损而已,夫何益?

门户当寒生不肖子

乡曲有不肖子弟,耽酒好色,博弈游荡,亲近小人,豢养驰逐。轻于破家荡产,至为乞丐窃盗者。此家门厄数如此,或其父祖稔恶至此,未闻有因谏诲而改者。虽其至亲,亦当处之无可奈何,不必詻詻,徒厚其怨。

正己可以正人

勉人为善,谏人为恶,固是美事,先须自省。若我之平昔自不能为人,岂惟人不见听,亦反为人所薄。且如己之立朝可称,乃可诲人以立朝之方;己之临政有效,乃可诲人以临政之术;己之才学为人所尊,乃可诲人以进修之要;己之性行为人所重,乃可诲人以操履之详;己能身致富厚,乃可诲人以治家之法;己能处父母之侧而谐和无间,乃可诲人以至孝之行。苟为不然,岂不反为所笑!

浮言不足恤

人有出言至善,而或有议之者;人有举事至当,而或有非之者。盖众心难一,众口难齐如此。君子之出言举事,苟揆之吾心,稽之古训,询之贤者,于理无碍,则纷纷之言皆不足恤,亦不必辨。自古圣贤,当代宰辅,一时守令,皆不能免,况居乡曲,同为编氓,尤其无所畏,或轻议己,亦何怪焉?大抵指是为非,必妒忌之人,及素有仇怨者,此曹何足以定公论,正当勿恤勿辩也。

谀巽之言多奸诈

人有善诵我之美,使我喜闻而不觉其谀者,小人之最奸黠者也。彼其面谀我而我喜，及其退与他人语，未必不窃笑我为他所愚也。人有善揣人意之所向，先发其端，导而迎之，使人喜其言与己暗合者，亦小人之最奸黠者也。彼其揣我意而果合，及其退与他人语，又未必不窃笑我为他所料也。此虽大贤，亦甘受其侮而不悟，奈何？

凡事不可已甚

人有骂人而人不答者，人必有所容也。不可以为人之畏我，而更求以辱之。为之不已，人或起而我应，恐口噤而不能出言矣。人有讼人而人不校者，人必有所处也。不可以为人之畏我，而更求以攻之。为之不已，人或出而我辨，恐理亏而不能逃罪也。

言语虑后则少怨尤

亲戚故旧，人情厚密之时，不可尽以密私之事语之，恐一旦失欢，则前日所言，皆他人所凭以为争讼之资。至有失欢之时，不可尽以切实之语加之，恐忿气既平之后，或与之通好结亲，则前言可愧。大抵忿怒之际，最不可指其隐讳之事，而暴其父祖之恶。吾之一时怒气所激，必欲指其切实而言之，不知彼之怨恨深入骨髓。古人谓"伤人之言，深于矛戟"是也。俗亦谓"打人莫打膝，道人莫道实"。

与人言语贵和颜

亲戚故旧，因言语而失欢者，未必其言语之伤人，多是颜色辞气暴厉，能激人之怒。且如谏人之短，语虽切直，而能温颜下气，纵不见听，亦未必怒。若平常言语，无伤人处，而词色俱厉，纵不见怒，亦须怀疑。古人谓"怒于室者色于市"，方其有怒，与他人言，必不卑逊。他人不知所自，安得不怪！故盛怒之际与人言语尤当自警。前辈有言："诫酒后语，忌食时嗔，忍难耐事,顺自强人。"常能持此,最得便宜。

老人当敬重

高年之人,乡曲所当敬者,以其近于亲也。然乡曲有年高而德薄者,谓刑罚不加于己,轻詈辱人,不知愧耻。君子所当优容而不较也。

与人交游贵和易

与人交游,无问高下,须常和易,不可妄自尊大,修饰边幅。若言行崖异,则人岂复相近?然又不可太亵狎,樽酒会聚之际,固当歌笑尽欢,恐嘲讥中触人讳忌,则忿争兴焉。

才行高人自服

行高人自重,不必其貌之高;才高人自服,不必其言之高。

小人作恶必天诛

居乡曲间,或有贵显之家,以州县观望而凌人者。又有高资之家,以贿赂公行而凌人者。方其得势之时,州县不能谁何,鬼神犹或避之,况贫穷之人,岂可与之较?屋宅坟墓之所邻,山林田园之所接,必横加残害,使归于己而后已。衣食所资,器用之微,凡可其意者,必夺而有之。如此之人惟当逊而避之,逮其稔恶之深,天诛之加,则其家之子孙自能为其父祖破坏,以与乡人复仇也。乡曲更有健讼之人,把持短长,妄有论讼,以致追扰,州县不敢治其罪。又有恃其父兄子弟之众,结集凶恶,强夺人所有之物,不称意则群聚殴打。又复贿赂州县,多不竟其罪。如此之人,亦不必求以穷治,逮其稔恶之深,天诛之加,则无故而自罹于宪网,有计谋所不及救者。大抵作恶而幸免于罪者,必他时无故而受其报。所谓"天网恢恢,疏而不漏"也。

君子小人有二等

乡曲士夫,有挟术以待人,近之不可,远之则难者,所谓君子中之小人,不可不防,虑其信义有失,为我之累也。农、工、商、贾、仆、隶之流,有天资忠厚可任以事、可委以财者,所谓小人中之君子,不可不知,宜稍抚之以恩,不复虑其诈欺也。

居官居家本一理

士大夫居家能思居官之时,则不至干请把持而挠时政;居官能思居家之时,则不至狠愎暴恣而贻人怨。不能回思者皆是也。故见任官每每称寄居官之可恶,寄居官亦多谈见任官之不韪,并与其善者而掩之也。

小人难责以忠信

忠信二事,君子不守者少,小人不守者多。且如小人以物市于人,敝恶之物,饰为新奇;假伪之物,饰为真实。如绢帛之用胶糊,米麦之增湿润,肉食之灌以水,药材之易以他物。巧其言词,止于求售,误人食用,有不恤也。其不忠也类如此。负人财物久而不偿,人苟索之,期以一月,如期索之不售,又期以一月,如期索之又不售。至于十数期而不售如初。工匠制器,要其定资,责其所制之器,期以一月,如期索之不得,又期以一月,如期索之又不得,至于十数期而不得如初。其不信也类如此,其他不可悉数。小人朝夕行之,略不知怪,为君子者往往忿懥,直欲深治之,至于殴打论讼。若君子自省其身,不为不忠不信之事,而怜小人之无知,及其间有不得已而为自便之计,至于如此,可以少置之度外也。

戒货假药

张安国舍人知抚州日,闻有卖假药者,出榜戒约曰:"陶隐居、孙真人，因《本草》《千金方》济物利生，多积阴德，名在列仙。自此以来，行医货药，诚心救人，获福报者甚众，不论方册所载，只如近时，此验尤多，有只卖一真药便家资巨万，或自身安荣，享高寿；或子孙及第，改换门户，如影随形，无有差错。又曾眼见货卖假药者，其初积得些小家业，自谓得计，不知冥冥之中，自家合得禄料都被减克。或自身多有横祸，或子孙非理破荡，致有遭天火、被雷震者。盖缘赎药之人，多是疾病急切，将钱告求卖药之家，孝子顺孙只望一服见效，却被假药误赚，非惟无益，反致损伤。寻常误杀一飞禽走兽，犹有因果，况万物之中人命最重，无辜被祸，其痛何穷！"词多更不尽载。舍人此言，岂止为假药者言之，有识之人，自宜触类。

言貌重则有威

市井街巷，茶坊酒肆，皆小人杂处之地。吾辈或有经由，须当严重其辞貌，则远轻侮之患。或有狂醉之人，宜即回避，不必与之较可也。

衣服不可侈异

衣服举止异众，不可游于市，必为小人所侮。

居乡曲务平淡

居于乡曲，舆马衣服不可鲜华。盖乡曲亲故，居贫者多，在我者揭然异众，贫者羞涩，必不敢相近，我亦何安之有？此说不可与口尚乳臭者言。

妇女衣饰务洁净

妇女衣饰，惟务洁净，尤不可异众。且如十数人同处，而一人之衣饰独异，众所指目，其行坐能自安否？

礼义制欲之大闲

饮食,人之所欲,而不可无也,非理求之,则为饕为馋;男女,人之所欲,而不可无也,非理狎之,则为奸为滥;财物,人之所欲,而不可无也,非理得之,则为盗为贼。人惟纵欲,则争端起而狱讼兴。圣王虑其如此,故制为礼,以节人之饮食、男女;制为义,以限人之取与。君子于是三者,虽知可欲,而不敢轻形于言,况敢妄萌于心!小人反是。

见得思义则无过

圣人云:不见可欲,使心不乱。此最省事之要术。盖人见美食而必咽,见美色而必凝视,见钱财而必起欲得之心,苟非有定力者,皆不免此。惟能杜其端源,见之而不顾,则无妄想,无妄想则无过举矣。

人为情惑则忘返

子弟有耽于情欲,迷而忘返,至于破家而不悔者,盖始于试为之,由其中无所见,不能识破,则遂至于不可回。

子弟当谨交游

世人有虑子弟血气未定,而酒色博弈之事,得以昏乱其心,寻至于失德破家,则拘之于家,严其出入,绝其交游,致其无所闻见,朴野蠢鄙,不近人情。殊不知此非良策。禁防一弛,情窦顿开,如火燎原,不可扑灭。况居之于家,无所用心,却密为不肖之事,与出外何异?不若时其出入,谨其交游,虽不肖之事习闻既熟,自能识破,必知愧而不为。纵试为之,亦不至于朴野蠢鄙,全为小人之所摇荡也。

家成于忧惧破于怠忽

起家之人，生财富庶，乃日夜忧惧，虑不免于饥寒。破家之子，生事日消，乃轩昂自恣，谓"不复可虑"。所谓"吉人凶其吉，凶人吉其凶"，此其效验，常见于已壮未老，已老未死之前，识者当自默喻。

兴废有定理

起家之人，见所作事无不如意，以为智术巧妙如此，不知其命分偶然，志气洋洋，贪取图得。又自以为独能久远，不可破坏，岂不为造物者所窃笑？盖其破坏之人，或已生于其家，曰子曰孙，朝夕环立于其侧者，他日为父祖破坏生事之人，恨其父祖目不及见耳。前辈有建第宅，宴工匠于东庑曰："此造宅之人。"宴子弟于西庑曰："此卖宅之人。"后果如其言。近世士大夫有言："目所可见者，漫尔经营；目所不及见者，不须置之谋虑。"此有识君子知非人力所及，其胸中宽泰，与蔽迷之人如何。

用度宜量入为出

起家之人，易为增进成立者，盖服食器用及吉凶百费，规模浅狭，尚循其旧，故日入之数，多于已出，此所以常有馀。富家之子，易于倾覆破荡者，盖服食器用及吉凶百费，规模广大，尚循其旧，又分其财产立数门户，则费用增倍于前日。子弟有能省悟，远谋损节，犹虑不及，况有不之悟者，何以支梧？古人谓"由俭入奢易，由奢入俭难"，盖谓此尔。大贵人之家尤难于保成。方其致位通显，虽在闲冷，其俸给亦厚，其馈遗亦多，其使令之人满前，皆州郡廪给，其服食器用虽极于华侈，而其费不出于家财。逮其身后，无前日之俸给、馈遗使令之人，其日用百费非出家财不可。况又析一家为数家，而用度仍旧，岂不至于破荡？此亦势使之然，为子弟者各宜量节。

起家守成宜为悠久计

人之居世，有不思父祖起家艰难，思与之延其祭祀，又不思子孙无所凭藉，则无以脱于饥寒。多生男女，视如路人，耽于酒色，博弈游荡，破坏家产，以取一时之快。此皆家门不幸。如此，冒干刑宪，彼亦不恤。岂教诲、劝谕、责骂之所能回？置之无可奈何而已。

节用有常理

人有财物，虑为人所窃，则必缄縢扃鐍，封识之甚严。虑费用之无度而致耗散，则必算计较量，支用之甚节。然有甚严而有失者，盖百日之严，无一日之疏，则无失；百日严而一日不严，则一日之失与百日不严同也。有甚节而终至于匮乏者，盖百事节而无一事之费，则不至于匮乏，百事节而一事不节，则一事之费与百事不节同也。所谓百事者，自饮食、衣服、屋宅、园馆、舆马、仆御、器用、玩好，盖非一端。丰俭随其财力，则不谓之费。不量财力而为之，或虽财力可办，而过于侈靡，近于不急，皆妄费也。年少主家事者宜深知之。

事贵预谋后则时失

中产之家，凡事不可不早虑。有男而为之营生，教之生业，皆早虑也。至于养女，亦当早为储蓄衣衾、妆奁之具，及至遣嫁，乃不费力。若置而不问，但称临时，此有何术？不过临时鬻田庐，及不恤女子之羞见人也。至于家有老人，而送终之具不为素办，亦称临时。亦无他术，亦是临时鬻田庐，及不恤后事之不如仪也。今人有生一女而种杉万根者，待女长，则鬻杉以为嫁资，此其女必不至失时也。有于少壮之年，置寿衣寿器寿茔者，此其人必不至三日五日无衣无棺可敛，三年五年无地可葬也。

居官居家本一理

居官当如居家,必有顾藉;居家当如居官,必有纲纪。

子弟当习儒业

士大夫之子弟,苟无世禄可守,无常产可依,而欲为仰事俯育之计,莫如为儒。其才质之美,能习进士业者,上可以取科第致富贵,次可以开门教授,以受束修之奉。其不能习进士业者,上可以事笔札,代笺简之役,次可以习点读,为童蒙之师。如不能为儒,则巫医、僧道、农圃、商贾、伎术,凡可以养生而不至于辱先者,皆可为也。子弟之流荡,至于为乞丐、盗窃,此最辱先之甚。然世之不能为儒者,乃不肯为巫医、僧道、农圃、商贾、伎术等事,而甘心为乞丐、盗窃者,深可诛也。凡强颜于贵人之前而求其所谓应副;折腰于富人之前而托名于假贷;游食于寺观而人指为穿云子,皆乞丐之流也。居官而掩蔽众目,盗财入己,居乡而欺凌愚弱,夺其所有,私贩官中所禁茶、盐、酒、醋之属,皆窃盗之流也。世人有为之而不自愧者,何哉?

荒怠淫逸之患

凡人生而无业,及有业而喜于安逸,不肯尽力者,家富则习为下流,家贫则必为乞丐。凡人生而饮酒无算,食肉无度,好淫滥,习博弈者,家富则致于破荡,家贫则必为盗窃。

周急贵乎当理

人有患难不能济,困苦无所诉,贫乏不自存,而其人朴讷怀愧,不能自言于人者,吾虽无馀,亦当随力周助。此人纵不能报,亦必知恩。若其人本非窘乏,而以作谒为业,挟挥咥佞之术,遍谒贵人富人之门,过州干州,过县干县,有所得则以为己能,无所得则以为怨仇。在今日则无感恩之心,在他日则无报德之事,正可以不恤不顾待之。岂可割吾之不敢用,以资他之不当用?

不可轻受人恩

居乡及在旅,不可轻受人之恩。方吾未达之时,受人之恩,常在吾怀,每见其人,常怀敬畏,而其人亦以有恩在我,常有德色。及吾荣达之后,遍报则有所不及,不报则为亏义,故虽一饭一缣,亦不可轻受。前辈见人仕官而广求知己,戒之曰:"受恩多,则难以立朝。"宜详味此。

受人恩惠当记省

今人受人恩惠多不记省,而有所惠于人,虽微物亦历历在心,古人言:施人勿念,受施勿忘。诚为难事。

人情厚薄勿深较

人有居贫困时,不为乡人所顾,及其荣达,则视乡人如仇雠。殊不知乡人不厚于我,我以为憾;我不厚于乡人,乡人他日亦独不记耶?但于其平时薄我者,勿与之厚,亦不必致怨。若其平时不与吾相识,苟我可以济助之者,亦不可不为也。

报怨以直乃公心

圣人言"以直报怨",最是中道,可以通行。大抵以怨报怨,固不足道,而士大夫欲邀长厚之名者,或因宿仇,纵奸邪而不治,皆矫饰不近人情。圣人之所谓直者,其人贤,不以仇而废之;其人不肖,不以仇而庇之。是非去取,各当其实。以此报怨,必不至递相酬复无已时也。

讼不可长

居乡不得已而后与人争,又大不得已而后与人讼,彼稍服其不然则已之,不必费用财物,交结胥吏,求以快意,穷治其仇。

至于争讼财产,本无理而强求得理,官吏贪谬,或可如志,宁不有愧于神明!仇者不伏,更相诉讼,所费财物,十数倍于其所直,况遇贤明有司,安得以无理为有理耶?大抵人之所讼互有短长,各言其长而掩其短,有司不明,则牵连不决。或决而不尽其情,胥吏得以受贿而弄法,蔽者之所以破家也。

暴吏害民必天诛

官有贪暴,吏有横刻,贤豪之人不忍乡曲众被其恶,故出力而讼之。然贪暴之官必有所恃,或以其有亲党在要路,或以其为州郡所深喜,故常难动摇。横刻之吏,亦有所恃,或以其为见任官之所喜,或以其结州曹吏之有素,故常无忌惮。及至人户有所诉,则官求势要之书以请托,吏以官库之钱而行贿,毁去簿历,改易案牍。人户虽健讼,亦未便轻胜。兼论诉官吏之人又只欲劫持官府,使之独畏己,初无为众除害之心。常见论诉州县官吏之人,恃为官吏所畏,拖延税赋不纳。人户有折变,己独不受折变;人户有科敷,己独不伏科敷。睨立庭下,抗对长官;端坐司房,骂辱胥辈;冒占官产,不肯输租;欺凌善弱,强欲断治;请托公事,必欲以曲为直,或与胥吏通同为奸,把持官员,使之听其所为,以残害乡民。如此之官吏,如此之奸民,假以岁月,纵免人祸,必自为天所诛也。

民俗淳顽当求其实

士大夫相见,往往多言某县民淳,某县民顽。及询其所以然,乃谓见任官赃污狼籍,乡民吞声饮气而不敢言,则为淳;乡民列其恶诉之州郡监司,则为顽。此其得顽之名,岂不枉哉?今人多指奉化县为顽,问之奉化人,则曰:"所讼之官皆有入己赃,何谓奉化为顽?"如黄岩等处人言皆然,此正圣人所谓"斯民也,三代之所以直道而行也"。何顽之有!今具其所以为顽之目:应纳税赋而不纳,及应供科配而不供,则为顽;若官中因事广科，从而隐瞒，其民户不肯供纳则不为顽。官吏断事，出于至公，又合法意，乃任私怨，求以翻异，则为顽；官吏受财，断直为曲，事有冤抑，次第陈诉，则不为顽。官员清正，断事自己，豪横之民无所行赂，无所措谋，则与胥吏表里撰合语言，妆点事务，妄兴论讼，则为顽；若官员与吏为徒，百般诡计掩人耳目，受接贿赂，偷盗官钱，人户有能出力为众论诉，则不为顽。

官有科付之弊

县、道有非理横科及预借官物者，必相率而次第陈讼。盖两税自有常额，足以充上供州用县用；役钱亦有常额，足以供解发支雇。县官正己以率下，则民间无隐负不输，官中无侵盗妄用，未敢以为有馀，亦何不足之有！惟作县之人不自检己，吃者、着者、日用者，般挈往来，送遗给托，置造器用，储蓄囊箧，及其他百色之须，取给于手分、乡司。为手分、乡司者，岂有将己财奉县官，不过就簿历之中，恣为欺弊。或揽人户税物而不纳；或将到库之钱而他用；或伪作过军、过客券，旁及修葺廨舍，而公求支破；或阳为解发而中途截拨……其弊百端，不可悉举。县官既素受其污啖，往往知而不问，况又有憒然不晓财赋之利病。及晓之者，又与之通同作弊。一年之间，虽至小邑，亏失数千缗，殆不觉也。于是有横科预借之患，及有拖欠州郡之数。及将任满，请托关节以求脱去，而州郡遂将积欠勒令后政补偿。夫前政以一年财赋不足一年支解，为后政者岂能以一年财赋补足数年财赋！故前政预借钱物多不认理，或别设巧计阴夺民财，以求补足旧欠，其祸可胜言哉！

大凡居官莅事，不可不仔细，猾吏奸民尤当深察。若轻信吏人，则彼受乡民遗赂，百端撰造，以曲为直，从而断决，岂不枉哉！间有子弟为官，憒然不晓事理者，又有与吏同贪，虽知其是否而妄决者，乡民冤抑莫伸。仕官多无后者，以此盖亦思上之所以责任我者何意？而下之所以赴愬于我者，正望我以伸其冤抑，我其可以不公其心哉！凡为官吏当以公心为主，非特在己无愧，而子孙亦职有利矣。

卷三　治家

宅舍关防贵周密

人之居家，须令垣墙高厚，藩篱周密，窗壁门关坚牢，随损随修。如有水窦之类，亦须常设格子，务令新固，不可轻忽。虽窃盗之巧者，穴墙剪篱，穿壁决关，俄顷可办。比之颓墙败篱、腐壁敝门以启盗者有间矣。且免奴仆奔窜及不肖子弟夜出之患。如外有窃盗，内有奔窜及子弟生事，纵官司为之受理，岂不重费财力？

山居须置庄佃

居止或在山谷村野僻静之地，须于周围要害去处置立庄屋，招诱丁多之人居之。或有火烛、窃盗，可以即相救应。

夜间防盗宜警急

凡夜犬吠，盗未必至，亦是盗来探试，不可以为他而不警。夜间遇物有声，亦不可以为鼠而不警。

防盗宜巡逻

屋之周围须令有路，可以往来，夜间遣人十数遍巡之。善虑事者，居于城郭，无甚隙地，亦为夹墙，使逻者往来其间。若屋之内，则子弟及奴婢更迭巡警。

夜间逐盗宜详审

夜间觉有盗，便须直言："有盗！"徐起逐之，盗必且窜。不可乘暗击之，恐盗之急以刀伤我，又误击自家之人。若持烛见盗，击之犹庶几，若获盗而已受拘执，自当准法，无过殴伤。

富家少蓄金帛免招盗

多蓄之家，盗所觊觎，而其人又多置什物，喜于矜耀，尤盗之所垂涎也。富厚之家若多储钱谷，少置什物，少蓄金宝丝帛，纵被盗亦不多失。前辈有戒其家："自冬夏衣之外，藏帛以备不虞，不过百匹。"此亦高人之见，岂可与世俗言？

防盗宜多端

劫盗有中夜炬火露刃，排门而入人家者，此尤不可不防。须于诸处往来路口，委人为耳目，或有异常，则可以先知。仍预置便门，遇有警急，老幼妇女且从便门走避。又须子弟及仆者，平时常备器械，为御敌之计。可敌则敌，不可敌则避。切不可令盗得我之人，执以为质，则邻保及捕盗之人不敢前。

刻剥招盗之由

劫盗虽小人之雄，亦自有识见。如富家平时不刻剥，又能乐施，又能种种方便，当兵火扰攘之际，犹得保全，至不忍焚掠污辱者多。盗所快意于劫杀者，多是积恶之人。富家各宜自省。

失物不可猜疑

家居或有失物，不可不急寻。急寻，则人或投之僻处，可以复收，则无事矣。不急，则转而出外，愈不可见。又不可妄猜疑人，猜疑之当，则人或自疑，恐生他虞；猜疑不当，则正窃者反自得意。况疑心一生，则所疑之人揣其行坐辞色皆若窃物，而实未尝有所窃也。或已形于言，或妄有所执治，而所失之物偶见，或正窃者方获，则悔将若何？

睦邻里以防不虞

居宅不可无邻家，虑有火烛，无人救应。宅之四围，如无溪流，当为池井，虑有火烛，无水救应。又须平时抚恤邻里有恩义，有士大夫平时多以官势残虐邻里，一日为仇人刃其家，火其屋宅。邻里更相戒曰："若救火，火熄之后，非惟无功，彼更讼我，以为盗取他家财物，则狱讼未知了期。若不救火，不过杖一百而已。"邻居甘受杖而坐视其大厦为灰烬，生生之具无遗。此其平时暴虐之效也。

火起多从厨灶

火之所起，多从厨灶。盖厨屋多时不扫，则埃墨易得引火，或灶中有留火，而灶前有积薪接连，亦引火之端也。夜间最当巡视。

焙物宿火宜儆戒

烘焙物色过夜，多致遗火。人家房户，多有覆盖宿火而以衣笼罩其上，皆能致火，须常戒约。

田家致火之由

蚕家屋宇低隘，于炙簇之际，不可不防火。农家储积粪壤，多为茅屋，或投死灰于其间，须防内有馀烬未灭，能致火烛。

致火不一类

茅屋须常防火；大风须常防火；积油物、积石灰须常防火。此类甚多，切须询究。

小儿不可带金宝

富人有爱其小儿者，以金银宝珠之属饰其身。小人有贪者，于僻静处坏其性命而取其物，虽闻于官而寘于法，何益？

小儿不可独游街市

市邑小儿，非有壮夫携负，不可令游街巷，虑有诱略之人也。

小儿不可临深

人之家居,井必有干,池必有栏,深溪急流之处,峭险高危之地,机关触动之物,必有禁防,不可令小儿狎而临之。脱有疏虞,归怨于人,何及?

亲宾不宜多强酒

亲宾相访,不可多虐以酒。或被酒夜卧,须令人照管。往时括苍有困客以酒,且虑其不告而去,于是卧于空舍而钥其门,酒渴索浆不得,则取花瓶水饮之。次日启关而客死矣。其家讼于官。郡守汪怀忠究其一时舍中所有之物,云"有花瓶,浸旱莲花"。试以旱莲花浸瓶中,取罪当死者试之,验,乃释之。又有置水于案而不掩覆,屋有伏蛇遗毒于水,客饮而死者。凡事不可不谨如此。

婢仆奸盗宜深防

清晨早起,昏晚早睡,可以杜绝婢仆奸盗等事。

严内外之限

司马温公《居家杂仪》:"令仆子非有警急修葺,不得入中门;妇女婢妾无故不得出中门。只令铃下小童通传内外。"治家之法,此过半矣。

婢妾常宜防闭

婢妾与主翁亲近,或多挟此私通,仆辈有子则以主翁藉口。畜愚贱之裔,至破家者多矣。凡婢妾不可不谨其始,亦不可不防其终。

侍婢不可不谨出入

人有婢妾不禁出入,至与外人私通,有妊不正其罪而遽逐去者,往往有于主翁身故之后,自言是主翁遗腹子,以求归宗。旋至兴讼,世俗所宜警此,免累后人。

婢妾不可供给

人有以正室妒忌,而于别宅置婢妾者;有供给娼女,而绝其与人往来者。其关防非不密,监守非不谨,然所委监守之人得其犒遗,反与外人为耳目以通往来,而主翁不知,至养其所生子为嗣者。又有妇人临蓐,主翁不在,则弃其所生之女,而取他人之子为己子者。主翁从而收养,不知非其己子,庸俗愚暗大抵类此。

暮年不宜置宠妾

妇人多妒,有正室者少蓄婢妾,蓄婢妾者多无正室。夫蓄婢妾者,内有子弟,外有仆隶,皆当关防。制以主母犹有他事,况无所统辖。以一人之耳目临之,岂难欺蔽哉!暮年尤非所宜,使有意外之事,当如之何?

婢妾不可不谨防

夫蓄婢妾之家,有僻室而人所不到,有便门而可以通外。或溷厕与厨灶相近而使膳夫掌庖,或夜饮在于内室而使仆子供役,其弊有不可防者。盖此曹深谋而主不之猜,此曹迭为耳目,而主又何由知觉?

美妾不可蓄

夫置婢妾,教之歌舞,或使侑樽以为宾客之欢,切不可蓄姿貌黠慧过人者,虑有恶客起觊觎之心。彼见美丽,必欲得之。"逐兽则不见泰山",苟势可以临我,则无所不至。绿珠之事在古可鉴,近世亦多有之,不欲指言其名。

赌博非闺门所宜有

士大夫之家,有夜间男女群聚而呼卢至于达旦,岂无托故而起者。试静思之。

仆厮当取勤朴

人家有仆,当取其朴直谨愿,勤于任事,不必责其应对进退之快人意。人之子弟不知温饱所自来者,不求自己德业之出众,而独欲仆者俏黠之出众,费财以养无用之人,固来甚害,生事为非,皆此辈导之也。

轻诈之仆不可蓄

仆者而有市井浮浪子弟之态,异巾美服,言语矫诈,不可蓄也。蓄仆之久,而骤然如此,闺阃之事,必有可疑。

待奴仆当宽恕

奴仆小人,就役于人者,天资多愚,作事乖舛背违,不曾有便当省力之处。如顿放什物,必以斜为正;如裁截物色,必以长为短。若此之类,殆非一端。又性多忘,嘱之以事,全不记忆;又性多执,所见不是,自以为是;又性多很,轻于应对,不识分守。所以顾主于使令之际,常多叱咄。其为不改,其言愈辩,顾主愈不能平。于是箠楚加之,或失手而至于死亡者有矣。凡为家长者,于使令之际有不如意,当云小人天资之愚如此,宜宽以处之。多其教诲,省其嗔怒可也。如此,则仆者可以免罪,主者胸中亦大安乐,省事多矣。至于婢妾,其愚尤甚。妇人既多褊急狠愎,暴忍残刻,又不知古今道理,其所以责备婢妾者又非丈夫之比。为家长者宜于平昔常以待奴仆之理谕之,其间必自有晓然者。

奴仆不可深委任

人之居家,凡有作为及安顿什物,以至田园、仓库、厨、厕等事,皆自为之区处,然后三令五申以责付奴仆,犹惧其遗忘,不如吾志。今有人一切不为之区处,凡事无大小听奴仆自为谋,不合己意,则怒骂,鞭挞继之。彼愚人,止能出力以奉吾令而已,岂能善谋,一一暗合吾意。若不知此,自见多事。且如工匠执役,必使一不执役者为之区处,谓之"都料匠"。盖人凡有执为,则不暇他见,须令一不执为者,旁观而为之区处,则不烦扰而功增倍矣。

顽很婢仆宜善遣

婢仆有顽很全不中使令者,宜善遣之,不可留,留则生事。主或过于殴伤,此辈或挟怨为恶,有不容言者。婢仆有奸盗及逃亡者,宜送之于官,依法治之,不可私自鞭挞,亦恐有意外之事。或逃亡非其本情,或所窃止于饮食微物,宜念其平日有劳,只略惩之,仍前留备使令可也。

婢仆不可自鞭挞

婢仆有小过,不可亲自鞭挞,盖一时怒气所激,鞭挞之数必不记,徒且费力,婢仆未必知畏。惟徐徐责问,令他人执而挞之,视其过之轻重而定其数。虽不过怒,自然有威,婢妾亦自然畏惮矣。寿昌胡倅彦特之家,子弟不得自打仆隶,妇女不得自打婢妾。有过则告之家长,家长为之行遣。妇女擅打婢妾则挞子弟,此贤者之家法也。

教治婢仆有时

婢仆有过,既以鞭挞,而呼唤使令,辞色如常,则无他事。盖小人受杖方内怀怨,而主人怒不之释,恐有轻生而自残者。

婢仆横逆宜详审

婢仆有无故而自经者,若其身温可救,不可解其缚。须急抱其身令稍高,则所缢处必稍宽。仍更令一人以指于其缢处渐渐宽之。觉其气渐往来,乃可解下。仍急令人吸其鼻中,使气相接,乃可以苏。或不晓此理,而先解其系处,其身力重,其缢处愈急,只一嘘气,便不可救。此不可不预知也。如身已冷,不可救,或救而不苏,当留本处,不可移动。叫集邻保,以事闻官。仍令得力之人日夜同与守视,恐有犬鼠之属残其尸也。自刃不殊,宜以物掩其伤处。或已绝,亦当如前说。人家有井,于瓮处宜为缺级,令可以上下。或有坠井投井者,可以令人救应。或不及,亦当如前说。溺水,投水,而水深不可援者,宜以竹篙及木板能浮之物投与之。溺者有所执,则身浮可以救应。或不及,亦当如前说。夜睡魇死及卒死者,亦不可移动,并当如前说。

婢仆疾病当防备

婢仆无亲属而病者,当令出外就邻家医治,仍经邻保录其词说,却以闻官。或有死亡,则无他虑。

婢仆当令饱暖

婢仆欲其出力办事,其所以御饥寒之具。为家长者不可不留意,衣须令其温,食须令其饱。士大夫有云:蓄婢不厌多,教之纺绩,则足以衣其身;蓄仆不厌多,教以耕种,则足以饱其腹。大抵小民有力,足以办衣食。而力无所施,则不能以自活,故求就役于人。为富家者能推恻隐之心,蓄养婢仆,乃以其力还养其身,其德至大矣。而此辈既得温饱,虽苦役之,彼亦甘心焉。

凡物各宜得所

婢仆宿卧去处,皆为点检,令冬时无风寒之患,以至牛、马、猪、羊、猫、狗、鸡、鸭之属遇冬寒时,各为区处牢圈栖息之处。此皆仁人之用心,备物我为一理也。

人物之性皆贪生

飞禽走兽之与人,形性虽殊,而喜聚恶散,贪生畏死,其情则与人同。故离群则向人悲鸣,临庖则向人哀号。为人者既忍而不之顾,反怒其鸣号者有矣。胡不反己以思之?物之有望于人,犹人之有望于天也。物之鸣号有诉于人,而人不之恤,则人之处患难、死亡、困苦之际,乃欲仰首叫号,求天之恤耶!大抵人居病患不能支持之时,及处囹圄不能脱去之时,未尝不反复究省平日所为,某者为恶,某者为不是,其所以改悔自新者,指天誓日可表。至病患平宁及脱去罪戾,则不复记省,造罪作恶无异往日。余前所言,若言于经历患难之人,必以为然。犹恐痛定之后不复记省,彼不知患难者,安知不以吾言为迂?

求乳母令食失恩

有子而不自乳,使他人乳之,前辈已言其非矣。况其间求乳母于未产之前者,使不举己子而乳我子,有子方婴孩,使舍之而乳我子,其己子呱呱而泣,至于饿死者。有因仕宦他处,逼勒牙家诱赚良人之妻,使舍其夫与子而乳我子,因挟以归乡,使其一家离散,生前不复相见者。士夫递相庇护,国家法令有不能禁,彼独不畏于天哉?

雇女使年满当送还

以人之妻为婢,年满而送还其夫;以人之女为婢,年满而送还其父母;以他乡之人为婢,年满而送归其乡。此风俗最近厚者,浙东士大夫多行之。有不还其夫而擅嫁他人,有不还其父母而擅与嫁人,皆兴讼之端。况有不恤其离亲戚,去乡土,役之终身,无夫无子,死为无依之鬼,岂不甚可怜哉!

婢仆得土人最善

蓄奴婢惟本土人最善。盖或有病患，则可责其亲属为之扶持；或有非理自残，既有亲属明其事因，公私又有质证。或有婢妾无夫、子、兄、弟可依，仆隶无家可归，念其有劳不可不养者，当令预经邻保，自言并陈于官。或预与之择其配，婢使之嫁，仆使之娶，皆可绝他日意外之患也。

雇婢仆要牙保分明

雇婢仆须要牙保分明。牙保，又不可令我家人为之也。

买婢妾当询来历

买婢妾既已成契，不可不细询其所自来，恐有良人子女，为人所诱略。果然，则即告之官，不可以婢妾还与引来之人，虑残其性命也。

买婢妾当审可否

买婢妾须问其应典卖不应典卖。如不应典卖则不可成契。或果穷乏无所依倚，须令经官自陈，下保审会，方可成契。或其不能自陈，令引来之人于契中称说："少与雇钱，待其有亲人识认，即以与之也。"

狡狯子弟不可用

族人、邻里、亲戚有狡狯子弟，能恃强凌人，损彼益此，富家多用之以为爪牙，且得目前快意。此曹内既奸巧，外常柔顺，子弟责骂狎玩，常能容忍。为子弟者亦爱之。他日家长既没之后，诱子弟为非者皆此等人也。大抵为家长者必自老练，又其智略能驾驭此曹，故得其力。至于子弟，须贤明如其父兄，则可无虑。中材之人鲜不为之鼓惑，以致败家。唐史有言："妖禽孽狐,当昼则伏息自如,得夜乃为之祥。"正谓此曹。若平昔延接淳厚刚正之人,虽言语多拂人意,而子弟与之久处,则有身后之益。所谓"快意之事常有损,拂意之事常有益",凡事皆然,宜广思之。

淳谨干人可付托

干人有管库者,须常谨其簿书,审见其存。干人有管谷米者,须严其簿书,谨其管钥,兼择谨畏之人,使之看守。干人有贷财本兴贩者,须择其淳厚,爱惜家累,方可付托。盖中产之家,日费之计犹难支吾,况受佣于人,其饥寒之计,岂能周足?中人之性,目见可欲,其心必乱,况下愚之人,见酒食声色之美,安得不动其心?向来财不满其意而充其欲,故内则与骨肉同饥寒,外则视所见如不见。今其财物盈溢于目前,若日日严谨,此心姑寝。主者事势稍宽,则亦何惮而不为?其始也,移用甚微,其心以为可偿,犹未经虑。久而主不之觉,则日增焉,月益焉,积而至于一岁,移用已多,其心虽惴惴,无可奈何,则求以掩覆。至二年三年,侵欺已大彰露,不可掩覆。主人欲峻治之,已近噬脐。故凡委托干人,所宜警此。

存恤佃客

国家以农为重,盖以衣食之源在此。然人家耕种出于佃人之力,可不以佃人为重!遇其有生育、婚嫁、营造、死亡,当厚周之;耕耘之际,有所假贷,少收其息;水旱之年,察其所亏,早为除减;不可有非理之需;不可有非时之役;不可令子弟及干人私有所扰;不可因其仇者告语增其岁入之租;不可强其称贷,使厚供息;不可见其自有田园,辄起贪图之意。视之爱之,不啻于骨肉。则我衣食之源,悉藉其力,俯仰可以无愧怍矣。

佃仆不宜私假借

佃仆妇女等,有于人家妇女、小儿处,称"莫令家长知",而欲重息以生借钱谷,及欲借质物以济急者,皆是有心脱漏,必无还意。而妇女、小儿不令家长知,则不敢取索,终为所负。为家长者,宜常以此喻其家人知也。

外人不宜入宅舍

尼姑、道婆、媒婆、牙婆及妇人以买卖、针灸为名者,皆不可令入人家。凡脱漏妇女财物及引诱妇女为不美之事,皆此曹也。

溉田陂塘宜修治

池塘、陂湖、河埭,蓄水以溉田者,须于每年冬月水涸之际,浚之使深,筑之使固。遇天时亢旱,虽不至于大稔,亦不至于全损。今人往往于亢旱之际,常思修治,至收刈之后,则忘之矣。谚所谓"三月思种桑,六月思筑塘",盖伤人之无远虑如此。

修治陂塘其利博

池塘、陂湖、河埭有众享其溉田之利者,田多之家,当相与率倡,令田主出食,佃人出力,遇冬时修筑,令多蓄水。及用水之际,远近高下,分水必均,非止利己,又且利人,其利岂不博哉?今人当修筑之际,靳出食力,及用水之际,奋臂交争,有以锄耰相殴至死者。纵不死,亦至坐狱被刑,岂不可伤!然至此者,皆田主悭吝之罪也。

桑木因时种植

桑、果、竹、木之属,春时种植甚非难事,十年二十年之间即享其利。今人往往于荒山闲地,任其弃废。至于兄弟析产,或因一根荄之微，忿争失欢。比邻山地偶有竹木在两界之间，则兴讼连年。宁不思使向来天不产此，则将何所争？若以争讼所费，佣工植木，则一二十年之间，所谓材木不可胜用也。其间有以果木逼于邻家，实利有及于其童稚，则怒而伐去之者，尤无所见也。

邻里贵和同

人有小儿，须常戒约，莫令与邻里损折果木之属。人养牛羊，须常看守，莫令与邻里踏践山地六种之属。人养鸡鸭，须常照管，莫令与邻里损啄菜茹六种之属。有产业之家，又须各自勤谨。坟茔山林，欲聚丛长茂荫映，须高其墙围，令人不得逾越。园圃种植菜茹六种及有时果去处，严其篱围，不通人往来，则亦不至临时责怪他人也。

田产界至宜分明

人有田园山地，界至不可不分明。异居分析之初，置产典卖之际，尤不可不仔细。人之争讼多由此始。且如田亩，有因地势不平，分一丘为两丘者；有欲便顺并两丘为一丘者；有以屋基山地为田，又有以田为屋基园地者；有改移街、路、水圳者。官中虽有经界图籍，坏烂不存者多矣。况又从而改易，不经官司、邻保验证，岂不大启争端？人之田亩，有在上丘者，若常修田畔，莫令倾倒，人之屋基园地，若及时筑叠垣墙，才损即修，人之山林，若分明挑掘沟堑，才损即修，有何争讼？惟其卤莽，田畔倾倒，修治失时，屋基园地止用篱围，年深坏烂，因而侵占。山林或用分水，犹可辨明，间有以木、以石、以坎为界，年深不存，及以坑为界，而外又有一坑相似者，未尝不启纷纷不决之讼也。至于分析，止凭阄书，典买止凭契书，或有卤莽，该载不明，公私皆不能决，可不戒哉！间有典买山地，幸其界至有疑，故令元契称说不明，因而包占者，此小人之用心。遇明官司，自正其罪矣。

分析阄书宜详具

分析之家置造阄书，有各人止录己分所得田产者，有一本互见他分者。止录己分多是内有私曲，不欲显暴，故常多争讼。若互见他分，厚薄肥瘠可以毕见，在官在私易为折断。此外，或有宣劳于众，众分弃与田产；或有一分独薄，众分弃与田产；或有因妻财、因仕宦置到，来历明白；或有因营运置到，而众不愿分者，并宜于阄书后开具。仍须断约，不在开具之数则为漏阄，虽分析后，许应分人别求均分。可以杜绝隐瞒之弊，不至连年争讼不决。

寄产避役多后患

人有求避役者，虽私分财产甚均，而阄书砧基则装在一分之内，令一人认役，其他物力低小不须充应。而其子孙有欲执书契而掩有之者，遂兴诉讼。官司欲断从实，则于文有碍；欲以文断，而情则不然。此皆俗曹初无远见，规避于目前而贻争于身后，可不鉴此？

冒户避役起争之端

人有已分财产而欲避免差役，则冒同宗有官之人为一户籍者，皆他日争讼之端由也。

析户宜早印阄书

县道贪污，遇有析户印阄则厚有所需。人户惮于所费，皆匿而不印，私自割析。经年既深，贫富不同，恩义顿疏，或至争讼，一以为己分失去阄书，一以为分财未尽，未立阄书。官中从文则碍情，从情则碍文，故多久而不决之患。凡析户之家宜即印阄书，以杜后患。

田产宜早印契割产

人户交易，当先凭牙家索取阄书砧基，指出丘段围号，就问见佃人，有无界至交加，典卖重叠。次问其所亲，有无应分人出外未回，及在卑幼未经分析。或系弃产，必问其初应与不应受弃。或寡妇卑子执凭交易，必问其初曾与不曾勘会。如系转典卖，则必问其元契已未投印，有无诸般违碍，方可立契。如有寡妇幼子应押契人，必令人亲见其押字。如价贯、年月、四至、亩角，必即书填。应债负货物不可用，必支见钱。取钱必有处所，担钱人必有姓名。已成契后，必即投印，虑有交易在后而投印在前者。已印契后，必即离业，虑有交易在后而管业在前者。已离业者后必即割税，虑因循不割税而为人告论以致拘没者。官中条令，惟交易一事最为详备，盖欲以杜争端也。而人户不悉，乃至违法交易，及不印契、不离业、不割税，以至重叠交易，词讼连年不决者，岂非人户自速其辜哉！

邻近田产宜增价买

凡邻近利害欲得之产，宜稍增其价，不可恃其有亲有邻及以典至买及无人敢买，而抯损其价。万一他人买之则悔且无及，而争讼由之以兴也。

违法田产不可置

凡田产有交关违条者，虽其廉价，不可与之交易。他时事发到官，则所费或十倍。然富人多要买此产，自谓将来拚钱与人打官司。此其癖不可救，然自遗患与患及子孙者甚多。

交易宜著法绝后患

凡交易必须项项合条，即无后患。不可凭恃人情契密不为之防，或有失欢，则皆成争端。如交易取钱未尽及赎产不曾取契之类，宜即理会去着，或即闻官以绝将来词诉。切戒！切戒！

富家置产当存仁心

贫富无定势，田宅无定主，有钱则买，无钱则卖。买产之家当知此理，不可苦害卖产之人。盖人之卖产，或以阙食，或以负债，或以疾病死亡、婚嫁争讼，已有百千之费，则鬻百千之产。若买产之家即还其直，虽转手无留，且可以了其出产欲用之一事。而为富不仁之人，知其欲用之急，则阳距而阴钩之，以重扼其价。既成契，则姑还其直之什一二，约以数日而尽偿。至数日而问焉，则辞以未办。又屡问之，或以数缗授之，或以米谷及他物高估而补偿之。出产之家必大窘乏，所得零微随即耗散，向之所拟以办某事者不复办矣。而往还取索，夫力之费又居其中。彼富家方自窃喜，以为善谋，不知天道好还，有及其身而获报者，有不在其身而在其子孙者，富家多不之悟，岂不迷哉！

假贷取息贵得中

假贷钱谷，责令还息，正是贫富相资不可阙者。汉时有钱一千贯者，比千户侯，谓其一岁可得息钱二百千，比之今时未及二分。今若以中制论之，质库月息自二分至四分，贷钱月息自三分至五分。贷谷以一熟论，自三分至五分，取之亦不为虐，还者亦可无词。而典质之家至有月息什而取一者。江西有借钱约一年偿还而作合子立约者，谓借一贯文约还两贯文；衢之开化借一秤禾而取两秤；浙西上户借一石米而收一石八斗，皆不仁之甚。然父祖以是而取于人，子孙亦复以是而偿于人，所谓天道好还，于此可见。

兼并用术非悠久计

兼并之家见有产之家子弟昏愚不肖，及有缓急，多是将钱强以借与。或始借之时设酒食以媚悦其意，或既借之后历数年不索取。待其息多，又设酒食招诱，使之结转并息为本，别更生息，又诱勒其将田产折还。法禁虽严，多是幸免，惟天网不漏。谚云"富儿更替做"，盖谓迭相酬报也。

钱谷不可多借人

有轻于举债者，不可借与，必是无藉之人，已怀负赖之意。凡借人钱谷，少则易偿，多则易负。故借谷至百石，借钱至百贯，虽力可还，亦不肯还，宁以所还之资为争讼之费者多矣。

债不可轻举

凡人之敢于举债者，必谓他日之宽馀可以偿也。不知今日之无宽馀，他日何为而有宽馀？譬如百里之路，分为两日行，则两日皆办；若欲以今日之路使明日并行，虽劳苦而不可至。凡无远识之人，求目前宽馀而那积在后者，无不破家也。切宜鉴此！

税付宜预办

凡有家产，必有税付，须是先截留输纳之资，却将赢馀分给日用。岁入或薄，只得省用，不可侵支输纳之资。临时为官中所迫，则举债认息，或托揽户兑纳而高价算还，是皆可以耗家。大抵曰贫曰俭自是贤德，又是美称，切不可以此为愧。若能知此，则无破家之患矣。

赋税早纳为上

纳税虽有省限，须先纳为安。如纳苗米，若不趁晴早纳，必欲拖后，或值雨雪连日，将如之何？然州郡多有不体量民事，如纳秋米，初时既要干圆，加量又重。后来纵纳湿恶，加量又轻，又后来则折为低价。如纳税绢，初时必欲至厚实者，后来见纳数之少，则放行轻疏，又后来则折为低价。人户及揽子多是较量前后轻重，不肯挨先送纳，致被县道追扰。惟乡曲贤者自求省事，不以毫末之较遂愆期也。

造桥修路宜助财力

乡人有纠率钱物以造桥、修路及打造渡航者，宜随力助之，不可谓舍财不见获福而不为。且如道路既成，吾之晨出暮归，仆马无疏虞，及乘舆马、过桥渡，而不至惴惴者，皆所获之福也。

营运先存心近厚

人之经营财利，偶获厚息，以致富盛者，其命运亨通，造物者阴赐致此。其间有见他人获息之多，致富之速，则欲以人事强夺天理，如贩米而加以水，卖盐而杂以灰，卖漆而和以油，卖药而易以他物，如此等类，不胜其多。目下多有赢馀，其心便自欣然，而不知造物者随即以他事取去，终于贫乏。况又因假坏真以亏本者多矣，所谓人不胜天。大抵转贩经营，须是先存心地，凡物货必真，又须敬惜。如欲以此奉神明，又须不敢贪求厚利，任天理如何，虽目下所得之薄，必无后患。至于买扑坊场之人尤当如此。造酒必极醇厚精洁，则私酤之家自然难售。其间或有私醖，必审止绝之术，不可挟此打破人家朝夕存念。止欲趁办官课，养育孥累，不可妄求厚积，及计会司案，拖赖官钱。若命运亨通则自能富厚，不然亦不致破荡。请以应开坊之人观之。

起造宜以渐经营

起造屋宇，最人家至难事。年齿长壮，世事谙历，于起造一事犹多不悉，况未更事，其不因此破家者几希。盖起造之时，必先与匠者谋。匠者惟恐主人惮费而不为，则必小其规模，节其费用。主人以为力可以办，锐意为之，匠者则渐增广其规模，至数倍其费，而屋犹未及半。主人势不可中辍，则举债鬻产；匠者方喜兴作之未艾，工镪之益增。余尝劝人起造屋宇须十数年经营,以渐为之,则屋成而家富自若。盖先议基址,或平高就下,或增卑为高,或筑墙穿池,逐年渐为之,期以十馀年而后成。次议规模之高广,材木之若干,细至椽、桷、篱、壁、竹、木之属,必籍其数,逐年买取,随即斫削,期以十馀年而毕备。次议瓦石之多少,皆预以馀力积渐而储之。虽就雇之费,亦不取办于仓卒,故屋成而家富自若也。

(录自宋刻本《袁氏世范》)

帝　范

李世民

序

朕闻大德曰生，大宝曰位。辨其上下，树之君臣，所以抚育黎元，钧陶庶类，自非克明克哲，允武允文，皇天眷命，历数在躬，安可以滥握灵图，叨临神器?是以翠妫荐唐尧之德，元圭锡夏禹之功。丹字呈祥，周开八百之祚；素灵表瑞，汉启重世之基。由此观之，帝王之业，非可以力争者矣。昔隋季版荡，海内分崩。先皇以神武之姿，当经纶之会，斩灵蛇而定王业，启金镜而握天枢。然由五岳含气，三光戢曜，豺狼尚梗，风尘未宁。朕以弱冠之年，怀慷慨之志，思靖大难，以济苍生。躬擐甲胄，亲当矢石。夕对鱼鳞之阵，朝临鹤翼之围，敌无大而不摧，兵何坚而不碎，剪长鲸而清四海，扫欃枪而廓八纮。乘庆天潢，登晖璇极，袭重光之永业，继大宝之隆基。战战兢兢，若临深而御朽；日慎一日，思善始而令终。汝以幼年，偏钟慈爱，义方多阙，庭训有乖。擢自维城之居，属以少阳之任，未辨君臣之礼节，不知稼穑之艰难。朕每思此为忧，未尝不废寝忘食。自轩昊已降，迄至周、隋，以经天纬地之君，纂业承基之主，兴亡治乱，其道焕焉。所以披镜前踪，博览史籍，聚其要言，以为近诫云耳。

君体第一

夫人者国之先，国者君之本。人主之体，如山岳焉，高峻而不动；如日月焉，贞明而普照。兆庶之所瞻仰，天下之所归往。宽大其志，足以兼包；平正其心，足以制断。非威德无以致远，非慈厚无以怀人。抚九族以仁，接大臣以礼。奉先思孝，处位思恭。倾己勤劳，以行德义，此乃君之体也。

建亲第二

夫六合旷道，大宝重任。旷道不可偏制，故与人共理之；重任不可独居，故与人共守之。是以封建亲戚，以为藩卫，安危同力，盛衰一心。远近相持，亲疏两用。并兼路塞，逆节不生。昔周之兴也，割裂山河，分王宗族。内有晋、郑之辅，外有鲁、卫之虞。故卜祚灵长，历年数百。秦之季也，弃淳于之策，纳李斯之谋，不亲其亲，独智其智，颠覆莫恃，二世而亡。斯岂非枝叶不疏，则根柢难拔；股肱既殒，则心腹无依者哉！汉初定关中，诚亡秦之失策，广封懿亲，过于古制。大则专都偶国，小则跨郡连州。末大则危，尾大难掉。六王怀叛逆之志，七国受鈇钺之诛。此皆地广兵强，积势之所致也。魏武创业，暗于远图。子弟无封户之人，宗室无立锥之地。外无维城以自固，内无盘石以为基。遂乃大器保于他人，社稷亡于异姓。语曰："流尽其源竭，条落则根枯。"此之谓也。夫封之太强，则为噬脐之患；致之太弱则无固本之基。由此而言，莫若众建宗亲而少力，使轻重相镇，忧乐是同。则上无猜忌之心，下无侵冤之虑。此封建之鉴也。斯二者，安国之基。君德之宏，唯资博达。设分悬教，以术化人。应务适时，以道制物。术以神隐为妙，道以光大为功。括苍旻以体心，则人仰之而不测；包厚地以为量，则人循之而无端。荡荡难名，宜其宏远。且敦穆九族，放勋流美于前；克谐烝乂，重华垂誉于后。无以奸破义，无以疏间亲。察之以德，则邦家俱泰，骨肉无虞，良为美矣。

求贤第三

夫国之匡辅,必待忠良。任使得人,天下自治。故尧命四岳,舜举八元,以成恭己之隆,用赞钦明之道。士之居世,贤之立身,莫不戢翼隐鳞,待风云之会;怀奇蕴异,思会遇之秋。是明君旁求俊乂,博访英贤,搜扬侧陋,不以卑而不用,不以辱而不尊。昔伊尹,有莘之媵臣;吕望,渭滨之贱老。夷吾困于缧绁;韩信弊于逃亡。商汤不以鼎俎为羞,姬文不以屠钓为耻,终能献规景亳,光启殷朝;执旌牧野,会昌周室。齐成一匡之业,实资仲父之谋;汉以六合为家,是赖淮阴之策。故舟航之绝海也,必假桡楫之功;鸿鹄之凌云也,必因羽翮之用;帝王之为国也,必藉匡辅之资。故求之斯劳,任之斯逸。照车十二,黄金累千,岂如多士之隆,一贤之重。此乃求贤之贵也。

审官第四

夫设官分职,所以阐化宣风。故明主之任人,如巧匠之制木,直者以为辕,曲者以为轮,长者以为栋梁,短者以为栱角,无曲、直、长、短,各有所施。明主之任人,亦由是也。智者取其谋,愚者取其力,勇者取其威,怯者取其慎,无智、愚、勇、怯,兼而用之。故良匠无弃材,明主无弃士。不以一恶忘其善,勿以小瑕掩其功。割政分机,尽其所有。然则函牛之鼎,不可处以烹鸡;捕鼠之狸,不可使以搏兽;一钧之器,不能容以江汉之流;百石之车,不可满以斗筲之粟。何则大非小之量,轻非重之宜。今人智有短长,能有巨细。或蕴百而尚少,或统一而为多。有轻才者,不可委以重任;有小力者,不可赖以成职。委任责成,不劳而化,此设官之当也。斯二者,治乱之源。立国制人,资股肱以合德;宣风道俗,俟明贤而寄心。列宿腾天,助阴光之夕照；百川决地，添溟渤之深源。海月之深朗，犹假物而为大。君人御下，统极理时，独运方寸之心，以括九区之内，不资众力，何以成功？必须明职审贤，择材分禄。得其人则风行化洽，失其用则亏教伤人。故云则哲惟难，良可慎也！

纳谏第五

夫王者，高居深视，亏听阻明。恐有过而不闻，惧有阙而莫补。所以设鞀树木，思献替之谋；倾耳虚心，伫忠正之说。言之而是，虽在仆隶刍荛，犹不可弃也；言之而非，虽在王侯卿相，未必可容。其义可观，不责其辩；其理可用，不责其文。至若折槛怀疏，标之以作戒；引裾却坐，显之以自非。故云忠者沥其心，智者尽其策。臣无隔情于上，君能遍照于下。昏主则不然，说者拒之以威，劝者穷之以罪。大臣惜禄而莫谏，小臣畏诛而不言。恣暴虐之心，极荒淫之志。其为壅塞，无由自知，以为德超三皇，材过五帝。至于身亡国灭，岂不悲哉？此拒谏之恶也。

去谗第六

夫谗佞之徒，国之蟊贼也。争荣华于旦夕，竞势利于市朝。以其谄谀之姿，恶忠贤之在己上；奸邪之志，恐富贵之不我先。朋党相持，无深而不入；比周相习，无高而不升。令色巧言，以亲于上；先意承旨，以悦于君。朝有千臣，昭公去国而不悟；弓无九石，宁一终身而不知。以疏间亲，宋有伊戾之祸；以邪败正，楚有郤宛之诛。斯乃暗主庸君之所迷惑，忠臣孝子之可泣冤。故蕙兰欲茂，秋风败之；王者欲明，谗人蔽之。此奸佞之危也。斯二者，危国之本。砥躬砺行，莫尚于忠言；败德败正，莫逾于谗佞。今人颜貌同于目际，犹不自瞻，况是非在于无形，奚能自觌？何则饰其容者，皆解窥于明镜；修其德者，不知访于哲人。讵自庸愚，何迷之甚！良由逆耳之辞难受，顺心之说易从。彼难受者，药石之苦喉也；此易从者，鸩毒之甘口也。明王纳谏，病就苦而能消；暗主从谀，命因甘而致殒。可不诫哉！可不诫哉！

诫盈第七

夫君者，俭以养性，静以修身。俭则人不劳，静则下不扰。人劳则怨起，下扰则政乖。人主好奇技淫声、鸷鸟猛兽，游幸无度，田猎不时。如此则徭役烦，徭役烦则人力竭，人力竭则农桑废焉。人主好高台深池，雕琢刻镂，珠玉珍玩，黼黻绮纷。如此则赋敛重，赋敛重则人才遗，人才遗则饥寒之患生焉。乱世之君，极其骄奢，恣其嗜欲。土木衣缇绣，而人裋褐不全；犬马厌刍豢，而人糟糠不足。故人神怨愤，上下乖离，佚乐未终，倾危已至。此骄奢之忌也。

崇俭第八

夫圣世之君，存乎节俭。富贵广大，守之以约；睿智聪明，守之以愚。不以身尊而骄人，不以德厚而矜物。茅茨不剪，采椽不斫，舟车不饰，衣服无文，土塯不崇，大羹不和。非憎荣而恶味，乃处薄而行俭。故风淳俗朴，比屋可封。斯二者，荣辱之端。奢俭由人，安危在己。五关近闭，则嘉命远盈；千欲内攻，则凶源外发。是以丹桂抱蠹，终摧荣耀之芳；朱火含烟，遂郁凌云之焰。以是知骄出于志，不节则志倾；欲生于心，不遏则身丧。故桀纣肆情而祸结，尧舜约己而福延，可不务乎？

赏罚第九

夫天之育物，犹君之御众。天以寒暑为德，君以仁爱为心。

寒暑既调,则时无疾疫;风雨不节,则岁有饥寒。仁爱下施,则人不凋弊;教令失度,则政有乖违。防其害源,开其利本。显罚以威之,明赏以化之。威立则恶者惧,化行则善者劝。适己而妨于道,不加禄焉;逆己而便于国,不施刑焉。故赏者不德君,功之所致也;罚者不怨上,罪之所当也。故《书》曰:"无偏无党,王道荡荡。"此赏罚之权也。

务农第十

夫食为人天,农为政本。仓廪实则知礼节,衣食足则志廉耻。故躬耕东郊,敬授人时。国无九岁之储,不足备水旱;家无一年之服,不足御寒暑。然而莫不带犊佩牛,弃坚就伪。求什一之利,废农桑之基。以一人耕而百人食,其为害也,甚于秋螟。莫若禁绝浮华,劝课耕织,使人还其本,俗反其真,则竞怀仁义之心,永绝贪残之路,此务农之本也。斯二者,制俗之机。子育黎黔,惟资威惠。惠可怀也,则殊俗归风,若披霜而照春日;威可惧也,则中华慴轨,如履刃而戴雷霆。必须威惠并驰,刚柔两用,画刑不犯,移木无欺。赏罚既明,则善恶斯别;仁信普著,则遐迩宅心。劝穑务农,则饥寒之患塞;遏奢禁丽,则丰厚之利兴。且君之化下,如风偃草。上不节心,则下多逸志。君不约己,而禁人为非,是犹恶火之燃,添薪望其止焰;忿池之浊,挠浪欲止其流,不可得也。莫若先正其身,则人不言而化矣。

阅武第十一

夫兵甲者,国之凶器也。土地虽广,好战则人彫;邦国虽安,亟战则人殆。彫非保全之术,殆非拟寇之方。不可以全除,不可以常用,故农隙讲武,习威仪也。是以句践轼蛙,卒成霸业；徐偃弃武，遂以丧邦。何则？越习其威，徐忘其备。孔子曰："不教人战，是谓弃之。"故知弧矢之威，以利天下。此用兵之机也。

崇文第十二

夫功成设乐，治定制礼。礼乐之兴，以儒为本。宏风导俗，莫尚于文；敷教训人，莫善于学。因文而隆道，假学以光身。不临深溪，不知地之厚；不游文翰，不识智之源。然则质蕴吴竿，非笴羽不美；性怀辨慧，非积学不成。是以建明堂，立辟雍。博览百家，精研六艺，端拱而知天下，无为而鉴古今。飞英声，腾茂实，光于不朽者，其唯学乎？此文术也。斯二者，递为国用。至若长气亘地，成败定乎锋端；巨浪滔天，兴亡决乎一阵。当此之际，则贵干戈而贱庠序。及乎海岳既晏，波尘已清，偃七德之馀威，敷九功之大化。当此之际，则轻甲胄而重诗书。是知文武二途，舍一不可，与时优劣，各有其宜。武士儒人，焉可废也？

此十二条者，帝王之大纲也。安危兴废，咸在兹焉。人有云：非知之难，惟行之不易；行之可勉，惟终实难。是以暴乱之君，非独明于恶路；圣哲之主，非独见于善途。良由大道远而难遵，邪径近而易践。小人俯从其易，不得力行其难，故祸败及之；君子劳处其难，不能力居其易，故福庆流之。故知祸福无门，惟人所召。欲悔非于既往，惟慎祸于将来。当择哲主为师，毋以吾为前鉴。取法于上，仅得为中；取法于中，故为其下。自非上德，不可效焉。吾在位以来，所制多矣。奇丽服玩，锦绣珠玉，不绝于前，此非防欲也；雕楹刻桷，高台深池，每兴其役，此非俭志也；犬马鹰鹘，无远必致，此非节心也；数有行幸，以亟劳人，此非屈己也。斯事者，吾之深过，勿以兹为是而后法焉。

但我济育苍生其益多,平定寰宇其功大。益多损少,人不怨;功大过微,德未亏。然犹之尽美之踪,于焉多愧;尽善之道,顾此怀惭。况汝无纤毫之功,直缘基而履庆?若崇善以广德,则业泰身安;若肆情以从非,则业倾身丧。且成迟败速者,国基也;失易得难者,天位也。可不惜哉?

(录自清乾隆三十八年武英殿刻本《帝范》)